绿色矿业发展测度研究

Research on the Development Measurement of
GREEN MINING INDUSTRY

罗德江 ◎ 著

图书在版编目(CIP)数据

绿色矿业发展测度研究/罗德江著. —北京:北京大学出版社,2023.8
ISBN 978-7-301-34292-3

Ⅰ. ①绿… Ⅱ. ①罗… Ⅲ. ①矿业经济—绿色经济—经济发展—研究—中国 Ⅳ. ①F426.1

中国国家版本馆 CIP 数据核字(2023)第 148860 号

书　　　名	绿色矿业发展测度研究 LÜSE KUANGYE FAZHAN CEDU YANJIU
著作责任者	罗德江　著
责 任 编 辑	赵旻枫
标 准 书 号	ISBN 978-7-301-34292-3
出 版 发 行	北京大学出版社
地　　　址	北京市海淀区成府路 205 号　100871
网　　　址	http://www.pup.cn　新浪微博:@北京大学出版社
电 子 邮 箱	zpup@pup.cn
电　　　话	邮购部 010-62752015　发行部 010-62750672　编辑部 010-62764976
印 刷 者	涿州市星河印刷有限公司
经 销 者	新华书店 730 毫米×1020 毫米　16 开本　13.5 印张　228 千字 2023 年 8 月第 1 版　2023 年 8 月第 1 次印刷
定　　　价	49.00 元

未经许可,不得以任何方式复制或抄袭本书之部分或全部内容。
版权所有,侵权必究
举报电话:010-62752024　电子邮箱: fd@pup.cn
图书如有印装质量问题,请与出版部联系,电话:010-62756370

前言

矿业作为国民经济的基础产业，必须从根本上实现绿色发展。矿业绿色发展是矿业发展的内在要求，是生态文明建设的重要组成部分，是新发展理念在矿业领域的具体体现。从2011年到2014年，国土资源部命名了四批共661家矿山企业为国家级绿色矿山试点单位；"十三五"期间，自然资源部发布有色、冶金、化工等9项行业绿色矿山建设规范；截至2021年1月，共遴选出1200多家矿山企业纳入全国绿色矿山名录；2020年确定了50家绿色矿业发展示范区，绿色矿业发展成效显著。科学测度不同区域绿色矿业发展水平对于有针对性地加强政策引导，促进矿业结构升级，铺就绿色矿业高质量发展之路具有重要现实意义。

本书构建了包括指标系统、方法系统、实施系统、结果应用系统等在内的测度框架，为进行绿色矿业发展测度提供理论方法支撑；从全国尺度，通过编制绿色矿业发展指数，建立一套绿色矿业发展的监测指标体系和指数测算体系，测度绿色矿业发展整体水平，揭示绿色矿业发展水平时间变化的规律、态势等；利用数据包络算法的CCR模型、非期望产出SBM模型以及Malmquist指数法进行了省域尺度发展效率测度，以探究绿色矿业发展空间差异与影响因素；引入犹豫模糊集与直觉模糊集，构建绿色矿山建设水平的犹豫模糊TOPSIS模型、直觉模糊层次分析模型，以某一地区的矿山为例，从微观尺度分析研究绿色矿山建设水平。

本书以提升绿色矿业发展水平为导向，构建不同尺度的绿色矿业发展测度体系，通过构建绿色矿业发展测度框架和实证分析，揭示绿色矿业发展整体水平与区域发展差异，对发展绿色矿业具有积极的实践指导意义。

本书的大部分内容来自作者及作者指导的硕士研究生的研究成果，他们包括浦华、王月奇、李俊波,感谢他们刻苦钻研和辛勤的工作。本书参阅了众多学者和管理者的成果,我们尽可能列出了相应的参考文献,以表示对他们工作和成果的尊重,若有遗漏的成果和文献,在此也一并表示感谢。

由于作者水平有限,书中难免会出现一些不妥之处,敬请读者批评指正。

最后,希望本书的出版有助于推动绿色矿业发展理论、方法与实践方面的研究更加深入和广泛,为提升绿色矿业发展水平服务。

罗德江

2022 年 7 月

目录

第1章 绪论 ··· 001
  1.1 研究背景和问题提出 ·· 001
  1.2 研究综述 ··· 003
    1.2.1 绿色矿山建设评价 ·· 003
    1.2.2 绿色矿业发展效率测度 ·· 005
    1.2.3 绿色矿业发展指数相关研究 ·· 009

第2章 绿色矿业发展测度框架研究 ··· 013
  2.1 绿色矿业发展的理论构架 ··· 013
    2.1.1 传统矿业的特征 ··· 013
    2.1.2 绿色矿业发展内涵与特征 ··· 015
    2.1.3 绿色矿业发展相关概念 ·· 017
  2.2 绿色矿业发展测度指标系统 ·· 020
    2.2.1 绿色矿业发展测度指标构建思路 ·· 020
    2.2.2 绿色矿业发展测度指标构建原则 ·· 022
    2.2.3 绿色矿业发展测度指标框架 ·· 022
    2.2.4 指标重要性度量方法 ··· 024
  2.3 绿色矿业发展指数测度方法系统 ·· 028
    2.3.1 中国绿色矿业发展测度模型 ·· 028
    2.3.2 绿色矿业发展分指数耦合协调测度 ······································· 029

2.4 省域绿色矿业发展测度方法 ································· 030
    2.4.1 省域绿色矿业发展效率 DEA 测度 ················· 030
    2.4.2 省域绿色矿业发展效率聚类分析 ····················· 033
    2.4.3 省域绿色矿业发展效率影响因素分析 ··············· 036
2.5 绿色矿山建设水平测度方法 ····························· 037
    2.5.1 绿色矿山建设水平测度的模糊性分析 ··············· 037
    2.5.2 直觉模糊集测度理论与方法 ··························· 038
    2.5.3 犹豫模糊集测度理论与方法 ··························· 041
2.6 绿色矿业发展测度组织实施与结果应用系统 ········· 047
    2.6.1 组织准备阶段 ··· 047
    2.6.2 测度分析阶段 ··· 048
    2.6.3 结果应用阶段 ··· 048

第 3 章 中国矿产资源勘查开发与绿色矿业发展分析 ·········· 049

3.1 矿产资源勘查开发与绿色矿业发展分析单元
    及数据来源 ··· 049
3.2 矿产资源开发利用 ·· 050
    3.2.1 矿产品生产 ·· 050
    3.2.2 矿业工业产值 ··· 055
    3.2.3 矿山企业数与规模结构 ································· 060
    3.2.4 矿业从业人员 ··· 064
3.3 矿山地质环境保护 ·· 068
    3.3.1 矿山地质环境保护 ······································· 068
    3.3.2 矿业碳排放 ·· 074
3.4 国土资源科学技术研究 ····································· 077
    3.4.1 国土资源科技人才 ······································· 077
    3.4.2 国土资源科技研发 ······································· 078
    3.4.3 国土资源科技成果 ······································· 085
3.5 中国绿色矿业发展概况 ····································· 087

3.5.1　绿色矿山建设 ··· 087
　　3.5.2　绿色矿业发展示范区建设 ··· 089

第4章　中国绿色矿业发展指数 ·· 091
4.1　中国绿色矿业发展指数测度指标与数据处理 ······································ 091
　　4.1.1　中国绿色矿业发展指数测度指标 ·· 091
　　4.1.2　指标数据获取及处理 ··· 094
　　4.1.3　指标权重计算 ·· 095
4.2　矿产资源节约集约开发分指数 ·· 099
　　4.2.1　指标内涵与计算方法 ··· 099
　　4.2.2　测度结果与分析 ··· 100
4.3　生态环境保护分指数 ·· 102
　　4.3.1　指标内涵与计算方法 ··· 102
　　4.3.2　测度结果与分析 ··· 104
4.4　科技创新分指数 ··· 106
　　4.4.1　指标内涵与计算方法 ··· 106
　　4.4.2　测度结果与分析 ··· 107
4.5　安全和谐分指数 ··· 109
　　4.5.1　指标内涵与计算方法 ··· 109
　　4.5.2　测度结果与分析 ··· 110
4.6　中国绿色矿业发展测度 ·· 112
4.7　中国绿色矿业发展分指数耦合协调测度 ··· 114

第5章　省域绿色矿业发展效率测度 ·· 118
5.1　省域绿色矿业发展效率测度指标构建与数据来源 ······························· 118
　　5.1.1　投入指标 ·· 118
　　5.1.2　期望产出指标 ·· 119
　　5.1.3　非期望产出指标 ··· 120
5.2　基于DEA-CCR模型的绿色矿业发展效率研究 ··································· 121

5.2.1 基于 DEA-CCR 模型的绿色矿业发展效率测度
工作流程 ………………………………………………… 121
5.2.2 CCR 模型测度结果分析 ………………………………… 122
5.2.3 效率值测度结果省域空间特性分析 …………………… 127
5.3 基于 DEA-SBM 模型的绿色矿业发展效率研究 …………… 130
5.3.1 SBM 模型的构建 ………………………………………… 130
5.3.2 SBM 模型测度结果与分析 ……………………………… 132
5.4 基于 DEA-Malmquist 模型的绿色矿业发展效率研究 …… 139
5.4.1 Malmquist 模型的构建 ………………………………… 139
5.4.2 Malmquist 模型测度结果与分析 ……………………… 140

第 6 章 绿色矿山建设水平测度 ……………………………… 148
6.1 绿色矿山建设水平测度指标体系构建 ……………………… 148
6.1.1 矿区环境 …………………………………………………… 148
6.1.2 资源开发方式 …………………………………………… 149
6.1.3 资源综合利用 …………………………………………… 150
6.1.4 节能减排 …………………………………………………… 150
6.1.5 科技创新 …………………………………………………… 151
6.1.6 企业管理 …………………………………………………… 152
6.2 单层次测度模型——犹豫模糊 TOPSIS ………………… 153
6.2.1 假设及记号 ………………………………………………… 153
6.2.2 测度指标与权重计算 …………………………………… 154
6.2.3 犹豫模糊 TOPSIS ………………………………………… 155
6.3 多层次测度模型——直觉模糊层次分析法 ……………… 157
6.3.1 假设及记号 ………………………………………………… 157
6.3.2 直觉模糊层次分析法 …………………………………… 158
6.4 实证研究 ……………………………………………………… 162
6.4.1 研究区及实例企业的选定 ……………………………… 162
6.4.2 绿色矿山建设水平的犹豫模糊集测度 ………………… 165

  6.4.3 绿色矿山建设水平的直觉模糊集测度 …………………… 172
  6.4.4 绿色矿山建设水平提升路径 …………………………………… 179

附录 …………………………………………………………………… 183
参考文献 ……………………………………………………………… 188

第1章 绪 论

1.1 研究背景和问题提出

发展绿色矿业,是矿产资源勘探开发利用践行习近平总书记"绿水青山就是金山银山"发展理念、促进生态文明建设、落实新发展理念的重要举措。习近平总书记在十八届中央政治局第四十一次集体学习时明确提出,推动形成绿色发展方式和生活方式,是发展观的一场深刻革命。明确要求把推动形成绿色发展方式和生活方式摆在更加突出的位置。他在此次集体学习上的重要讲话,站在党和国家工作全局的高度,深刻阐述了推动形成绿色发展方式和生活方式的重大意义和面临的形势、任务,提出了加快转变经济发展方式、加大环境污染综合治理、加快推进生态保护修复、全面促进资源节约集约利用、倡导推广绿色消费、完善生态文明制度体系6项重点任务。

《中共中央 国务院关于加快推进生态文明建设的意见》明确要求:"发展绿色矿业,加快推进绿色矿山建设,促进矿产资源高效利用,提高矿产资源开采回采率、选矿回收率和综合利用率。"自然资源部在编制全国矿产资源规划时,对全国绿色矿山建设、绿色矿业发展示范区建设等进行了统筹规划。《国务院关于全国矿产资源规划(2016—2020年)的批复》明确要求,"通过《规划》实施,到2020年,基本建立安全、稳定、经济的资源保障体系,基本形成节约高效、环境友好、矿地和谐的绿色矿业发展模式"。

原国土资源部主办的2007年中国国际矿业大会,以"落实科学发展,推进绿色矿业"为主题,该主题贯穿大会始终。传统矿业发展中矿山企业追求自身经济利益最大化,矿地往往不和谐,生态环境压力大。大会正式提出了"绿色矿业",让这一理念高调亮相。2008年,《全国矿产资源规划(2008—2015年)》首次对全国发展绿色矿业进行了统筹规划,并就全国发展绿色矿山、绿色矿业等设置了规划目标,特别是对全国发展绿色矿山数量进行了量化,提出了"到2020年,绿色矿山格局基本建立"的发展目标。同年,全国矿山企业积极响应,在广西南宁,中国矿业联合会与多家矿山企业发起签订了《绿色矿山公约》,标志着绿色矿业发展得到了矿山企业的重视,并开始投入各种资源大力开展绿色矿山建设。

2010年,为大力推进全国绿色矿业发展,实现《全国矿产资源规划(2008—2015年)》中相关的规划目标,国土资源部印发的《关于贯彻落实全国矿产资源规划发展绿色矿业建设绿色矿山工作的指导意见》进一步提出了国家级绿色矿山试点单位的九大基本条件,包括依法办矿、规范管理、综合利用、技术创新、节能减排、环境保护、土地复垦、社区和谐、企业文化。九大基本条件的提出,使得全国绿色矿山建设有了依据和明确要求,对于推动全国绿色矿业发展具有重要的推动作用。

2011年,国土资源部公布了首批国家级绿色矿山试点单位名单,涉及的矿种有煤矿、铁矿、有色金属矿、金矿、磷矿等,共37家矿山企业。2012年,党的十八大报告中提出大力推进生态文明建设和着力推进绿色发展、循环发展、低碳发展,成为发展绿色矿业最具现实意义的纲领性指导原则和动力。同年,国土资源部发布了第二批国家级绿色矿山试点单位名单,包括北京、河北、河南、四川、云南、广西、贵州等28个省、自治区、直辖市的183家矿山企业,其中河北、四川、河南、山东、安徽等省的绿色矿山数量较多。2013年,国土资源部发布了第三批国家级绿色矿山试点单位名单,共239家,反映出各地加快了绿色矿山建设。同年,国务院正式公布《全国资源型城市可持续发展规划(2013—2020年)》,要求发展绿色矿业,建设绿色矿山。2014年,国土资源部发布了第四批国家级绿色矿山试点单位名单,共202家,从地域分布看,涉及我国的大多数省、自治区、直辖市,矿业大省的绿色矿山数量较多。2015年4月,《中共中央 国务院关于加快推进生态文明建设的意见》指出,"发展绿色矿业,加快推进绿色矿山建设",全国绿色矿山建设成为生态文明建设的重要组成部分。2015年,国土资源部对国家级绿色矿山试点单位进行了评估,从评估情况看,试点工作的进展情况良好,试点单位紧密围绕绿色矿山制定的矿山建设规划目标,加大科技投入、研发与引入先进技术,在矿区生态环境改善、资源节约与高效利用、节能减排、和谐矿地关系建设方面取得了一定成效,树立了一批绿色矿山建立典型,起到了示范引领作用,得到了社会的广泛认可。

截至 2015 年底,国土资源部共计发布了国家级绿色矿山试点单位四批 661 家。从行业上看,涉及能源、黑色、有色、黄金、化工、非金属及建材等各行业;从企业性质上看,涉及国有、民营和外资企业;从省份上看,涵盖全国 29 个省、自治区、直辖市;从评估情况看,试点工作的进展情况良好,试点单位紧密围绕绿色矿山建设目标,不断改革创新,绿色矿山建设取得了显著成效。

经过十多年的发展,我国绿色矿山建设、绿色勘查、绿色矿业发展示范区建设等方面取得了一些突破性的成绩,但如何对不同尺度的绿色矿业发展水平进行测度是一个亟待解决的问题。不同行业的专家、学者开展了相关的研究,主要聚焦于矿业可持续发展、绿色矿山评价等问题。本书在新发展理念背景下,充分借鉴其他领域绿色发展测度的研究成果,在考虑不同尺度及数据条件下,构建宏观尺度、中观尺度和微观尺度的绿色矿业发展水平测度指标与测度模型,分析绿色矿业发展的空间格局。本书对丰富和完善绿色矿业测度方法具有重要的理论价值,有利于丰富绿色发展理论;不同尺度的绿色矿业测度结果对于有针对性地加强政策引导,促进矿业结构升级,铺就绿色矿业高质量发展之路具有重要的实践和现实意义。

1.2 研 究 综 述

1.2.1 绿色矿山建设评价

中国提出建设绿色矿山是提高矿产资源开发利用水平和保护矿山环境的重要举措之一。如何对绿色矿山建设水平进行科学评价,是发展绿色矿业面临的一个实际问题。目前,国内外学者依据不同的理论,从不同的研究视角或管理需求出发,构建了绿色矿山建设的评价指标体系及评价模型。评价指标体系设计是否科学合理,对绿色矿山建设评价结果的客观性与准确性将产生直接影响(张文龙 等,2017)。评价指标体系总体上是基于高质量发展的视角和科学管理、资源利用和现代化生产这三个层面(夏天 等,2021),又将生态环保这一层面考虑在内(刘亦晴 等,2020)。针对不同矿种构建的评价指标体系往往存在差异:针对磷矿,有研究从规范管理、资源开发利用、采选矿现代化、节能减排、土地复垦、环境保护和社会和谐7个方面建立评价指标体系(文莉军,2014),也有研究将采矿效率、清洁生产、企业管理、环境、社会效益等作为评价指标(Shang et al.,2015);针对煤矿,评价指标体系包括基本条件、规范管理、资源利用与节能减排、技术创新、环境保护与土地复垦、企业文化与社区和谐(Jing et al.,2016);针对盐矿,评价指标体系包括资源能源利用、采选矿现代化、矿山清洁生产、矿山规范管理、矿山生产安全和生态环境重建指标(Huang et al.,2010);针对卤水矿,从矿区环境、安全生产、环境保护与节能减排、资源开发与利用、科技创新与智能矿山、企业管理这6个方面建立评价指标体系(王宇,2021)。另外,也有学者以"国家绿色矿山基本条件"为基础,结合绿色矿山建设现状,将绿色矿山建设分为管理、矿产资源综合利用、技术创新、生态环境和文化建设5个方面来构建绿色矿山建设评价指标体系(宋学峰 等,2014;许加强 等,2016)。从已有的研究成果分析,因评价对象、评价出发点不同,构建的评价指标也不尽相同,但一般都考虑了矿产资源开发利用、科技创新、矿山环境等方面对于指标值的提取,评价指标中的定性指标大多采用专家评分法获得,具有一定的主观性。

开展绿色矿山评价是绿色矿山建设的重要工作之一,对促进绿色矿山建设具有重要的现实意义。从所运用的评价方法来看,国内外学者利用各种定量评价方法,对绿色矿山建设进行了探讨。早期,有学者通过一种新型木桶理论建立相应的数学模型,实现对绿色矿山建设的定量评价,既可以为绿色矿山建设的评判提供参考,又丰富了绿色矿山建设的形式(王明旭 等,2013)。由于矿山评价涉及的指标众多,并不是所有的指标都可以进行定量分析,有些可以用数量确切表达,有些只能定性表达,因此一些学者将层次分析法(analytic hierarchy proces,AHP)和模糊综合评价法相结合,利用定量指标与定性指标一起对绿色矿山进行多层次综合模糊评价(闫志刚 等,2012;王斌,2014;宋学峰 等,2014;刘建兴 等,2018;王宇,2021)。但是该绿色矿山评价方法仍然以定性为主,对评价指标权重的确定有很强的人为主观因素。不同于模糊评价方法,马田系统评价方法将定量与定性评价相结合,且以定量评价为主,弱化了由于主观因素导致的评价误差,能够在比较宏观的层面上综合考虑多项指标进行绿色矿山建设的评价(王磊 等,2014)。近些年,有学者选取综合指数法对我国绿色矿山建设进行评价,该模型简明扼要,思路清晰(薛藩秀,2016)。还有学者构建绿色矿山多专家综合评价模型,设计了绿色煤炭矿山多专家综合评价方法,并将其应用到煤矿的评价上,验证了该多专家综合评价模型的可行性(许加强,2017;梁灵鹏,2019)。由于数据包络分析(DEA)模型以矿山企业的各个投入指标和产出指标的权系数作为变量,无须考虑量纲统一化,避免了确定各指标在统计平均意义下的权系数,排斥了主观因素,具有内在的客观性,因此在绿色矿山建设和评价中广泛应用(付强 等,2017;汪文生 等,2013)。也有学者基于DPSIR模型建立评价指标体系,使用主成分分析法对绿色矿山进行评价研究(Chen et al.,2020;严慧,2015)。朱志芸(2021)通过对网络拓扑结构分析构建稀土绿色矿山建设评价指标体系,然后运用指标评分法对稀土矿区绿色矿山建设进行评价,进而通过综合分析对稀土绿色矿山建设现状进行描述。Chen 等(2023)开发基于灰色层次分析法和灰色聚类方法的混合灰色决策模型来评价绿色矿山建设水平,并且通过对中国矿区的案例分析,验证了该模型的实用性。

通过梳理发现,目前常用的评价指标权重确定方法可分为专家评判法、层次分析法、变异系数法、熵值法、相关系数法等。而且层次分析法、特征根法、线性加权法、主成分分析法、DEA法、模糊评价法、赋权法等现代综合评价方法,均可用于绿色矿山建设的综合评价。

1.2.2 绿色矿业发展效率测度

1. 矿山效率研究

(1) 矿山生产效率

矿山生产效率是指在投入量固定的情况下,实际产出与最大产出的比值,其能够反映出达成最大产出、预定目标或是最佳营运服务的程度,也可以衡量经济个体在产出量、成本、收入或是利润等目标下的绩效(苏英顺,2020)。有学者用能耗水平和劳动生产率水平定义了生产效率,利用耦合度模型,较好地评价了矿山企业生产效率水平与绿色矿山建设指标体系之间的耦合协调与相互关系(张文辉 等,2019)。

随着信息化时代的到来,数字矿山理念不断涌现和实施,给中国矿山带来了新的机遇和挑战,建设数字矿山已成为必然趋势(吴立新 等,2000;吴立新 等,2003;孙效玉 等,2004)。数字矿山作为提高矿山生产效率的重要组成部分,也成为我国各大露天矿山提高竞争力进程中的重要研究内容(何帅,2016)。结合矿山实际情况,数字化露天矿山管理系统能够实现对矿山生产设备的实时监控报警和在线调度,优化矿山基础数据结构,有效提高了数据查询统计的效率,减轻了人员工作量,提高了生产效率(丁辉 等,2018)。还有学者提出通过优化矿山工艺设备(张佰利 等,2007)、矿山凿岩系统(段林,2007)、煤矿采掘设备(沈亚洲,2013)、煤矿采剥设备(郝补国,2017)等提高矿山生产效率。

(2) 矿山运营管理效率

运营管理效率是运用投入产出分析工具研究管理状况的一种科学方法。通过综合自动化平台,实现安全、生产、技术、设备维修、物资采购、人力资源、经济核算、质量管理等监管控一体化的数字化矿山运营管理(柯俊 等,2018)。目前对于矿山运营管理效率的研究主要集中在矿山安全管理、设备管理、技术管理等方面。

对于安全管理,一些学者通过构建投入-产出安全管理效率评价指标体系,使用 DEA 模型对一些铀矿山企业安全管理效率进行评价,发现投入资金越多,矿山企业的安全管理效率不一定越高(粟文辉 等,2015;李紫韵 等,2021)。马金山(2015)构建了包括煤矿安全管理效果、安全基础水平和安全管理资源 3 大类共 25 个指标的评价体系,使用灰靶决策方法对煤矿安全管理效率水平进行测评,并使用煤矿安全管理效率制约因素识别的数学模型来确定瓶颈制约因素,发现某一煤矿即便是安全管理效率较高时也可能存在瓶颈制约因素。也有学者探讨了在当前大数据背景下煤矿安全管理所面临的改革、应用与挑战(Chen et al.,2021),用多方演化博弈模型探讨了政府部门监管和煤矿企业检查对安全管理效率的影响作用(Liu et al.,2018),提出了超前预报方法对煤炭企业竞争战略的预先预测和分析,其正逐渐成为矿山安全管理中的主要方法(Wang et al.,2020)。

对于设备管理,做好矿山机电设备管理对提高矿山生产效率和保障矿山安全生产具有重要作用(赵维英,2016)。在生产过程中,矿山企业要注意不断地对机电设备进行保养和维护,这不仅能提高矿山企业的运营管理效率和生产效率,还可以降低因为设备问题造成的事故(郑伟 等,2015),并且用新技术、新工艺来充分提高设备的管理水平与装备性能(赵鹏程,2015),从更新设备理念、处理设备安全隐患以及建立高素质设备管理和维修队伍等方面全面提升设备管理效率(熊德益,2018;李吉军,2021)。

对于技术管理,学者们主要研究了 GPS 调度系统(赵德新 等,2014;郝志东,2019)、计算机网络技术(张宇,2018;Sebeom et al.,2021)、物联网系统(王珺 等,2019)、智能化监控系统(郎进平,2019)、自动化测量系统(Kagiso et al.,2020)、矿山管理软件(张雪雪,2020)等对矿山技术管理效率的促进作用。

(3) 矿山投资效率

在矿产资源稀缺的情况下,其核心问题就是效率问题。对于投资效率,有学者认为,当边际收益等于边际成本时,企业投资处于最优水平;当边际收益大于边际成本时,企业投资表现为不足;当边际收益小于边际成本时,企业投资表现为过度。也有学者指出,当市场价值高于重置成本时,企业出现投资不足的现象;当市场价值低于重置成本时,企业出现投资过度的现象(Tobin,1969)。目前对于企业的投资效率的研究比较丰富,例如:提出基于时间序列的面板混合回归模型,通过综合考虑企业的保值投资与新增投资,计算出预期的企业正常投资水平,并根据企业实际的投资水平和预期水平之差,估计出企业的投资效率(Richardson et al,2006);构建 DEA 模型对煤矿安全投资效率进行评价分析(吴慧香 等,2012;李政,2014);对中国煤炭上市公司的融资困境和融资效率进行研究分析(黄丹 等,2014);采用模糊数学、层次分析法和二元相对比较法相结合的方法对煤矿基本建设投资控制的效果进行评价,运用 DEA 模型对山西省 13 家煤矿进行纵向和横向效率比较,观察各煤矿效率排名(赵鑫,2015);选择我国绿色矿山建设的投资效率为切入点,对其进行"多输入、多输出"的分析,使用 DEA 模型客观地评价我国绿色矿山建设的投资效率(司春彦,2017);运用 DEA 模型对内蒙古的煤炭企业投资效率进行了实证研究(王晓磊 等,2019)。

2. 矿业效率相关研究

(1) 矿业经营效率

矿业经营效率是指一个矿山企业或单位在经营活动中所发生的投入和产

出之间的对比关系。任何一个企业或单位在运营过程中都必须优化资源配置，力求以最少的投入实现最大的产出，从而实现有效经营。煤炭行业作为我国的基础产业，对国民经济的发展至关重要，多名学者使用DEA-CCR模型对我国大型煤炭企业的经营效率进行了评价分析，发现大部分煤炭企业并没有达到DEA有效，主要原因有资产闲置、人员冗余和规模闲置等（郝清民等，2003；宋晓明，2006；饶田田等，2009；王倩等，2013）。在对煤矿企业经营效率进行评价的同时，建立经营、安全、环境三位一体的协调耦合模型，对煤炭企业经营效率影响因素进行了相关分析（任一鑫等，2019）。也有学者采用DEA方法对中国煤炭企业经营效率进行评价与分析，进而对金融危机前后的这些企业经营绩效变化情况进行了探讨（彭英柯，2010）。

(2) 矿业投资效率

目前，对于整个矿业行业方面的投资效率研究的文献比较少。现有矿业投资效率研究中，刘月平（2017）对我国矿产勘查投资的资本配置效率进行分析，发现我国矿产勘查投资整体资本配置效率较低，而且正呈现逐年下降的趋势；杨永伟（2017）通过对中国矿业企业大量海外投资活动及其投资案例进行研究，分析了中国矿业对外直接投资效率低下的主要原因及存在问题，并对影响中国矿业对外投资效率的非资源因素进行评价；尹广勋（2018）从供给侧结构性改革视角出发，在微观层面对我国矿业上市公司的非效率投资的影响因素进行了分析研究。目前在宏观层面针对中国矿业对外投资效率的实证研究很少，也鲜见中国矿业对外投资效率的分析。

(3) 矿业能源生态效率

能源生态效率意指在促进经济增长的同时，以最少的能源投入和环境投入获得最大的经济产出。能源生态效率的测度方式通常有两种：单要素能源生态效率和全要素能源生态效率。前者仅考虑经济体的单个产出和能源投入的关系，后者则是考虑多个产出（其中包含环境污染）与所有要素投入之间的关系，能更加全面地测度能源效率，因此被广泛认可并使用。聚焦我国矿业能源生态效率研究问题，目前学界已有一些关于矿业经济-能源-生态的研究。有学者使用共同前沿SBM分析法比较了2003—2012年中国22个重工业和12个轻工业的能源生态效率，得到重工业的能源生态效率低于轻工业的结论，其中煤炭开采和洗选业、非金属矿物产品制造业能源生态效率最低（Li et al.，2017）；还有学者使用DEA探索了中国矿业的绿色全要素生产率,得到技术进步是矿业绿色全要素生产率增长的最大贡献者,而规模效率和管理效率阻碍矿业绿色全要素生产率增长的结论(Zhu et al.,2018)。运用DEA讨论了中国各个工业部门的能源生态效率,其中矿业组未实现投入产出有效,并且各细分行业之间差异显著,煤炭开采和洗选业能源生态效率最低(Wu et al.,2019)。基于中国矿业2007—2016年的面板数据,使用SBM窗口分析法测算我国采矿业的静态能源生态效率,通过Malmquist-Luenberger指数分析我国采矿业能源生态效率的动态演进特征(王向前 等,2020)。

1.2.3 绿色矿业发展指数相关研究

根据对已发表的文献不完全统计分析,绿色矿业发展指数研究相应较少,相关的研究主要有不同尺度的区域绿色发展指数研究、行业绿色发展指数研究和矿业绿色发展指数研究。

1. 区域绿色发展指数研究

绿色发展以效率、和谐和可持续性为目标,是一种兼顾经济增长和环境保护的综合发展模式(Hong et al.,2018)。绿色发展的内涵主要包括以下三点:一是把环境资源作为社会经济发展的基本要素;二是把经济和环境的可持续发展作为绿色发展的目标;三是经济活动的持续过程和后果中的"绿色化"趋势应被视为绿色发展的主要内容和途径(Fu et al.,2019)。衡量绿色发展的主要方法可分为两类:一类是建立综合指标体系,并获得衡量绿色发展的综合指数(Xiao et al.,2013);另一类是引入绿色发展效率来衡量绿色发展,包括DEA等非参数方法(Zhou et al.,2018)和随机前沿分析(SFA)等参数方法(Feng et al.,2017;Liu et al.,2018)。研究绿色发展绩效的影响因素包括产业结构优化程度、技术创新水平、环境监管、经济发展水平、开放程度和绿色认知深度等(Feng et al.,2017)。

在具体的研究区域方面,长江经济带、成渝城市群和京津冀城市群是研究成果较为丰富的区域。长江经济带是我国重要战略发展区域和生态屏障,但人口密度高、产业分布密集、资源消耗大、排污强度高,如何实现产业绿色发展模式是长江经济带高质量发展亟待解决的关键问题。何剑等(2017)利用SBM方向性距离函数和 Malmquist 动态指数非参数模型,测度产业层面绿色效率,探讨了长江经济带产业绿色效率指数的时间变化趋势和区域差异特征。黄磊等(2019)利用全局超效率 SBM 模型及泰尔指数分析长江经济带城市工业绿色发展效率的时空演变规律,采用空间杜宾模型 SDM 探究长江经济带城市工业绿色发展效率提升的空间驱动机制。张仁杰等(2020)建立熵权 TOPSIS 模型,从经济发展、社会福利、生态建设、制度供给四个维度构建绿色发展水平指标体系,借助探索性空间数据分析、社会网络分析等方法考察长江经济带城市绿色发展水平空间特征。史安娜等(2022)依据 DPSIR 原理,基于 2008—2018 年长江经济带面板数据,采用熵值法和 PVAR 模型,研究了产业绿色发展水平及影响。

成渝城市群作为西部大开发的重要平台,是为破解区域发展不平衡、不充分做出的战略布局。肖义(2019)建立了成渝城市群产业绿色发展竞争力指标体系,基于熵权的 TOPSIS 模型对成渝城市群 2007—2016 年产业绿色发展竞争力进行测度,并利用 ArcGIS 的自然断点法对成渝城市群产业绿色发展总系统竞争力和三大子系统竞争力进行等级划分和空间表达。白延涛等(2021)利用 SBM 模型和空间计量方法研究了 2007—2018 年成渝城市群 43 个研究单元农业绿色生产效率及其空间效应,探讨了绿色生产效率和空间效应的关系。杨占锋等(2021)基于成渝城市群 2010—2018 年绿色发展相关指标数据,采用超效率 SBM 模型测算绿色发展效率,运用社会网络分析方法分析了成渝地区双城经济圈区域绿色发展效率的空间网络关联特征和空间结构。汪宏宇(2021)利用 SBM 模型结合 Malmquist-Luenberger 生产率指数方法测算出 2004—2018 年成渝城市群的绿色全要素生产率,并运用全局莫兰指数和局部莫兰指数分析地区绿色全要素生产率的空间相关性特点,通过构建空间面板计量模型来进行实证分析,深入探究对外贸易对成渝地区双城经济圈的绿色全要素生产率的影响及空间溢出效应等问题。

京津冀城市群土地面积约占全国 2%,总人口约占全国 8%,地区生产总值约占全国的 9%。李玲等(2017)构建绿色发展评价指标体系,对京津冀地区绿色发展状况进行分析,采用层次分析法将绿色发展指标体系进行分层,运用线性加权法得出京津冀三地的绿色发展指数分别为 0.793、0.666、0.682。周佳宁等(2019)利用城市群绿色发展 WSR 三维分析模型,综合利用模糊语言与 OWA 算子法、变异系数法和多重共线性检验,构建了京津冀城市群绿色发展水平测度指标体系,采用熵权-正态云模型评价法,测度京津冀城市群绿色发展水平。房旭东(2020)利用三阶段 DEA 模型、Malmqiust 模型、核密度、Tobit 面板回归、地理加权回归等分析方法,测算了 2000—2017 年京津冀城市群绿色发展效率,并对其时空演变特征进行了分析。

2. 行业绿色发展指数研究

对于农业绿色发展,已有研究主要集中在内涵界定、发展转型、评价指标、实现路径等方面(付伟 等,2021)。农业绿色发展历经萌芽、发展、提升、推广等多阶段演化之后,核心内涵主要包括资源节约、环境友好、产地环境清洁、产品质量提升、生态系统稳定等(Carda-Broch et al.,2007)。可经由 DEA、SFA 等模型对部分要素生产率、全要素生产率进行测度(张乐 等,2013)。此外还可以利用熵值法、层次分析法等,将资源利用强度/效率、环境友好、人居环境等指标进行汇总,构建反映农业绿色发展的综合指标体系(魏琦 等,2018;赵会杰 等,2019)。国内外学者对绿色指数进行了不断探索,比较有代表性的绿色指数有经济合作与发展组织(OECD)国家绿色发展指标体系、中国绿色发展指数报告以及中国省域生态文明建设评价报告。其中,OECD 提出了包括 25 项指标的国家绿色发展指标体系,侧重于提高资源环境生产率和保持自然资源资产,但其中不少指标现阶段还难以有效度量(魏琦 等,2018)。2012—2019 年,全国农业绿色发展指数从 73.46 提升至 77.14。朱齐超等(2022)基于农业全产业链、农业绿色发展的理论认知,深入剖析了我国农业全产业链的发展现状、重大挑战、可行路径,提出从加强顶层设计、推进创新驱动、拓展生态优势、完善监管服务、探索利益联结机制等角度精准施策,完善全产业系统布局、优化产品价值转化体系,助推我国农业全产业链融合绿色发展。

国外对于工业绿色发展的研究主要集中于相关理论阐述(Staniškis,2012)、绿色经济测度(Cabernard et al.,2020)、绿色发展效率(Sun et al.,2019;Halkos et al.,2020)、影响因素分析(Onuoha et al.,2018;Awan et al.,2019)等方面。国内主要集中在绿色发展指标体系构建(李晓西 等,2011)、效率评价方法(车磊 等,2018;岳立 等,2020)以及影响因素分析(张仁杰 等,2020;郭爱君 等,2020)等方面。从研究视角上看,多集中于全国尺度(尹子擘 等,2021;栗欣如 等,2021)、地带尺度(郭付友 等,2020)、省域尺度(傅琳琳 等,

2020)、市域尺度(郭付友 等,2020)。研究方法主要有主成分分析(Rajesh et al.,2018)、模糊分析(Wu et al.,2018)、灰色关联分析(grey relational analysis)(Liu et al.,2017)、粗糙集分析(rough set analysis)(Yan et al.,2016)、层次分析法(Chen et al.,2016)、熵 TOPSIS 法(entropy-TOPSIS method)(Chauhan et al.,2017;Sun et al.,2017;Wang et al.,2017)。

制造业的绿色发展,就是围绕提升制造业资源能源使用效率,将产品设计、生产等全生命周期阶段对环境的负面效应降至最低,促进制造业绿色低碳发展,获得经济、生态与社会综合效益最优。目前针对制造业的绿色发展研究主要集中在通过监管和创新推动制造业的绿色发展。但对创新的研究主要侧重于客观目标,即实现产品创新、流程创新、组织创新和营销创新(Costa Campi et al.,2014;Marin,2014;Acosta et al.,2015;Baumann et al.,2016)。针对监管这一制度因素对产业创新行为的影响,研究相对较少。

3. 绿色矿业发展指数研究

绿色矿业发展指数是对矿业发展方式绿色、文明、和谐程度的有效度量,充分考虑矿产资源勘查开发过程中资源节约高效利用、生态环境保护治理、矿地和谐发展等多个方面,体现企业绿色运营、产业绿色重构和政府绿色管理,是全面衡量矿业发展绿色化水平的综合性指标。黄洁等(2018)提出指标建立要遵循系统性原则、代表性原则和独立性原则以及可比性原则。绿色矿业发展指数指标体系构建包括 4 个阶段:对相关理论和概念的理解、借鉴相关研究基础进行指标的初选、讨论分析进行指标的优选、专家研讨完善最终指标。黄洁等(2020)利用上述 4 个阶段,构建了绿色矿业发展指数指标体系,包括总指数-分指数-指标层 3 个纵向层次。

矿业效率有关的研究包括宏观和微观两个观察尺度。在宏观层面上,Yang 等(2010)首先提出了绿色经济效率的概念。随后,许多学者对整个国民经济的绿色效率进行了后续研究(Tao et al.,2016;Zhao et al.,2020)。矿业只占整个经济的一小部分,研究成果不能反映矿业的特殊性。在微观层面上,研究一直侧重于特定部门的效率,例如能源和矿产部门(Zhang et al.,2013a,2013b;Munisamy et al.,2015;Li et al.,2018)。微观数据的缺乏限制了采矿细分领域的研究,因此大多数研究集中在煤炭等大宗矿物领域。

第 2 章
绿色矿业发展测度框架研究

国内外学者对矿业可持续发展、绿色矿山等展开了长期、持续的讨论,但鲜有对绿色矿业发展进行不同尺度的全面系统研究。如前所述,随着我国绿色矿业的不断发展和提升,开展不同尺度的绿色矿业发展测度已经是绿色矿业评价的主要内容和必然趋势。本章从理论分析的角度对绿色矿业发展测度开展研究,尝试构建绿色矿业发展测度理论系统框架,该系统框架包括测度指标系统、方法系统、实施系统、结果应用系统等,如图 2-1 所示。

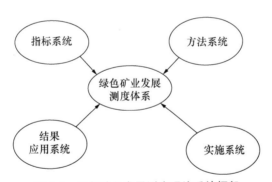

图 2-1 绿色矿业发展测度理论系统框架

2.1 绿色矿业发展的理论构架

2.1.1 传统矿业的特征

传统矿业发展模式是建立在传统经济学基础上的发展模式。传统矿业发展模式强调对矿产资源的勘探开发,并最大限度地获取经济效益,忽视对生态环境的有效保护,不利于资源、环境、经济、社会的和谐与持续发展(姜杰,2012)。传统矿业在经济利益最大化原则之下,只追求经济效益,片面强调投入产出比,缺少对矿区环境的有效保护。实践上,一方面在矿产资源开发利用过程中,对低品位的矿产资源、共伴生元素缺少关注,没有保护好宝贵的不可再生的矿产资源;另一方面在勘查开发过程中,不强调对矿区环境的保护,没有最大限度地减少对生态环境的扰动,从而带来了一系列环境问题,加剧了矿产资源开发利用与生态环境保护的二元对立。

如何界定传统矿业?传统矿业不能简单地以某一时间为界线进行划分,而是要根据其价值取向,看其发展模式与途径,以及矿业活动对社会经济、生态环境等的影响和与之造成的结果。对传统矿业开发界定具体要考虑的因素有:是否开展了绿色勘查与绿色开发;对低品位矿产资源、共伴生元素是否根据现有的技术经济条件进行了利用,以保护宝贵的矿产资源;是否在矿业发展的全过程中注重对自然资源和生态环境的保护;是否通过技术进步、节能减排减少对环境的影响。只要是开发活动不重视矿产资源的充分利用,忽视或未能有效地保护生态环境,不利于社会和谐与可持续发展的矿业开发,就应被界定为传统矿业开发(姜杰,2012)。

从矿产资源禀赋与开发利用、生态环境和经济社会的关系角度看,传统矿业生产模式有以下几个特征:

一是传统矿业发展模式是以经济效益最大化为唯一目标的发展模式。传统矿业开发将矿业权人占有的矿产资源(特别是优质的矿产资源)以及获得经济利益最大化为最高标准。这种最高评价标准下,矿业权人常常从自身的、局部的、眼前的利益和需求出发,在矿产资源开发利用中不重视环境的保护、资源的可持续利用,忽略他人的、整体的、长远的利益(姜杰,2012)。

二是传统矿业发展模式是一种矿产资源开发利用效率低、资源浪费严重的发展模式(刘粤湘,2002;姜杰,2012)。传统矿业经济增长主要以要素投入为主,这些要素主要包括矿产资源、土地资源、水资源以及大量资金和劳动力;传统矿业发展往往不重视科技创新和技术进步,采矿回采率、选矿回收率以及综合利用率水平普遍较低,在资源储量不足的状况下又造成了矿产资源的大量浪费。

三是传统矿业发展模式是一种破坏生态环境的发展模式(潘长良 等,

2004)。传统矿业在发展过程中,不注重矿区生态环境保护,甚至带来环境污染,给所在地的生态造成了破坏。在对矿产资源的勘探、开采、选冶和加工过程中,排放的废气、废水、固体废弃物(简称"三废")治理率低,生态环境污染严重;开发矿山诱发的灾害与地表破坏问题未引起足够的重视,防范不力,如矿区地面塌陷造成大量耕地等土地损毁以及植被破坏引起水土流失与荒漠化。

四是传统矿业发展模式是一种低和谐度的发展模式。传统矿业长时期粗放式开采,不仅没有充分利用宝贵资源,还造成了生态地质环境的破坏,遗留非常多的矿山环境问题,直接影响矿产资源开采所在地居民的生产、生活。

2.1.2 绿色矿业发展内涵与特征

绿色矿业系统是一个复杂系统,包括矿产绿色勘查、矿产绿色采掘、矿产资源的高效利用等一系列过程。在这个过程中,起点是矿产资源勘查;矿产资源勘查结束后,按照相关要求可以进入矿产资源的开发过程;当矿业提供的原矿产品进一步发生物理性质或化学性质变化时,就转入矿产加工业。系统论观点是绿色矿业最重要的观点之一。王飞(2012)、黄洁等(2018)认为绿色矿业是科学的可持续发展矿业,在矿产资源开采过程以及矿产资源的加工过程中,应该在矿业活动对环境扰动量不大于区域环境容量及其自净能力这一前提下,实现矿产资源的集约化、高效化开采和经济社会系统与生态环境系统协调发展。李立(2009)认为绿色矿业的本质是要求经济、资源与环境三者协调发展,是可持续发展理念在我国矿业中的具体体现。矿业作为国民经济的一个行业,在强调以矿业本身经济发展为核心的同时,必须注重资源的集约、高效利用,并积极开展技术创新促进节能减排,在最大化经济效益的同时最大化社会效益。在矿业活动中要尊重自然,对生态环境进行恢复治理,要客观评价生态环境效益,最终使经济效益、社会效益和生态环境效益等综合效益达到最佳。只有综合效益达到最佳,矿业的发展才是可持续的。

绿色矿业发展从系统论与协同论出发,本质上要求矿业经济、自然资源与生态环境三者协调发展,是新发展理念在我国矿业中的具体体现。潘冬阳(2012)认为绿色矿业是一种注重资源合理利用、节能减排、保护生态环境和促进矿地和谐的矿产资源行业发展方式,要求矿产开采方式科学化、资源利用高效化、企业管理规范化、生产工艺环保化、矿山环境生态化,并推行循环经济发展模式,实现资源开发的经济效益、生态效益和社会效益协调统一。高强度的矿产资源勘查开发利用,在为社会经济发展提供丰富物质基础的同时,产生的"三废"以及对土地资源、水资源等的过度消耗,使得自然环境不断恶化,资源环境压力不断加大。在矿业活动所带来的环境破坏已接近或超过资源环境容量,即处于临超载或超载的情况下,生态环境自净能力不足,在寻求矿产资源-环境-经济综合系统相协调的过程中催生了绿色矿业(黄洁 等,2018)。因此,绿色矿业强调矿产资源勘查开发的减量化、循环化、再利用和低碳化作业与实践。

绿色矿业发展不再是一种粗放式的发展模式,强调矿产资源的集约、高效利用,强调科技创新提质增效和对生态环境的恢复与治理,将矿业活动对环境的扰动降到最低,是一种符合生态文明要求的可持续发展模式。

首先,绿色矿业发展要求发展理念的转变。传统矿业发展模式往往以经济效益为唯一目标(图2-2),将经济效益与社会效益、生态环境效益对立起来。绿色矿业发展则要求在追求经济效益的同时,加强资源的保护和节约集约利用,加大科技投入,通过新装备、新工艺的应用,减少单位矿业工业产值能耗,减少"三废"的排放,尽可能减小对环境的扰动,开展矿区生态地质环境系统性保护与修复,积极创建和谐社区关系,实现社会效益、经济效益与生态环境效益的最大化。

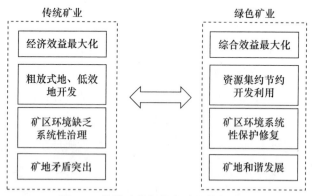

图 2-2 传统矿业与绿色矿业特征对比

其次,绿色矿业是生产方式的绿色转变(黄洁 等,2018)。传统矿业生产方式对矿产资源开发利用是单向的,开发利用的强度越高,矿产资源的消耗也就越快,加重了矿产资源的枯竭。传统矿业生产过程中缺少矿产资源可持续循环利用或是矿产资源可持续利用不足。绿色矿业发展模式摒弃了传统矿业这一生产方式,通过产业结构优化升级、技术创新、管理创新等手段,加强对低品位矿的利用,而不是"采富弃贫",在满足社会经济发展需要的同时,最大限度地减缓矿产资源的损耗;通过技术创新,加强对矿业活动中产生的"三废"的循环利用,减少污染物的排放,减少对土地资源、水资源的破坏,从而成为一种可持续的发展方式。

再次,绿色矿业着力于发展矿业经济与保护生态地质环境相统一。绿色矿业发展强调社会经济与生态环境协调发展,在矿产资源的勘查开发活动中最大程度地减少矿业活动对生态环境的影响,加大对已破坏矿山环境的恢复与治理;在生态功能区,特别是生态红线内,限制或禁止矿业活动,适当开展公益性的矿产资源勘查活动。

最后,绿色矿业是一种矿地和谐的发展模式。绿色矿业提倡节约集约用地,注重矿用土地的复垦与利用,统筹矿业发展与农民利益;企业利用资金、技术和人才优势,形成以矿带村、村矿互动、共同发展的格局,地方政府加大基础设施建设、提供配套政策支持企业发展,为企业创造宽松的经营环境,共同促进矿地和谐发展。

2.1.3 绿色矿业发展相关概念

1. 绿色勘查

地质勘查是矿业的重要组成部分,位于整个产业链的最前端,是矿业发展的基础。地质勘查能否实现绿色勘查将直接影响整个行业的绿色发展,乃至生态文明建设的整体大局(姜焕琴,2019)。绿色勘查的内涵处于不断发展中,定义也有所不同。张新虎等(2017)认为绿色勘查是绿色发展理论在地质勘查领域的实践,是以绿色为发展目的,通过科学理念、技术手段创新,以地质勘查全过程的"绿色化""生态化"为主要内容和途径,最大限度地减少勘查工作对生态环境的扰动和影响,实现保护生态环境和保障资源供给双赢。中国矿业联合会于2018年6月28日发布了《绿色勘查指南》(T/CMAS 0001—2018),其中对绿色勘查的定义为:以绿色发展理念为引领,以科学管理和先进技术为手段,通过运用先进的勘查手段、方法、设备和工艺,实施勘查全过程环境影响最小化控制,最大限度地减少对生态环境的扰动,并对受扰动生态环境进行修复的勘查方式。

绿色勘查主要经历了三个阶段：① 由政府主导的理念倡导阶段（2015—2016）。2016年，在国土资源部的倡导下《绿色勘查行动宣言》向社会公开发布，绿色勘查先后被写入《国土资源"十三五"规划纲要》《全国矿产资源规划（2016—2020年）》。② 由市场主导的探索试点阶段（2016—2018）。青海省有色地质矿产勘查局、甘肃省地质矿产勘查开发局、山东省矿产勘查技术指导中心、海南省地质调查院等先行先试，因地制宜，全面推进；科研机构如中国地质调查局北京探矿工程研究所、中国地质调查局成都探矿工艺所等积极研发新设备、新技术。③ 示范标准阶段（2018—至今）。原国土资源部矿产勘查技术指导中心会同中国矿业联合会牵头编制了《绿色勘查指南》，提出了勘查工作中的生态环境保护和环境恢复治理各项要求。中国地质调查局印发《区域地质调查技术要求（1∶50 000）》等9项标准，特别将生态环境的调查与评价纳入各项地质矿产调查工作中，形成资源潜力、技术经济、生态环境"三位一体"的调查评价体系（马骋 等，2020）。

2. 绿色开采

由于自身特点，采矿对于地下岩层的破坏不可避免，加上采矿工艺和采矿技术存在缺陷，对水资源、土地资源、大气环境、地质环境等造成破坏，给农业、林业带来了损失，甚至影响了开采区的生物多样性，不利于生物多样性的稳定（姚海燕 等，2020）。采用新技术、新装备，实现绿色开采，促进矿产资源的合理利用，是在发展矿业经济的同时降低环境污染的重要手段与基本保护措施。

绿色开采是指通过绿色技术创新来降低矿产资源开采过程对环境的破坏程度，从而协调经济效益与社会效益（任思达，2019）。学者对于如何促进绿色开采技术应用的问题研究主要集中在两个方面（姚海燕，2020）：一方面是绿色开采实现路径及评价。宋子岭等（2017）建立了大型露天煤矿绿色开采的评价指标体系。王文轲（2013）从期权的角度，建立了基于有限理性的煤炭绿色开采决策模型。王林秀等（2013）运用资源价格的市场响应模型和资源的均衡价格形成机制分析了其对绿色开采技术扩散的影响机理。陈亮等（2016）从企业环境成本控制的视角，分析了露天煤矿绿色开采的实现路径。另一方面是政府政策，包括对现有政策的评价及政策建议。张伟等（2016）从演化博弈的角度，给出了政府对于煤炭资源绿色开采监管的策略。许建等（2017）认为中国煤炭产业政策存在显著的政策类型结构失衡、政策工具多元化不足和政策机制单一问题。

从总体上看,要实现绿色开采还任重道远。中国的绿色开采是从上而下逐步推进的过程,即政府首先意识到推广和实施绿色开采的重要性和深远意义,随后通过行政法规进行省、市、县的层层推广和实施。作为绿色开采主体的矿山企业对绿色开采的认识不足,远远没有达到政府对于绿色开采的重视程度(张伟 等,2016)。

3. 绿色矿山

英国、美国等西方国家在19世纪提出了"绿色矿山"的概念,但主要涉及矿区周边环境的美化以及植被的保护两方面内容。第二次世界大战之后,各国经济的快速发展,消耗了大量能源、矿产等自然资源,引起了政府与学界的高度重视,相应的绿色矿山概念从初始的环境保护延伸到资源的综合利用。经过数十年的发展,以发达国家为代表的矿业可持续发展理论已经趋于成熟,并形成规范统一的发展模式。在中国,随着对生态文明建设的重视,建设绿色矿山,发展绿色矿业,已经上升到国家战略的高度。

国内学者对于绿色矿山有不同的理解:一类是聚焦于矿产资源开发的某一环节或方面。乔繁盛等(2010)认为,所谓绿色矿山,就是指在矿山环境扰动量小于区域环境容量前提下,实现矿产资源开发最优化和生态环境影响最小化。黄敬军等(2019)将绿色矿山的基本内涵概括为确立矿山资源环境一体化、突出生态园林矿山、强化经营绿色的理念,认为绿色矿山是一种全新的矿山发展模式,是解决矿山可持续发展的最佳途径,其本质是倡行循环经济。另一类则强调资源环境与经济社会协调发展。在加强环境保护的同时,应不排斥经济发展,即矿山经济体系绿色化或生态化,使矿山生态系统与矿山开发所形成经济系统保持一定的协调性。绿色矿山是一个开放的复杂大系统,需要立体综合协调开发和解决大量基础理论、技术工艺、系统优化及政策法规等方面的问题(刘建兴,2014)。

2010年,国土资源部制定的《关于贯彻落实全国矿产资源规划发展绿色矿业建设绿色矿山工作的指导意见》提出绿色矿山建设要满足9个基本条件:依法办矿、规范管理、综合利用、技术创新、节能减排、环境保护、土地复垦、社区和谐、企业文化。

2018年,由自然资源部发布的冶金、有色、化工、水泥灰岩等9大行业绿色矿山建设规范中,对绿色矿山的定义是:在矿产资源开发全过程中,实施科学有序的开采,对矿区及周边生态环境扰动控制在可控范围内,实现矿区环境生态化、开采方式科学化、资源利用高效化、管理信息数字化和矿区社区和谐化的矿山。

4. 绿色矿业发展示范区

绿色矿业发展示范区是为推动绿色矿业发展,促进矿业领域生态文明建设,由自然资源部确定的示范区。2016年出台的《国土资源"十三五"规划纲要》提出要大力推进绿色矿山和绿色矿业发展示范区建设,规划建设50个以上绿色矿业发展示范区。2017年,国土资源部发布的《关于开展绿色矿业发展示范区建设的函》要求各地按照政策引导、地方主体,一区一案、突出特色,创新驱动、示范引领的原则,择优开展绿色矿业发展示范区建设。2020年12月,自然资源部公布了河北承德绿色矿业发展示范区等50个绿色矿业发展示范区的名单。

2.2 绿色矿业发展测度指标系统

2.2.1 绿色矿业发展测度指标构建思路

绿色矿业发展测度是一个复杂系统,涉及矿产资源开发的不同阶段和开发利用的很多方面,其过程中也包含着一些不确定性和模糊性,因此构建合理、可行和可信的指标体系是科学合理测度的基础,也是综合评价的关键。在构建指标体系时,要认真研究资源、环境、经济、社会等多种要素的相互作用机理,让指标能充分反映研究区资源特征,能够准确地度量矿产资源勘查开发,最终使结果具有客观性、准确性和实用性。绿色矿业发展测度指标体系的具体建立过程如图2-3所示,按照逻辑思路可以分为以下5步。

1. 理论准备

绿色矿业发展测度指标体系的建立,要根据评价对象的实际情况,在绿色发展理论、可持续发展理论、循环经济理论等理论和文献研究的基础上,深刻把握绿色矿业的内涵。本书2.1节分析了绿色矿业发展的相关理论,明确了绿色

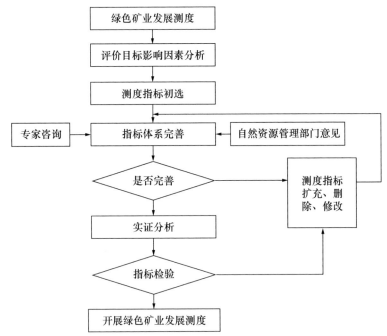

图 2-3　绿色矿业发展测度指标体系建立过程

矿业的内涵和基本特征,这些都为测度指标体系的构建奠定了理论基础。

2. 影响因素分析

深入自然资源管理部门、矿山企业、行业协会有关单位,就绿色矿业发展影响因素以及如何全面表征绿色矿业发展重大问题开展调研,重点就资源节约、环境优化、产业发展等指标征求各方意见。在调研的基础上,结合理论分析,确定绿色矿业发展的影响因素。

3. 指标体系的初选

在影响因素分析的基础上,根据全面性的原则构建指标体系,即指标体系的构建应全面反映绿色矿业发展水平。在构建指标体系时应充分考虑评价的目的性与尺度。

4. 指标体系的优化

在指标体系初选时,不同的测度指标间可能存在信息冗余。指标体系的优化主要从两个方面开展:一是注重发挥专家作用,对研究阶段成果,如绿色矿业发展测度指标体系等进行广泛的专家研讨和论证;二是征求自然资源管理部门的意见,从需求的角度对指标体系进行优化。

5. 绿色矿业测度及成果应用

在对测度指标进行充分论证后,将指标用于全国尺度的绿色矿业发展水平评价与省域尺度的绿色矿业发展效率评价。根据结果深入开展对策建议研究,为绿色矿业发展提供决策支撑。

2.2.2 绿色矿业发展测度指标构建原则

绿色矿业测度指标体系的构建应突出绿色与发展的结合,应充分考虑矿产资源开发利用的特点,综合经济、资源、环境、社会各方面因素进行构建。本书中指标构建遵循如下原则。

(1)科学性原则。测度指标要能够全面反映绿色矿业发展的各个方面,符合科学规范管理矿产资源、节约集约利用矿产资源的内涵和为管理、规划服务的目标。

(2)显著性原则。绿色矿业发展测度涉及的因素多,影响绿色矿业发展的指标复杂。但指标太多则构建的测度模型复杂,不仅会造成评价困难,还会影响综合评价的效果。因此测度指标的选取应最大限度地展示对象的差异,保证指标体系的简明、概括、具有代表性,所以应通过相关性分析舍去那些存在信息冗余的指标,使得最终构建的指标具有显著性。

(3)可操作性原则。可操作性原则是指在选取测度指标时,不能脱离绿色矿业发展相关资料的实际,要根据数据来源充分了解数据支持程度。因此测度指标要最大限度建立在现实统计核算的基础上,以便进行数量分析;要深入分析各种测度模型的特点及适用场合,并结合数据特征选取或构建测度模型。

(4)实用性原则。实用性原则是指绿色矿业发展测度应围绕为管理、规划服务的这一目标,使指标体系较为简洁明晰,使综合评价的结果便于应用,为提升绿色矿业发展水平提供思路和建议,为绿色矿山建设、绿色矿业发展示范区建设和矿产资源规划提供支撑。

2.2.3 绿色矿业发展测度指标框架

绿色矿业发展测度是指绿色矿业发展程度的度量,在矿产资源开发利用、矿山地质环境保护与恢复治理等基础上,突出绿色与矿业发展的结合。因此,绿色矿业发展测度应充分考虑矿产资源开发利用的特点,并综合资源、环境、社会各方面因素进行构建。一是要根据目标任务确定尺度,全国范围绿色矿业发展尺度、区域绿色矿业发展尺度与微观的绿色矿山建设测度应构建不同的指标、采用不同的方法;二是要反映当前矿业发展程度,同时又要体现绿色矿业发展的要求与趋势;三是要充分考虑相关的政策文件、规范和要求,充分吸收已有的研究成果,构建的测度指标及其数据来源要有权威性。

根据测度指标体系构建和操作的基本原则,利用从粗到细、从全局到局部的分层递阶方法,从宏观、中观与微观的角度,构建全国尺度、省域尺度和矿山尺度等不同尺度的绿色矿业发展测度指标体系。

1. 中国绿色矿业发展测度指标体系

中国绿色矿业发展测度指标体系,分为总体目标层、约束层、指标层 3 个等级(图 2-4)。约束层可包含矿产资源节约集约开发、生态环境保护、科技创新与安全和谐等分指数,每个分指数又包含若干个指标。

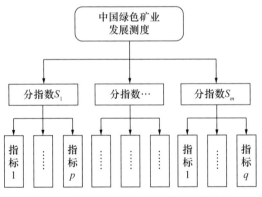

图 2-4 中国绿色矿业发展测度指标体系

2. 省域绿色矿业发展测度指标体系

省域绿色矿业发展测度从投入产出的角度,以研究区内省域为评价单元,考虑资源本底、开发利用水平、开发利用效益等因素,选取矿山企业数、矿业从业人员数、矿山环境恢复治理投入等为投入指标,以工业总产值、矿山地质环境恢复治理面积等为产出指标,构建指标体系(图 2-5)。

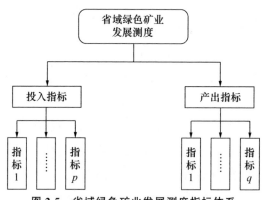

图 2-5　省域绿色矿业发展测度指标体系

3. 绿色矿山建设水平测度指标体系

绿色矿山建设水平测度涉及的因素和指标多。根据自然资源部相关要求以及现有的研究成果，绿色矿山建设要考虑矿山环境、矿产资源开发与综合利用、节能减排、企业科技创新以及企业管理等因素。每个因素可用若干个指标表示，这些指标具有很明显的分层结构。绿色矿山建设水平测度指标体系分为目标层、约束层、指标层3个等级（图2-6）。

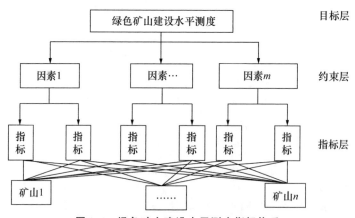

图 2-6　绿色矿山建设水平测度指标体系

2.2.4　指标重要性度量方法

绿色矿业发展测度涉及的指标多，这些指标在评价中对目标的重要性是不一样的。确定指标权重是指标构建之后的又一项重要的工作。确定指标权重的方法较多,可以归纳为两大类:一类是主观法,如层次分析法、Delphi 法等;另一类是客观法,如主成分分析法、因子法、均方差法、熵值法、灰关联法等。主观法充分利用了专家的知识,较好地体现了评价者的意向,但评价结果具有较大的主观性;客观法则较好地克服了主观性,具有较强的数学理论依据,但没有利用专家的知识。将主观法确定的权重与客观法确定的权重相结合,可计算出既能反映客观信息又能体现专家经验信息的组合权,是提高评价结果可信度的方法之一。本书采用主观法和客观法分别计算权重并进行评价,再以组合权进行评价,并对评价的结果进行对比分析。

1. *层次分析法*

层次分析法是一种常用的定性分析与定量计算相结合的多准则决策方法,具有简单、易于实现等特点。层次分析法的基本原理是把复杂问题中的各种因素划分为互为联系的有序层次,评价者对每一层次的各因素进行客观判断后,相应给出重要性定量描述。然后,利用数学方法计算出每一层次元素的相对重要性次序的权重。

层次分析法计算权重首先要确定递阶结构,再通过建立两两比较矩阵的方法判断同一层次各个元素对于所属上一层某个元素的相对重要性。对某一评价目标,其影响因素赋值一般采用1~9标度法(表 2-1)。

表 2-1　1~9 标度法

经典层次分析法标度	含　义
1	两因素相比,同等重要
3	两因素相比,一个比另外一个稍微重要
5	两因素相比,一个比另外一个明显重要
7	两因素相比,一个比另外一个重要得多
9	两因素相比,一个比另外一个极端重要
2,4,6,8 倒数	两相邻判断的中间值,x_i 与 x_j 之比标度为 $r_{ij}=1/r_{ji}$

层次分析法用于确定绿色矿业发展指数的各分指数的权重,主要有以下 4 个步骤:

第一步,明确绿色矿业发展测度目标,建立指标层次分析结构。因绿色矿业发展测度涉及多种因素,且存在层次结构,故应在明确绿色矿业测度目标及测度尺度的前提下,建立自上而下的层次分析结构。

第二步,判断矩阵 A 的构建。邀请专家对各一级指标相对于目标层的相对重要性以及各二级指标相对于一级指标的相对重要性进行两两比较,构造出一级指标和二级指标层的判断矩阵 A 和 $A_1,A_2,\cdots,A_m$,进而计算出各一级指标与二级指标的权重。

第三步,因素层中各因素权重确定及一致性检验。在构建因素层判断矩阵之后,通过特征方程 $AW=\lambda_{\max}W$ 计算判断矩阵 A 的最大特征值 $\lambda_{\max}$,以及最大特征值 $\lambda_{\max}$ 对应的特征向量 W。因素层各因素权重的一致性检验通过以下公式来进行计算:

$$C_R=C_0/R_0$$

其中,C_0 表示随机一致性指标,通过表 2-2 可查得。一般若 $C_R<0.1$ 时则可接受当前的权重。对特征向量 W 进行归一化处理,得到新的特征向量即为同一层次中的各因素对于目标层的权重。

第四步,指标层及一致性检验。在构建指标层判断矩阵和计算出因素层权重后,通过 $A_iW=\lambda_iW(i=1,2,\cdots,m)$ 计算出的最大特征值 $\lambda_{i\max}$ 以及最大特征值 $\lambda_{i\max}$ 对应的特征向量 W_i。通过第三步中的一致性检验方法对其进行检验,若通过则为指标的权重。

表 2-2　随机一致性指标

阶　数	1	2	3	4	5	6	7	8
R_0	0	0	0.5	0.89	1.12	1.26	1.36	1.41
阶　数	9	10	11	12	13	14	15	
R_0	1.46	1.49	1.52	1.54	1.56	1.58	1.59	

2. 熵值法

熵值法作为综合评价中确定指标权重的一种客观法,具有较高的可信度。熵值法计算各测度指标的信息熵,信息熵越小,则信息的效用值越大,指标的权重也应越大;信息熵越大,则信息的效用值越小,指标的权重也应越小。据此可根据信息熵的大小来决定测度指标权重的大小(Li et al.,2014;罗德江 等,2014)。

设有多指标数据序列:

$$X_1 = (x_{11}, x_{12}, \cdots, x_{1n})$$
$$X_2 = (x_{21}, x_{22}, \cdots, x_{2n})$$
$$\cdots\cdots$$
$$X_m = (x_{m1}, x_{m2}, \cdots, x_{mn})$$

利用熵值法计算权值确定指标权重过程如下：

第一步，原始数据的预处理。测度指标体系中各指标的量纲、数量级是不同的，在进行综合评价之前要对原始数据进行预处理。在绿色矿业发展分指数的各测度指标中，指标属性可能为负向指标或正向指标，因此对数据的预处理要依据指标属性进行。设对 $X = (x_{ij})_{mn}$ 处理后的数据集为 $Y = (y_{ij})_{mn}$。

第二步，利用比重法计算评价值 p_{ij}。计算方法如式(2-1)：

$$p_{ij} = \frac{y_{ij}}{\sum_{i=1}^{m} y_{ij}} \quad (i=1,2,\cdots,m; j=1,2,\cdots,n) \tag{2-1}$$

第三步，计算第 j 个指标的输出熵 E_j 和差异性系数 G_j。计算方法如式(2-2)和式(2-3)：

$$E_j = -k \sum_{i=1}^{m} p_{ij} \ln p_{ij} \tag{2-2}$$

$$G_j = 1 - E_j \quad j = 1, 2, \cdots, n \tag{2-3}$$

第四步，计算各个指标的权重 $w = (w_1, w_2, \cdots, w_n)'$。其中第 j 个指标的权重 w_j 为：

$$w_j = \frac{G_j}{\sum_{j=1}^{n} G_j} \quad j = 1, 2, \cdots, n \tag{2-4}$$

3. 组合法

由主观法与客观法计算得到的权重各具合理性，同时又都存在一些不足。在具体的研究中可取长补短，进一步利用主观法与客观法所得的权重，通过某一种规则计算组合法权重，以提高权重的科学性，从而使测度的结果更合理。

组合法可分两类：一类为乘法合成的归一化方法，另一类为线性加权组合法。采用线性加权组合法计算权重是将主观法确定的权重 W_1 与客观法计算的权重 W_2 的进行线性组合，以得到更为合理的权重 W：

$$W = \alpha W_1 + (1 - \alpha) W_2 \tag{2-5}$$

式中,α 是主观偏好系数,可以通过一个优化问题的求解来确定,但计算过程略为复杂,在具体的研究中,各测度指标的组合法权重可通过简化的方式得到,可表示为:

$$W = 0.5W_1 + 0.5W_2 \tag{2-6}$$

2.3 绿色矿业发展指数测度方法系统

2.3.1 中国绿色矿业发展测度模型

中国绿色矿业发展水平用全国绿色矿业发展指数表征,涉及矿产勘查、矿产资源开发利用、矿山地质环境恢复治理、节能减排、科技创新、矿地和谐等众多因素,每个因素又涉及若干个指标,且指标之间具有很明显的分层结构,不同层级指标之间的关系存在差异,因此中国绿色矿业发展指数与分指数测度应采用不同的计算方法。

1. 绿色矿业发展指数计算模型

中国绿色矿业发展指数 GMI 由绿色矿业发展分指数 $SI_j(j=1,2,\cdots,n)$ 加权计算得到。考虑到绿色矿业发展的矿产资源节约集约开发分指数、生态环境保护分指数、科技创新分指数以及安全和谐分指数之间的相关性较弱,此时各分指数对中国绿色矿业发展指数的贡献彼此之间不存在什么影响。绿色矿业发展分指数 SI_j 与中国绿色矿业发展指数 GMI 的关系是"部分之和等于总体",因此采用线性加权法对中国绿色矿业发展水平进行测度,计算公式如下:

$$GMI^t = \sum_{i=1}^{m} w_i SI_i^t \tag{2-7}$$

式中,GMI^t 表示第 t 年的中国绿色矿业发展指数,SI_i^t 表示第 i 个分指数在 t 年的测度值,w_i 为该分指数在相应组内的权重。

2. 绿色矿业发展分指数计算模型

绿色矿业发展分指数的各指标具有较强的关联性,故考虑用非线性加权的方法。绿色矿业发展分指数 $SI_i(i=1,2,\cdots,m)$ 的计算公式如下:

$$SI_i^t = \prod_{j=1}^{n_i} (x_{ji}^t)^{w_{ji}} \quad j=1,2,\cdots,n \tag{2-8}$$

式中，SI_i^t 表示第 i 个分指数在 t 年的测度值，x_{ij}^t 表示第 i 个分指数所属的第 j 个指标在 t 年依据定基极差法计算的无量纲指标值，w_{ij} 为该二级指标在相应的分指数 SI_i 的组内权重。

2.3.2 绿色矿业发展分指数耦合协调测度

绿色矿业可视作一个复杂系统，分指数可视作子系统，各子系统越协调，则绿色矿业发展指数越高，矿产资源节约集约开发、生态环境保护、科技创新与安全和谐越协调，因此选取耦合协调模型对绿色矿业发展分指数之间的协调度进行定量分析。设 $SI_1(x)$ 为矿产资源节约集约开发评价函数、$SI_2(x)$ 为生态环境保护评价函数、$SI_3(x)$ 为科技创新评价函数、$SI_4(x)$ 为安全和谐评价函数，各评价函数的计算方法见式(2-8)。

绿色矿业发展分指数耦合协调度分为两个子系统的耦合协调度和全部子系统的耦合协调度。绿色矿业 4 个子系统中的任意两个耦合度模型见式(2-9)，全部子系统即多系统间的耦合度模型见式(2-10)：

$$C_{ij} = \left\{ \frac{SI_i(x) \cdot SI_j(x)}{0.5[SI_i(x) + SI_j(x)]^2} \right\}^k \quad i=1,2,3,4; \ j=1,2,3,4; \ i \neq j \tag{2-9}$$

$$C = \left\{ \frac{SI_1(x) \cdot SI_2(x) \cdot SI_3(x) \cdot SI_4(x)}{0.5[SI_1(x) + SI_2(x) + SI_3(x) + SI_4(x)]^2} \right\}^k \tag{2-10}$$

两个子系统耦合协调度模型相应可表示为

$$D_{ij} = \sqrt{C_{ij} \times T_{ij}} \tag{2-11}$$

$$T_{ij} = \alpha SI_i(x) + \beta SI_j(x) \tag{2-12}$$

式中，D_{ij} 为第 i 个子系统与第 j 个系统之间的耦合协调度，α、β 为待定系数，一般取值为 0.5。

多子系统耦合协调度模型相应可表示为

$$D = \sqrt{C \times T} \tag{2-13}$$

$$T = \omega_1 SI_1(x) + \omega_2 SI_2(x) + 3SI_3(x) + 4SI_4(x) \tag{2-14}$$

式中，D 为子系统之间的耦合协调度，ω_1、ω_2、ω_3、ω_4 为待定系数，满足 $\sum_{i=1}^{4}\omega_i = 1$，取值可由层次分析法、熵值法和组合法获得。

2.4 省域绿色矿业发展测度方法

2.4.1 省域绿色矿业发展效率 DEA 测度

1. DEA 基本模型

DEA 的基本思想是：首先确定评价对象集 S 和评价对象的投入指标集 $X=(x_1,x_2,\cdots,x_p)$、产出指标集 $Y=(y_1,y_2,\cdots,y_q)$，将对象集 S 中每一个评价对象当作一个决策单元 DMU，即 $S=(\text{DMU}_1,\text{DMU}_2,\cdots,\text{DMU}_n)$；通过投入、产出加权和的比值分析，确定出有效生产前沿面，并判断各决策单元的有效性，最终给出改进的方向与程度。

(1) CCR 模型

CCR 模型是 1978 年提出的第一个 DEA 模型，考虑了规模报酬不变下决策单元的相对效率。CCR 模型其实是一个非线性规划问题，可以将其转化为一个对偶的线性规划问题，利用线性规划的对偶转化理论得到 CCR 模型的对偶模型。CCR 模型的对偶模型可以加强 CCR 模型的有效性。

假定有 n 个决策单元，每个决策单元都有 p 种类型的投入，以及 q 种类型的产出。n 个决策单元的投入和产出如表 2-3 所示。

表 2-3 CCR 模型决策单元的投入与产出

投入	DMU$_1$	DMU$_2$	⋯⋯	DMU$_n$	
x_1	x_{11}	x_{12}	⋯⋯	x_{1n}	
x_2	x_{21}	x_{22}	⋯⋯	x_{2n}	
⋮	⋮	⋮	⋮	⋮	
x_p	x_{p1}	x_{p2}	⋯⋯	x_{pn}	
	y_{11}	y_{12}	⋯⋯	y_{1n}	y_1
	y_{21}	y_{22}	⋯⋯	y_{2n}	y_2
	⋮	⋮	⋮	⋮	⋮
	y_{q1}	y_{q2}	⋯⋯	y_{qn}	y_q
	DMU$_1$	DMU$_2$	⋯⋯	DMU$_n$	产出

表 2-3 中，x_i 为对第 i 种类型投入的一种度量，y_k 为对第 k 种类型产出的一种度量，x_{ij} 为第 j 个决策单元 DMU$_j$ 对第 i 种类型投入的投入量，y_{kj} 为第

j 个决策单元 DMU_j 对第 k 种类型输出的产出量,且 $x_{ij}>0$, $y_{kj}>0$。记 $X_j = (x_{1j}, x_{2j}, \cdots, x_{pj})^T$,$Y_j = (y_{1j}, y_{2j}, \cdots, y_{qj})^T$, $j=1,\cdots,n$,则可用 (X_j, Y_j) 表示第 j 个决策单元 DMU_j。

评价集中每一个决策单元 DMU_j 分别有若干个投入指标 x_i ($i=1,2,\cdots, p$) 或产出指标 y_k ($k=1,2,\cdots,q$),考虑到指标的不同重要性,需要对投入和产出指标的权重进行设置,假设投入与产出的权系数向量分为: $v=(v_1,\cdots, v_p)^T$,$u=(u_1,\cdots,u_q)^T$,第 j 个决策单元 DMU_j 相应的效率评价指数可表示为

$$h_j = \frac{u^T y_j}{v^T x_j} \tag{2-15}$$

适当地选择权系数 v 和 u,使其满足 $h_j \leqslant 1, j=1,\cdots,n$。

对第 j 个决策单元 DMU_{j0} 进行效率评价,简记为 DMU_0,(X_{j0}, Y_{j0}) 为 (X_0, Y_0),h_{j0} 为 h_0,$1 \leqslant j_0 \leqslant n$。当决策单元的评价指标均小于或等于 1 时,选择 v 及 u,使 h_0 最大。于是构成如下的最优化模型:

$$\max h_0 = \frac{u^T Y_0}{v^T X_0} \tag{2-16}$$

$$\text{s.t.} \begin{cases} h_j = \dfrac{u^T Y_j}{v^T X_j} \leqslant 1, & j=1,2,\cdots,n \\ v \geqslant 0 \\ u \geqslant 0 \end{cases}$$

这个规划模型是一个分式规划,利用 Charnes-Cooper 变换可以将其转化为一个等价的线性规划问题。令

$$t = \frac{1}{v^T X_0}$$

$$\omega = tv$$

$$\mu = tu$$

则原分式规划转化为

$$\max (\mu^T Y_0)$$

$$\text{s.t.} \begin{cases} \omega^T X_j - \mu^T Y_j \geqslant 0, & j=1,2,\cdots,n \\ \omega^T X_0 = 1 \\ \omega \geqslant 0, \mu \geqslant 0 \end{cases} \tag{2-17}$$

该线性规划问题的对偶规划问题为(松弛变量为 S^+ 及 S^-)

$$\min \theta$$

$$\text{s.t.} \begin{cases} \sum_{j=1}^{n} X_j \lambda_j + S^- = \theta X_0 \\ \sum_{j=1}^{n} Y_j \lambda_j - S^+ = Y_0 \\ \lambda_j \geqslant 0, \quad j=1,2,\cdots,n \\ S^- \geqslant 0 \\ S^+ \geqslant 0 \end{cases} \quad (2\text{-}18)$$

(2) BCC 模型

BCC 模型是 DEA 模型中规模报酬变化的模型。在多数条件下决策单元的规模报酬是会发生变化的,可以增加也可以减少,也可能出现规模无效的情况,会影响最终结果。

假设 n 个决策单元对应的投入数据和产出数据为:$X_j = (X_{1j}, X_{2j}, \cdots, X_{pj})$; $j=1,2,3,\cdots,n$; $Y_j = (Y_{1j}, Y_{2j}, \cdots, Y_{qj})$; $j=1,2,3,\cdots,n$。则 BCC 模型为

$$\max (u^{\mathrm{T}} Y_0 + \mu_0) = V_p$$

$$\text{s.t.} \begin{cases} \omega^{\mathrm{T}} X_j - \mu^{\mathrm{T}} Y_j - \mu_0 \geqslant 0, \quad j=1,2,\cdots,n \\ \omega^{\mathrm{T}} X_0 = 1 \\ \omega \geqslant 0, \quad \mu \geqslant 0 \end{cases} \quad (2\text{-}19)$$

上述模型的对偶规划为

$$\min \theta = V_D$$

$$\text{s.t.} \begin{cases} \sum_{j=1}^{n} X_j \lambda_j + S^- = \theta X_0 \\ \sum_{j=1}^{n} Y_j \lambda_j - S^+ = Y_0 \\ \sum_{j=1}^{n} \lambda_j = 1 \\ \lambda_j \geqslant 0, j=1,2,\cdots,n; \quad S^- \geqslant 0; \quad S^+ \geqslant 0 \end{cases} \quad (2\text{-}20)$$

其中,θ 为决策单元的有效值;$j=1,2,\cdots,n$ 表示决策单元;X_j 和 Y_j 分别是投

入和产出向量;λ_j 代表权重系数;S^- 和 S^+ 分别为剩余变量和松弛变量。

对上述模型有下列定义:

若 $\theta=1, S^-=S^+=0$,则决策单元 DEA 有效;

若 $\theta=1, S^-\neq 0, S^+\neq 0$,则决策单元 DEA 弱有效;

若 $\theta<1$,这表明决策单元 DEA 非有效。

2. 省域绿色矿业发展效率 DEA 模型测度研究框架

本小节主要研究对象是 2008—2018 年中国的省域(考虑数据的可获取性,不包括北京、天津、上海、西藏以及台湾、香港、澳门)绿色矿业发展效率。总体框架如图 2-7 所示。深入分析影响省域绿色矿业发展效率的各种因素,通过专家咨询与相关分析相结合,并借鉴已有的研究成果,确定 DEA 模型的投入、产出指标;选取 DEA 模型中的 CCR 模型、SBM 模型以及 Malmquist 指数法,从静态、动态角度分析省域绿色矿业发展效率,提出提高绿色矿业发展水平的对策建议。

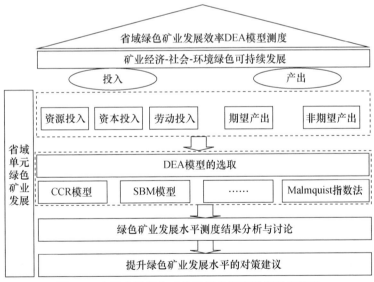

图 2-7 中国省域绿色矿业发展效率研究框架与思路

2.4.2 省域绿色矿业发展效率聚类分析

根据 DEA 模型中的 BCC、CCR 等模型,可对省域绿色矿业发展效率进行测度,计算出省域绿色矿业在一段时间内的综合技术效率、纯技术效率和规模效率。为了进一步分析省域绿色矿业发展效率的空间差异,以 DEA 模型的上述三个效率值作为输入,开展聚类分析,将效率值具有较高相似性或同质性的省、自治区、直辖市划分为一类,再对每一类进行分析。

设样本空间为 $X=\{x_1,x_2,\cdots,x_n\}$,其中 x_i 为 d 维向量,即 $x_i \in R^d$。设 Z_k 是聚类问题的中心。聚类问题就是要将样本空间的样品根据某一规则划分为不同的类别 ω_k,同类别中的样品应具有较强的相似性。聚类分析中类别数事先已知或未知,聚类分析就是要找到一个划分 $C=\{C_1,C_2,\cdots,C_K\}$,使其满足下面的 3 个条件:

$$X = \bigcup_{j=1}^{K} C_j$$
$$C_j \neq \Phi, \quad j=1,2,\cdots,K$$
$$C_i \cap C_j = \Phi, \quad i,j=1,2,\cdots,K$$

并且使得总的类间离散度之和最小:

$$\min J(Z) = \min \sum_{k=1}^{K}\sum_{i=1}^{n_k} \mathrm{d}(x_i,Z_k) \tag{2-21}$$

1. 系统聚类算法

层次聚类算法是将样本空间中的样品按照逐层分解或者合并的思想来获得所需要的分类,系统聚类算法属于层次聚类算法。系统聚类算法的基本原理是:首先将样本空间中的 n 个样品看成 n 类,定义类与类之间的距离并计算距离矩阵,再将距离最近的两类合并成为新类,计算新类与其他类之间的距离并形成新的距离矩阵,再按最小距离合并新类。重复上述聚类过程,直到所有的样品都合并为一类为止(高惠璇,2005)。在系统聚类算法中,样品之间的距离或类与类之间的距离计算方法是关键,包括最短距离法、最长距离法、中间距离法以及重心法等。

以省域单元构成样本空间,对每个样本选取 d 个变量指标,形成的样本矩阵形式如下:

$$X = \begin{bmatrix} x_{11} & x_{12} & \cdots & x_{1d} \\ x_{21} & x_{22} & \cdots & x_{2d} \\ \vdots & \vdots & \cdots & \vdots \\ x_{n1} & x_{n2} & \cdots & x_{nd} \end{bmatrix}$$

系统聚类步骤算法如下：

① 将样本空间中的 n 个样品看成 n 类，即类的个数 $k=n$，定义类与类之间的距离并计算距离矩阵 $D^1=D^0$。

② 查找距离矩阵 $D^i(i=1,2,\cdots,n)$ 中最小的元素，将该元素对应的两类合并为一类，此时类的总个数减少 1 类。

③ 计算新的类间距离，并形成距离矩阵。

④ 重复步骤②和③，直到类的总个数为 1，即样品空间中的全部样品合并为一类，转步骤⑤。

⑤ 画谱系聚类图，根据分类对象的特征或聚类分析目的，决定分类的个数及各类的成员。

2. k-means 算法

k-means 算法是一种基于划分聚类的无监督学习算法（Mac Queen，1967），也是一种比较流行的动态聚类算法。k-means 算法的基本思想是以确定的类数及选定的初始聚类中心为前提，将每一个样品分给具有最近中心的聚类。通过迭代搜索，使得样品到其所属类别的距离之和最小来划分结果（孙即祥，2002）。k-means 算法通常由形成聚类和修改聚类中心两个阶段构成循环过程，实现对样品的动态聚类。

基本 k-means 算法主要包括以下步骤：

① 初始步。根据研究对象及分析目的，确定分类数 K 和准则函数 $J(Z)$，并依据某种准则确定初始的聚类中心 $Z_1^{(k)},Z_2^{(k)},\cdots,Z_K^{(k)}$，$k=0$。

② 将样品空间中的每一个样品 $x_i(i=1,2,\cdots,n)$ 按最小距离原则划分到聚类中心离它最近的 K 类中的某一类 ω_l，即 $x_i \in \omega_l$：

$$D_{il}^{(k)} = \min(D_{ij}^k) \quad j=1,2,\cdots,K; i=1,2,\cdots,n$$

③ 计算步骤②中形成的新类的中心坐标，即求每一类中 $n_j^{(k+1)}$ 个样品的算术平均值，以此作为该类新的中心。

$$Z_j^{(k+1)} = \frac{1}{n_j^{(k+1)}} \sum_{i=1}^{n_j^{(k+1)}} x_i \quad j=1,2,\cdots,K; i=1,2,\cdots,n$$

④ 重复步骤②与步骤③，直到聚类中心不再变化结束迭代。迭代终止准则一般设为 $|Z_j^{(k+1)}-Z_j^{(k)}|<\varepsilon$（$\varepsilon$ 是一个很小的正数）。

⑤ 结合研究对象的特征,对聚类结果开展分析和讨论。

2.4.3 省域绿色矿业发展效率影响因素分析

1. 绿色矿业发展效率影响因素研究

DEA 法可分析评价各省域单元绿色矿业发展效率,并对非 DEA 有效单元的改进提出建议,但要进一步分析影响整体效益的因素时多变量分析技术是一个有效工具。通过 DEA 模型测度的省域绿色矿业发展效率,除了受从业人员、消耗的资源量、矿业投资等投入以及矿业工业总产值、恢复治理面积等产出指标的影响,还受到资源禀赋、自然环境等其他因素的影响。为了分析省域绿色矿业发展效率的影响因素,采用基于 DEA 模型的两步法(Coelli,1998),即在省域绿色矿业发展 DEA 分析基础上,以绿色矿业发展效率评价值为模型的因变量,在对资源环境要素空间差异识别的基础上,综合考虑资源禀赋、开发利用、技术、环境等因素,引入 Tobit 回归模型,对影响绿色矿业发展的因素进行分析。

Tobit 回归模型为

$$Y_{it} = \begin{cases} Y_{it}^* = \alpha_{it} + \beta X_{it} + \varepsilon, & Y_{it}^* > 0 \\ 0, & Y_{it}^* < 0 \end{cases} \tag{2-22}$$

式中,X_{it} 为绿色矿业发展效率的解释变量,表示影响省域绿色矿业发展效率的因素;Y_{it} 为被解释变量,为第 i 个省域第 t 年的绿色矿业发展效率值,α_{it} 为截距项,β 为回归系数,ε 为随机干扰项。

2. 绿色矿业发展水平空间格局研究

为了进一步探究各研究区域绿色矿业发展水平空间格局,引入探索性空间数据分析(exploratory spatial data analysis,ESDA)中的莫兰指数 I,研究各区域绿色矿业发展水平的空间相关性和空间集聚程度。将研究区域划分为 n 个空间单元,x_i 和 x_j 为不同空间单元的属性值,$\bar{x}$ 与 S 是研究变量 x 的平均值与标准差。I 的计算为

$$I = \frac{\sum_{i=1}^{n}\sum_{j=1}^{n}W_{ij}(x_i - \bar{x})(x_j - \bar{x})}{S^2 \sum_{i=1}^{n}\sum_{j=1}^{n}W_{ij}} \tag{2-23}$$

式中，I 为莫兰指数，i 与 j 为第 i 个省域单元与第 j 个省域单元，n 为省域单元个数，W_{ij} 表示空间权重矩阵。对 I 进行检验时，通常采用双侧 Z 统计量进行检验，Z 统计量为

$$Z(I) = \frac{I - E(I)}{\sqrt{\mathrm{Var}(I)}} \tag{2-24}$$

式中，$E(I)$ 为 I 的期望，$\mathrm{Var}(I)$ 为 I 的方差。一般取显著性水平 $\alpha = 0.05$，当 $|Z| > Z_{\frac{\alpha}{2}}$ 时，拒绝无空间自相关的原假设，表明省域单元绿色矿业发展具有显著的空间自相关，反之则表示省域单元绿色矿业发展自相关性不显著。

2.5　绿色矿山建设水平测度方法

2.5.1　绿色矿山建设水平测度的模糊性分析

绿色矿山评价是一个复杂的系统，涉及资源条件、技术、环境、管理等多种类型的指标。绿色矿山评价的大部分指标可以给出精确值，或者是一个区间值；但也有部分指标具有模糊特征，评价者往往不能给出各指标的精确值。针对具有模糊性的绿色矿山测度指标，当评价者确定某一指标属于一个集合的隶属度时，往往是犹豫或不确定的。如绿色矿山建设水平的指标"企业管理"，一部分评价者给出 0.8，另一部分给出 0.9，且可能不能彼此说服。以上原因造成了不同的评价者对同一地区的绿色矿山建设水平的评价结果不一致，且很难对不同的评价结果做出取舍。将直觉模糊集或犹豫模糊集理论引入绿色矿山建设水平测度中，该指标"企业管理"可表示为一个犹豫模糊数{0.8,0.9}或{0.9,0.8}。表明该指标的隶属度不是 0.8 或 0.9，也不是在 0.8～0.9 变动，而是表明该指标两种可能的值。针对绿色矿山评价这种实际情况，引入直觉模糊集与犹豫模糊集方法，可为绿色矿山建设水平测度提供一种新的思路和方法，也可为绿色矿业发展示范区建设评估提供借鉴。

在复杂系统的评价中，因涉及管理、技术、环境、资源等各种类型的属性，往往存在着模糊不确定性。如何解决复杂系统评价或决策的不确定性一直是一个广泛关注的焦点。扎德于 1965 年提出的模糊集理论（Zadeh，1965）是解决此

类评价问题的一类有效方法。在该理论中,模糊不确定性是通过一个元素隶属于一个集合的隶属度来刻画的。自模糊集理念提出以来,相关研究发展十分迅速,相继出现了直觉模糊集(Atanassov,1986;Atanassov et al.,1989)、区间型模糊集(Bustince et al.,2009;Deschrijver,2008)、2-型模糊集(Dubois et al.,1980)、模糊多集(Yager,1986)和犹豫模糊集(Torra et al.,2009;Torra,2010)等许多拓展形式。在复杂系统的多属性评价中,要确定某一属性属于一个集合的隶属度时,评价者往往是犹豫的或不确定的,造成评价结果的不一致性,从而决策者很难对不同的意见做出取舍。犹豫模糊集的引入,允许各属性的隶属度有多个可能值,使得各评价对象的评价结果唯一,便于决策者做出判断与决策。在不同的模糊环境中针对具体的模糊问题可以采用不同的模糊集理论。

2.5.2 直觉模糊集测度理论与方法

1. 直觉模糊集

扎德于1965年引入了模糊集的概念,开创了模糊逻辑学的全新研究领域,保加利亚学者Atanassov在传统模糊集的基础上,通过拓展提出了直觉模糊集(intuitionistic fuzzy sets,IFS),可同时考虑隶属度、非隶属度和犹豫度3方面的信息,可同时表述支持、反对、中立3种状态(曾守桢,2017)。以下将对直觉模糊集的定义和在绿色矿山建设水平测度中用到的基本运算规则进行介绍。

定义 2.1(Atanassov,1986;廖虎昌,2016) 直觉模糊集的定义。设 $X = \{x_1, x_2, \cdots, x_n\}$ 是一个非空集合,对于任意一个元素 x,X 上的一个直觉模糊集为

$$A = \{\langle x, \mu_A(x), \nu_A(x) \rangle \mid x \in X\}$$

其中,$\mu_A(x)$ 与 $\nu_A(x)$ 分别表示 X 中元素 x 属于 X 的子集 A 的隶属度和非隶属度。为了方便起见,Xu(2007)称 $\alpha = (\mu_A, \nu_A)$ 为直觉模糊数。$\mu_A(x)$ 与 $\nu_A(x)$ 满足以下条件:

$$0 \leqslant \mu_A(x) \leqslant 1, \quad 0 \leqslant \nu_A(x) \leqslant 1, \quad 0 \leqslant \mu_A(x) + \nu_A(x) \leqslant 1$$

引入犹豫度或不确定度 $\pi_A(x)$:

$$\pi_A(x) = 1 - \mu_A(x) - \nu_A(x) \tag{2-25}$$

特别地,当 $\pi_A(x) = 0$ 时,即 $0 \leqslant \mu_A(x) + \nu_A(x) = 1$ 时,直觉模糊集就退化为传

统模糊集。

下面是直觉模糊数的一个例子。设 $X_0=\{x_1,x_2,x_3,x_4\}$ 为一个绿色矿山建设水平测度的指标集,$A=\{\langle x_1,0.8,0.1\rangle,\langle x_2,0.3,0.65\rangle,\langle x_3,0.15,0.8\rangle,\langle x_4,0.7,0.3\rangle\}$,则可解释为指标 x_1 属于 A 的隶属度为 0.8,不属于 A 的隶属度为 0.1,不确定度为 0.1。同理可解释 x_2,x_3。指标 x_4 属于 A 的隶属度为 0.7,不属于 A 的隶属度为 0.3,不确定度为 0。

定义 2.2(Xu,2007;曾守桢,2013) 设任意直觉模糊数 $\alpha_1=(\mu_{A1},\nu_{A1})$ 和 $\alpha_2=(\mu_{A2},\nu_{A2})$,得分函数 $S(\alpha)=\mu_A-\nu_A$,精确函数 $H(\alpha)=\mu_A+\nu_A$。则

(1) $S(\alpha_1)<S(\alpha_2)$,则 $\alpha_1<\alpha_2$

(2) $S(\alpha_1)=S(\alpha_2)$

① $H(\alpha_1)<H(\alpha_2)$,则 $\alpha_1<\alpha_2$

② $H(\alpha_1)=H(\alpha_2)$,则 $\alpha_1=\alpha_2$

定义 2.3(Xu,2007) 设 $\alpha=(\mu_A,\nu_A)$、$\alpha_1=(\mu_{A_1},\nu_{A_1})$ 和 $\alpha_2=(\mu_{A_2},\nu_{A_2})$ 为任意三个直觉模糊数,$\lambda>0$,则直觉模糊数的加法、乘法、数乘等运算规则可定义为

(1) $\alpha_1 \oplus \alpha_2=(\mu_{a_1}+\mu_{a_2}-\mu_{a_1}\mu_{a_2},\nu_{a_1}\cdot\nu_{a_2})$

(2) $\alpha_1 \otimes \alpha_2=(\mu_{a_1}\mu_{a_2},\nu_{a_1}+\nu_{a_2}-\nu_{a_1}\nu_{a_2})$

(3) $\lambda\alpha=[1-(1-\mu_a)^\lambda,\nu_a^\lambda]$

(4) $\alpha^\lambda=[\mu_a^\lambda,1-(1-\nu_a)^\lambda]$

绿色矿业发展测度核心问题之一是测度指标值的集成,包括各指标重要性的确定和各指标值按照什么规则进行综合集成。集成算子包括实数型信息集成算子、区间型数据信息集成算子、模糊信息集成算子等。Xu(2017)将经典的加权平均算子、几何加权平均算子、有序加权平均算子、有序加权几何算子等拓展到直觉模糊信息的集成中,提出了直觉模糊加权平均算子(IFWA)、直觉模糊加权几何算子(IFWGO)、直觉模糊有序加权算子(IFOWAO)等几种直觉模糊加权集成算子。

定义 2.4(Xu,2007) 直觉模糊加权平均算子 IFWA。设 $\alpha_j=(\mu_{a_j},\nu_{a_j})$,$j=1,2,\cdots,n$ 是一组直觉模糊数,$w=(w_1,w_2,\cdots,w_n)^T$,$w_j\in[0,1]$,$\sum_{j=1}^{n}w_j=1$ 为 α_j 的权向量,且设 IFWA: $\Theta^n \longrightarrow \Theta$,若

$$IFWA(\alpha_1,\alpha_2,\cdots,\alpha_n)=w_1\alpha_1 \oplus w_2\alpha_2 \oplus \cdots \oplus w_n\alpha_n$$
$$=\left[1-\prod_{i=1}^{n}(1-\mu_j)^{w_j},\prod_{j=1}^{n}v_j^{w_j}\right] \quad (2\text{-}26)$$

则称 IFWA 为 n 维直觉模糊加权平均算子。可以看出，由 IFWA 得到的集结值也是直觉模糊数(Xu,2007)。

定义 2.5(Xu,2007) 直觉模糊加权几何算子 IFWGO。设 $\alpha_j=(\mu_{a_j},v_{a_j})$，$j=1,2,\cdots,n$ 是一组直觉模糊数，$w=(w_1,w_2,\cdots,w_n)^T$，$w_j\in[0,1]$，$\sum_{j=1}^{n}w_j=1$ 为 α_j 的权向量，且设 IFWGO: $\Theta^n \longrightarrow \Theta$，若

$$IFWGO(\alpha_1,\alpha_2,\cdots,\alpha_n)=\alpha_1^{w_1}\otimes\alpha_2^{w_2}\otimes\cdots\otimes\alpha_n^{w_n}$$
$$=\left[\prod_{j=1}^{n}\mu_j^{w_j},1-\prod_{i=1}^{n}(1-v_j)^{w_j}\right] \quad (2\text{-}27)$$

则称 IFWGO 为 n 维直觉模糊加权几何算子。可以看出，由 IFWGO 得到的集结值也是直觉模糊数(Xu,2007)。

2. 距离测度

距离测度是重要的信息测度工具之一，用于反映指标之间或方案之间的差异程度，已被广泛应用于模式识别、聚类分析、多属性决策分析等众多领域。绿色矿山建设水平测度本质上可以看作一个多属性决策问题，通过计算各个待测度矿山之间的距离，或是各个待测度矿山与理想解之间的距离，可以比较绿色矿山建设水平差异，对各绿色矿山建设水平进行排序。

自 Szmidt 等(2000)定义了直觉模糊集的距离后，随着直觉模糊集理论研究的深入，出现了直觉模糊集的多种距离测度和相似性测度(Graegorzewski, 2004; Xu, 2007; 李梅, 2016)。设有直觉模糊数 $\alpha_1=(\mu_{A_1},v_{A_1})$ 和 $\alpha_2=(\mu_{A_2},v_{A_2})$ 为两个直觉模糊数，$\pi_{A_1}=\mu_{A_1}-v_{A_1}$、$\pi_{A_2}=\mu_{A_2}-v_{A_2}$ 分别为 α_1 和 α_2 的犹豫度。

(1) Hamming 距离

$$d^H(\alpha_1,\alpha_2)=\frac{1}{2}(|\mu_{A_1}-\mu_{A_2}|+|v_{A_1}-v_{A_2}|+|\pi_{A_1}-\pi_{A_2}|)$$

(2) Euclidean 距离

$$d^E(\alpha_1,\alpha_2)=\sqrt{\frac{1}{2}[(\mu_{A_1}-\mu_{A_2})^2+(v_{A_1}-v_{A_2})^2+(\pi_{A_1}-\pi_{A_2})^2]}$$

3. 基于直觉模糊集的多指标测度思路

根据自然资源部、中国矿业联合会等发布的相关政策文件、规范标准和行业要求，结合已有的研究成果，确定基于直觉模糊集的绿色矿山建设水平测度多层指标体系；利用专家评价法给出语言短语指标权重矩阵并转化为直觉模糊权重矩阵，计算各测度指标的权重；利用专家评价法就待测度绿色矿山建设水平给出评价意见，构建绿色矿山建设水平测度的直觉模糊矩阵；选取或构建新的直觉模糊距离，对待测度矿山开展评价，并根据评价结果开展提升绿色矿山建设水平的对策建议研究（图2-8）。

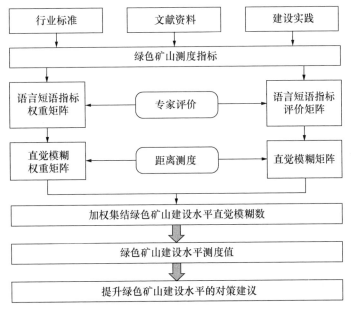

图 2-8 基于直觉模糊集的多指标测度思路

2.5.3 犹豫模糊集测度理论与方法

1. 犹豫模糊集

Torra(2010)对模糊集进行推广，提出了一种针对不确定性问题的犹豫模糊集：设 X 是一个固定的集，则犹豫模糊集是 X 的每个元素映射到$[0,1]$子集的函数。Xia 等(2011b)进一步给出了犹豫模糊集的数学表达式：

$$H = \{\langle x, h_H(x)\rangle \mid x \in X\}$$

式中，$h_H(x)$ 被称为犹豫模糊元素，是区间 $[0,1]$ 中一些数值的集合，表示 $x \in X$ 属于犹豫模糊集 H 的可能程度。

Torra 和 Narukawa 对给定的任意三个犹豫模糊元素 h_1、h_2 和 h_3，定义了犹豫模糊数的并、交和补运算(Torra et al.,2009；Torra,2010)：

(1) $h^c = \bigcup\limits_{\gamma \in h} \{1 - \gamma\}$

(2) $h_1 \bigcup h_2 = \bigcup\limits_{\gamma_1 \in h_1, \gamma_2 \in h_2} \max\{\gamma_1, \gamma_2\}$

(3) $h_1 \bigcap h_2 = \bigcup\limits_{\gamma_1 \in h_1, \gamma_2 \in h_2} \min\{\gamma_1, \gamma_2\}$

Xia 等(2011b)和 Liao 等(2014)在此基础上进一步定义了犹豫模糊运算法则。设 h_1、h_2 和 h 为三个犹豫模糊数，且 $\lambda > 0$，则

(1) $h^\lambda = \bigcup\limits_{\gamma \in h} \{\gamma^\lambda\}$

(2) $\lambda h = \bigcup\limits_{\gamma \in h} \{1 - (1-\gamma)^\lambda\}$

(3) $h_1 \oplus h_2 = \bigcup\limits_{\gamma_1 \in h_1, \gamma_2 \in h_2} \{\gamma_1 + \gamma_2 - \gamma_1 \gamma_2\}$

(4) $h_1 \otimes h_2 = \bigcup\limits_{\gamma_1 \in h_1, \gamma_2 \in h_2} \{\gamma_1 \gamma_2\}$

(5) $h_1 \ominus h_2 = \bigcup\limits_{\gamma_1 \in h_1, \gamma_2 \in h_2} \{\bar{\gamma}\}$

其中，$\bar{\gamma} = \begin{cases} \dfrac{\gamma_1 - \gamma_2}{1 - \gamma_2}, & \gamma_1 \geqslant \gamma_2, \gamma_2 \neq 1 \\ 0, & 其他 \end{cases}$

(6) $h_1 \oslash h_2 = \bigcup\limits_{\gamma_1 \in h_1, \gamma_2 \in h_2} \{\bar{\gamma}\}$

其中，$\bar{\gamma} = \begin{cases} \dfrac{\gamma_1}{\gamma_2}, & \gamma_1 \leqslant \gamma_2, \gamma_2 \neq 0 \\ 1, & 其他 \end{cases}$

2. 犹豫模糊距离测度

基于犹豫模糊集的绿色矿山建设水平测度相关的研究较少，与之相应的距离测度的探讨也不多。犹豫模糊距离由 Hamming 距离、Euclidean 距离、Hausdorff 距离等在犹豫模糊环境下拓展得到(Tong et al.,2016)，常用的几种犹豫模糊距离有犹豫模糊 Hamming 距离(the hesitant normalized Hamming distance,HNHD)、犹豫模糊 Euclidean 距离(the hesitant normalized euclidean distance,HNED)、犹豫模糊 Hausdorff 距离(the hesitant normalized hamming-hausdorff distance，HNHH)和犹豫模糊混合欧氏距离(the hybrid hesitant normalized Euclidean distance，HHNED)。

(1) 犹豫模糊 Hamming 距离

$$d_{ij}(h_{ij},h_{kj}) = \frac{1}{l}\sum_{q=1}^{l} | h_{ik}^{\sigma(q)} - h_{jk}^{\sigma(q)} | \tag{2-28}$$

(2) 犹豫模糊 Euclidean 距离

$$d_{ij}(h_{ij},h_{kj}) = \sqrt{\frac{1}{l}\sum_{q=1}^{l} | h_{ik}^{\sigma(q)} - h_{jk}^{\sigma(q)} |^2} \tag{2-29}$$

(3) 犹豫模糊 Hausdorff 距离

$$d_{ij}(h_{ij},h_{kj}) = \max_q\{| h_{ik}^{\sigma(q)} - h_{jk}^{\sigma(q)} |\} \tag{2-30}$$

(4) 犹豫模糊混合欧氏距离

$$d_{ij}(h_{ij},h_{kj}) = \frac{1}{2}\left(\sqrt{\frac{1}{l}\sum_{q=1}^{l} | h_{ik}^{\sigma(q)} - h_{jk}^{\sigma(q)} |^2} + \max_q\{h_{ik}^{\sigma(q)} - h_{jk}^{\sigma(q)}\}\right) \tag{2-31}$$

犹豫模糊距离是影响算法性能的关键因素之一。Hamming 距离、Euclidean 距离、Hausdorff 距离等引入犹豫模糊得到的犹豫模糊 Hamming 距离、犹豫模糊 Euclidean 距离、犹豫模糊 Hausdorff 距离和犹豫模糊混合欧氏距离等得到了广泛应用，特别是在多属性决策领域。

近二十几年来，核理论被引入模式识别领域，并已经成为一种强有力的工具，是解决模式识别中非线性问题的有效手段。核理论的研究可以追溯到 1909 年，Mercer 从数学上提出了再生核和再生核希尔伯特空间(Reproducing Kernel Hilbert Spaces，RKHS)，并给出了再生核存在和判定的充要条件。1950 年，Aronszajn 等对其进行了进一步完善(Aronszajn et al.，2001；牟少敏等，2008)。1964 年，Aizerman 等将再生核技术用于证明学习算法收敛性的证明。统计学理论的创始人 Vapnik 着重研究了小样本情况下的统计规律及学习性质，也发展了一种新的模式分类方法——支持向量机(support vector machine，SVM)(Vapnik，1995；Cortes et al.，1995；Suykens et al.，1999；Burges，1998)。基于核方法的主要算法有：SVM 分类、支持向量回归(support vector machine regression，SVMR)、核主成分分析、核 Fisher 判别等，这些方法在数据维数约减、非线性预测、聚类分析、判别分析等领域得到了成功的应用,表现出良好的性能。

3. 基于核的犹豫模糊距离——犹豫模糊核距离

定义 2.6 核函数:核是一个函数 K,这个函数对于所有的 $x,z \in X$,满足

$$K(x,z) = \langle \Phi(x), \Phi(z) \rangle \tag{2-32}$$

其中,$\langle , \rangle$ 表示内积运算,Φ 是从 X 到内积特征空间 F 的一个映射

$$\Phi: x \mapsto \Phi(x) \in F$$

上述的高维空间可以认为是一个 RKHS,RKHS 中的向量是一个泛函,而此函数通常是一个非线性函数,同时 RKHS 又是一个线性空间,如果将输入向量映射到 RKHS 中,就能够利用线性空间中的方法解决非线性问题。给定一个核函数 $K(x,y)$,实际上就定义了一个相应的 RKHS,该空间中的基本元素是一些连续函数,这些函数具有如下形式:

$$H = \{f(x) \mid f(x) = \sum_{i=1}^{n} \alpha_i K(x_i,x)\} \tag{2-33}$$

所谓再生是指该空间中的具有性质:

① $\langle K(\cdot,x), f \rangle = f(x)$

② $\langle K(\cdot,x), K(\cdot,y) \rangle = K(x,y)$

函数 K 要成为核函数必须满足一定的条件,下面给出充要条件(Campbell et al.,2001)。

Mercer 条件:任意的一个对称函数 $K(x,y)$ 是某个特征空间中的内积运算,如对于任意的不恒为 0 的函数 $g(x)$,且 $\int g^2(x)\mathrm{d}x < \infty$,则有(Burges,1998;于雪莲 等,2007;陈晓峰,2009)

$$\iint K(x,y)g(x)\mathrm{d}x\mathrm{d}y > 0$$

Mercer 条件是充分必要的,核函数的引入,一是可以通过核函数隐含的非线性映射,将输入空间的非线性问题转化为特征空间 F(RKHS)中的线性问题;二是利用核函数取代内积运算,使得非线性映射带来的维数问题得到有效解决;三是将非线性分类器通过核函数映射到高维空间中,但计算量并没有随着维数增多而增加很多(赵峰 等,2007;李学华,2009)。

在生产和工程应用中情况千差万别,因此应根据具体的应用来设计核。核的类型很多,如封闭形式的核、ANOVA 核、来自图的核、实数上的核等(Taylor et al.,2004)。具体来说,目前最常用的核函数主要有多项式核函数、径向基核函数(或称高斯核函数)、Sigmoid 核函数。

(1) 多项式核函数

$$K(x,y) = p[k_1(x,y)]$$

式中,$p(.)$是任意一个具有正系数的多项式。它的一种特殊情况是

$$K(x,y) = (\langle x, y+R \rangle)^d$$

式中,R 和 d 是参数,d 为多项式核的阶次,$R=0$ 时为齐次多项式核。

(2) 高斯核函数

$$K(x,y) = \exp(-\|x-y\|^2/2\sigma)$$

式中,σ 是参数,其以一种类似于多项式核中次数 d 的方式控制核的灵活性,较小的 σ 值相当于较大的 d 值,它决定了输入变量在学习算法中被缩放的程度。

(3) Sigmoid 核函数

$$K(x,y) = \tanh[-a\langle x,y \rangle + b]$$

式中,a,b 是由根据先验知识指定的参数。

多项式核函数和高斯核函数总是满足 Mercer 条件,而 Sigmoid 核函数只是对特定的 a,b 才满足 Mercer 条件(Haykin,2000)。

在特征空间中 $X = \{x_1, x_2, \cdots, x_n\}$,采用高斯核函数,则 x_i 与 x_j 之间的距离 $d(x_i, x_j)$ 可表示为

$$\begin{aligned}
\|\phi(x_i) - \phi(x_j)\|^2 &= [\phi(x_i) - \phi(x_j)]^T\{[\phi(x_i) - \phi(x_j)]\} \\
&= \phi^T(x_i) \cdot \phi(x_i) - 2\phi^T(x_i) \cdot \phi(x_j) + \phi^T(x_j) \cdot \phi(x_j) \\
&= k(x_i, x_i) - 2k(x_i, x_j) + k(x_j, x_j) \\
&= 2 - 2k(x_i, x_j)
\end{aligned}$$

$$d(x_i, x_j) = \|\phi(x_i) - \phi(x_j)\| = \sqrt{2 - 2k(x_i, x_j)} \tag{2-34}$$

假设犹豫模糊集中元素的个数相同,若个数不相同可依据悲观准则或乐观准则,通过元素拓展得到,且根据升序或降序排列。引入高斯核函数,定义犹豫模糊核距离如下:

$$d(h_i,h_j) = \frac{1}{\sqrt{2}}\sqrt{2-2K(h_i,h_j)} \quad (2\text{-}35)$$

可以证明,定义的犹豫模糊核距离满足犹豫模糊距离的三个条件(Xu et al.,2013):

① $0 \leqslant d(h_i,h_j) \leqslant 1$;

② $d(h_i,h_j)=0$(当且仅当 $h_i=h_j$);

② $d(h_i,h_j)=d(h_j,h_i)$。

4. 基于犹豫模糊集的多指标测度思路

根据自然资源部、中国矿业联合会等发布的相关政策文件、规范标准和行业要求,结合已有的研究成果,确定基于犹豫模糊集的绿色矿山建设水平测度单层指标体系;利用专家评价法给出待测度绿色矿山建设水平犹豫模糊矩阵,利用犹豫模糊集方法、层次分析法以及组合法计算各测度指标的权重;引入核函数构建犹豫模糊核距离,结合犹豫模糊距离已有的研究成果,对待测度绿色矿山建设水平开展实证评价,并根据评价结果开展提升绿色矿山建设水平的对策建议研究(图2-9)。

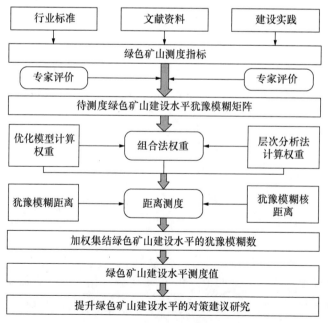

图2-9 基于犹豫模糊集的评价思路

2.6 绿色矿业发展测度组织实施与结果应用系统

绿色矿业发展测度组织实施与结果应用系统是整个测度体系中的重要环节。为了提高绿色矿业发展水平测度结果的可靠性和时效性,应注重测度工作程序的规范化、制度化建设,定期开展绿色矿业发展测度。绿色矿业发展测度组织实施与结果应用系统主要包括组织准备阶段、评价分析阶段、测度结果应用阶段 3 个阶段和 8 个具体步骤:组织准备阶段包括制定测度方案、明确测度区域(尺度)、构建测度指标体系 3 个步骤,测度分析阶段包括获取测度指标数据、构建测度模型、开展绿色矿业发展测度 3 个步骤,结果应用阶段包括征求意见与报告编写、测度结果应用 2 个阶段(图 2-10)。

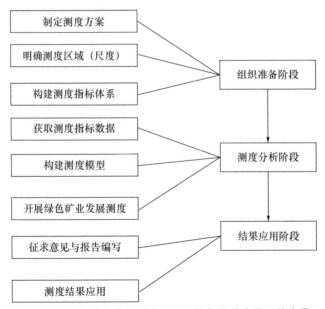

图 2-10 绿色矿业发展测度组织实施与结果应用系统步骤

2.6.1 组织准备阶段

对绿色矿业发展水平进行测度,应在明确测度的对象、测度的目的、测度的方法等基础上,制定出绿色矿业发展水平测度方案,通过定性与定量相结合的方法,构建出测度指标体系。对于构建的指标体系,应进行系统分析,并广泛征求专家的意见,不断完善指标体系,使之更能反映绿色矿业发展水平。

2.6.2 测度分析阶段

1. 获取测度指标数据

绿色矿业发展水平测度指标涉及资源、环境与社会经济等各个方面,其数据来源广泛,具有大数据的特征。对于数据的收集,应加强现代方法技术的应用。对于政策性文件等定性数据,通过文本挖掘分析,提出关键信息。对于定量数据,除了广泛对收集各类统计年鉴外,还可利用网络爬取技术,扩展数据的来源。

2. 构建测度模型

可以用于发展水平的测度模型众多,各个模型具有不同的特点以及不同的应用场合。为了使测度结果更具合理性、科学性,要加强测度模型的研究,可根据矿业系统这一研究对象的特点,选择测度模型。可选择几种不同的测度模型,通过理论分析和仿真分析,最终构建出用于绿色矿业发展测度的模型。

3. 开展绿色矿业发展测度

在绿色矿业发展测度指标与测度模型构建的基础上,提取测度指标值,开展不同尺度的绿色矿业发展水平测度,并可用可视化的方法对测度结果进行表达。

2.6.3 结果应用阶段

对于研究区的绿色矿业发展水平测度结果,应广泛征求自然资源管理部门、矿山企业以及相关研究机构的意见与建议。在进行征求意见与科学论证的基础上,编写成果报告,并将成果呈送相关部门,为研究成果提供应用场景。

第 3 章
中国矿产资源勘查开发与绿色矿业发展分析

本章收集了近十几年我国矿产资源勘查、矿产资源开发与绿色矿业发展的相关资料数据,采用描述性统计方法,对矿产资源开发、矿山地质环境保护与恢复、国土资源科学技术研究以及绿色矿业发展进行了分析,对中国绿色矿业发展演进历程进行了分析,并讨论了区域的差异性。

3.1 矿产资源勘查开发与绿色矿业发展分析单元及数据来源

1. 分析单元

矿产资源勘查开发与绿色矿业发展分析主要是采用描述性统计方法,对其整体情况和区域情况做定性与定量分析,主要采用省域分析单元和区域分析单元。省域分析单元包括我国的 22 个省、5 个自治区和 4 个直辖市。地理分区根据地理位置、气候、地形地貌等自然环境划分,各分区内矿产资源开发水平以及矿山地质环境治理恢复等具有相似性,故区域分析单元采用地理上的 7 大分区:华北地区包括北京市、天津市、河北省、山西省、内蒙古自治区;东北地区包括辽宁省、吉林省、黑龙江省;华东地区包括上海市、江苏省、浙江省、安徽省、福建省、江西省、山东省;华中地区包括河南省、湖北省、湖南省;华南地区包括广东省、广西壮族自治区、海南省;西南地区包括重庆市、四川省、贵州省、云南省、西藏自治区;西北地区包括陕西省、甘肃省、青海省、宁夏回族自治区、新疆维吾尔自治区。

2. 数据来源与处理

本书中采用的矿产资源勘查、矿产资源开发利用和国土资源科学技术研究数据主要来源于《中国国土资源统计年鉴》(2008—2018)、《中国能源统计年鉴》(2008—2018);绿色矿山建设、绿色矿业发展示范区建设等数据主要来源于自然资源部门网站;矿业碳排放量的数据来源于CEADs数据库中的煤炭开采和洗选业、石油和天然气开采业、黑色金属矿采选业、有色金属矿采选业、非金属采选业和其他采矿业6家行业数据。

3.2 矿产资源开发利用

3.2.1 矿产品生产

1. 全国矿产品生产

总的来看,全国年产矿量先是在2008—2011年逐渐增加,然后逐渐回落,在2017年再次回升(图3-1)。2008—2009年,全国年产矿量缓慢增加,增加量不明显。2009—2010年,全国年产矿量明显增加,从692 718万吨增加到829 240万吨。2010—2011年,全国年产矿量进一步增加,并在2011年达到峰值906 835万吨。在随后的2013—2016年,全国年产矿量逐渐减少,2016年为760 100万吨,但在2017年全国年产矿量有所回升,为823 154万吨。

我国以化石能源为主体的基本国情和所处的发展中国家阶段,决定着经济发展与能源需求仍未脱钩。在实施碳达峰、碳中和战略的过程中,能源安全至关重要。能源消费结构不断改善,煤炭比重不断下降,天然气等清洁能源比重不断上升(图3-2)。总的来看,全国煤炭生产总量是逐渐增加的,但煤炭在能源矿产中所占的比例是逐渐减小的。2008—2010年,全国煤炭生产总量逐渐增加,分别为24.70亿、25.98亿和27.96亿吨标准煤,到2011年达到30亿吨标准煤。2015年全国煤炭生产总量达到峰值,为36.2亿吨标准煤,在2016年和2017年有所回落,分别为34.6亿和35.9亿吨标准煤。尽管全国煤炭生产总量是逐渐增加的,但煤炭在能源矿产中所占的比例是逐渐减小的。2008—2011年煤炭占比均在80%以上,在2012年和2013年煤炭占比下降到76%左右,

2017年煤炭占比进一步下降到60.4%。

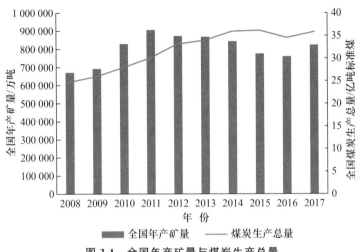

图 3-1　全国年产矿量与煤炭生产总量

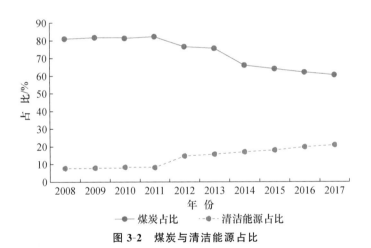

图 3-2　煤炭与清洁能源占比

从能源格局演变看,新型的清洁能源取代传统能源是大势所趋,清洁能源占比不断增加,2008—2011年清洁能源占比增加较为缓慢,从7.7%增加到8.1%(表3-1)。到2012年清洁能源占比明显增加,为14.6%,随后的2013—2017年清洁能源占比逐年稳步增加。

表 3-1　矿产品产量

年　份	全国年产矿量 /万吨	能源矿产		
		煤炭生产总量 /亿吨标准煤	煤炭占比 /%	清洁能源 占比/%
2008	671 977	24.70	81.0	7.7
2009	692 718	25.98	81.7	7.9
2010	829 240	27.96	81.3	8.3
2011	906 835	30.09	82.2	8.1
2012	872 344	33.2	76.5	14.6
2013	867 936	34.0	75.6	15.6
2014	843 579	36.0	66.0	16.9
2015	774 925	36.2	64.0	17.9
2016	760 100	34.6	62.0	19.7
2017	823 154	35.9	60.4	20.8

2. 区域年产矿量分析

区域年产矿量分布不均衡,其中华北和华东地区年产矿量高于全国平均水平,而东北地区、华南地区、华中地区、西北地区和西南地区年产矿量要低于全国平均水平,华北和华东地区年产矿量明显高于东北地区、华南地区、华中地区、西北地区和西南地区(图3-3,表3-2)。2008—2011年华北地区和华东地区

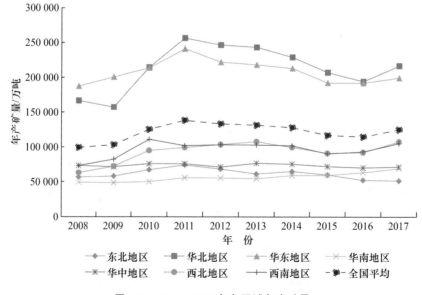

图 3-3　2008—2017 年各区域年产矿量

年产矿量变化幅度较大,呈增长趋势;2011—2016 年年产矿量变化幅度相对较小,呈减少趋势。2008—2017 年,东北地区、华南地区、华中地区、西北地区和西南地区年产矿量变化幅度较小,年产矿量较为稳定。

表 3-2 2008—2017 年区域年产矿量情况　　　　　　单位:万吨

年 份	东北地区	华北地区	华东地区	华南地区	华中地区	西北地区	西南地区
2008	56 851	166 986	187 812	49 527	73 641	63 432	73 728
2009	58 543	157 405	200 718	48 801	71 995	72 597	82 658
2010	67 636	214 702	213 803	50 406	76 278	95 289	111 126
2011	74 538	256 729	241 114	56 336	76 330	99 567	102 221
2012	68 722	246 682	222 079	55 933	71 576	103 821	103 531
2013	61 774	243 385	218 364	54 918	77 044	107 973	103 114
2014	65 375	229 057	213 257	59 483	75 814	99 727	102 232
2015	60 472	207 348	192 495	59 956	72 422	91 471	90 762
2016	52 886	194 429	192 308	63 754	70 656	92 500	93 568
2017	52 001	216 841	199 607	69 500	71 942	107 841	105 422

注:因表 3-2 中各区域年产矿量取整数,故加和与表 3-1 中全国年产矿量有细微的出入。表 3-1 与表 3-2 中年产矿量数据都只保留整数。

华北地区年产矿量在全国名列前茅,但变化幅度较大。2008—2009 年,华北地区年产矿量呈减少趋势,从 166 986 万吨减少到 157 405 万吨,减少量不明显,仅为 9581 万吨。2009—2011 年华北地区年产矿量明显增加,在 2011 年达到峰值 256 729 万吨,其中 2009—2010 年增加量为 57 297 万吨,2010—2011 年增加量为 42 027 万吨。2011—2016 年,华北地区年产矿量呈逐步减少趋势。其中,2011—2013 年从 256 729 万吨减少到 243 385 万吨,减少量为 13 344 万吨;2014—2015 年从 229 057 万吨减少到 207 348 万吨,减少量为 21 709 万吨,减少量较为明显;2015—2016 年从 207 348 万吨减少到 194 429 万吨,减少幅度放缓。2017 年,华北地区年产矿量比 2016 年有所回升,为 216 841 万吨。除了 2008 年和 2009 年,华北地区年产矿量高于华东地区,表明华北地区年产矿量维持在一个较高的水平。

华东地区年产矿量变化幅度相比华北地区较弱,华东地区年产矿量经历了先增长、后减少到恢复原年产矿量水平的过程。2008—2011 年,华东地区年产矿量呈逐渐增加的趋势,从 187 812 万吨增加到 241 114 万吨,其中 2008—2009

年和2009—2010年,这两个阶段增加量不明显,增加量在10 000万吨左右。在2011年达到峰值241 114万吨后,华东地区年产矿量呈逐年减少的趋势,到2016年减少到192 308万吨,2016年的年产矿量基本与2008年一致。2017年华东地区年产矿量有所回升,为199 607万吨,基本恢复了2009年的年产矿量。

西南地区年产矿量每年增加和减少的幅度不是很明显。2008—2010年西南地区年产矿量呈逐渐增加的趋势,年产矿量分别为73 728万吨、82 658万吨和111 126万吨,2009—2010年增长幅度为34.4%。2010—2017年,西南地区年产矿量有增长也有减少,但变化幅度不大,2011—2014年年产矿量在100 000万吨左右,2015年和2016年减少到90 000万吨左右,2017年回升到105 422万吨。

西北地区年产矿量变化规律与西南地区基本一致,总的来看西北地区年产矿量变化幅度较小,整体呈缓慢增长然后减少的趋势。2008—2013年西北地区年产矿量逐渐增长,从63 432万吨增长到107 973万吨,其中2009—2010年增长幅度最大,增长量为22 692万吨,增长幅度为31.3%,其余阶段增长不明显。2013—2015年,西北地区年产矿量呈逐渐减少的趋势,2013—2014减少量为8246万吨,2014—2015年减少量为8256万吨。2015—2017年西北地区年产矿量又逐渐增加,在2017年年产矿量为107 841万吨,基本恢复到了2013年峰值年产矿量。

华中地区年产矿量比较稳定,基本维持在70 000万吨左右,变化幅度不大。2008—2017年,华中地区年产矿量最低值为2016年的70 656万吨,峰值为2013的77 044万吨,最大变化量为6388万吨。

东北地区年产矿量与华中地区接近,但变化幅度比华中地区大。2008—2011年东北地区年产矿量呈增长趋势,从56 851万吨增长到74 538万吨,增长量为17 687万吨,2009—2010年增长幅度最大,增长量为9093万吨。2011—2017年,东北地区年产矿量总体呈减少趋势,2012—2015年,年产矿量为60 000万吨左右,2016年和2017年年产矿量为52 000万吨左右。

华南地区年产矿量为全国各区域最低,整体变化幅度不明显。2008—2010年华南地区年产矿量为50 000万吨左右,2011—2013年年产矿量有所增长,为55 000万吨左右,2014—2016年年产矿量继续增长为60 000万吨左右,在2017年年产矿量达到峰值69 500万吨。

3.2.2 矿业工业产值

1. 全国矿业工业总产值

全国矿业工业总产值变化幅度较大(图3-4),变化不规律,2008—2012年,整体呈增长趋势,2013—2017年整体呈减少趋势,但在2014年和2017年有所回升。通过全国年产矿量与矿业工业总产值对比发现,全国年产矿量与矿业工业总产值变化规律基本一致。2012—2014年,全国年产矿量缓慢减少,但全国矿业工业总产值2012—2013年明显减少,2013—2014年又明显回升,这一现象可能是由于矿业受价格波动影响。2008—2017年,综合利用产值变化规律基本与全国矿业工业总产值和全国年产矿量变化一致,综合利用产值与全国年产矿量呈正相关,表明全国矿产综合利用增长主要靠年产矿量的增长,综合利用水平需要进一步提高。

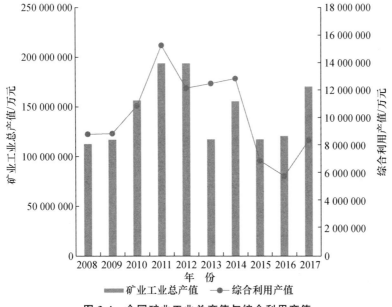

图 3-4 全国矿业工业总产值与综合利用产值

2. 区域矿业工业产值

华北地区矿业工业产值在全国各区域名列前茅,且变化幅度较大,远高于全国平均水平(图3-5,表3-3)。华东地区矿业工业产值略高于全国平均水平,变化幅度较小。西北地区矿业工业产值略低于全国平均水平,变化幅度整体与全国平均水平一致。东北地区、华中地区和西南地区矿业工业产值相差不大,都低于全国平均水平,且它们变化幅度基本一致。华南地区矿业工业产值为全国最低,变化幅度较小。除华南地区外的6个地区的矿业工业产值在2009—2012年基本都处于一个增长阶段。

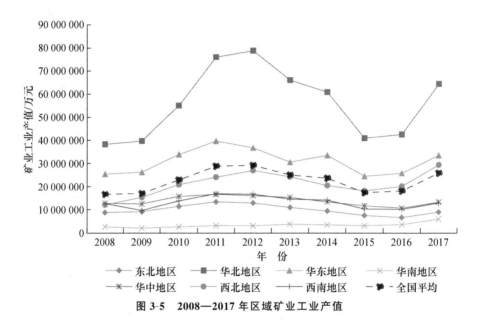

图3-5　2008—2017年区域矿业工业产值

华北地区矿业工业产值增长最为明显,增长幅度最大;但2012—2015年都处于减少阶段,与其他地区相比减少幅度也是最明显的。2008—2012年,华北地区矿业工业产值呈增长的趋势,2008—2009年矿业工业产值增长不明显,仅增长了1 417 856.41万元;2009—2010年急剧增长,增长了15 302 938.70万元,增长幅度达38.56%;2010—2011年也急剧增长,增长了20 922 206.49万元,增长幅度达38.05%,增长幅度与2009—2010年基本一致;2011—2012年,华北地区矿业工业产值继续保持增长,但增长不明显,增长幅度较小,增长量为2 787 805.76万元。2012—2015年,华北地区矿业工业产值呈现出持续减少的趋势,2012—2013年明显减少,从2012年峰值78 696 982.91万元减少到2013年的65 988 005.21万元,减少了12 708 977.70万元,减少幅度达16.15%;2013—2014年华北地区矿业工业产值继续减少,减少量为5 210 986.79万元,减少幅度为 7.90%;2014—2015 年华北地区矿业工业产值急剧减少,减少幅度明显,减少量为 19 820 008.42 万元,减少幅度为 32.61%,导致 2015 年矿业工业产值与 2009 年基本一致。2015—2017 年,华北地区矿业工业产值呈增长趋势,2015—2016 年增长不明显,2016—2017 年有较明显增长,增长了 21 743 780.76 万元,增长幅度为 51.02%。通过华北地区矿业工业产值和年产矿量对比发现(图 3-3,图 3-5),华北地区的年产矿量在 2011 年达到峰值,矿业工业产值也处于较高水平,2012 年华北地区的年产矿量有所减少,矿业工业产值处于峰值,上述都是合理现象。但 2013—2015 年,华北地区年产矿量逐渐减少,矿业工业产值却明显减少,这表明华北地区矿业可能受市场价格波动影响较大,缺乏一定抗价格波动能力,今后应加大产品研发,提升产品竞争力。

华东地区矿业工业产值变化幅度没有华北地区大,但比其他区域明显,2008—2017 年华东地区矿业工业产值都是高于全国平均水平的。2008—2011 年,华东地区矿业工业产值呈逐渐增长趋势,2008—2009 年增长幅度较小,增长了 812 107.46 万元;2009—2010 年增长幅度较大,增长了 7 605 152.79 万元;2010—2011 年增长幅度也较大,增长了 5 796 292.88 万元。2011—2015 年,除了 2014 年外,华东地区矿业工业产值整体呈下降趋势,在 2015 年达到最低值,与 2008 年矿业工业产值基本一致。2015—2017 年,华东地区矿业工业产值再次回升,其中 2016—2017 年增长幅度较大,增长了 7 674 021.32 万元。通过华东地区矿业工业产值和年产矿量对比发现,矿业工业产值和年产矿量基本呈正相关,除 2013—2014 年外。2013—2014 年,矿业工业产值和年产矿量基本呈负相关,年产矿量是减少的,减少幅度为 2.34%,减少了 5107 万吨,但矿业工业产值是增长的,增长幅度为 9.49%,增长了 2 904 759.22 万元,矿业工业产值随年产矿量减少而增大,这一现象可能是供需关系和市场价格导致的。

华中地区和东北地区矿业工业产值变化基本一致,变化幅度较小,2008—2011 年都是呈增长趋势,2011—2016 年都是呈减少趋势,在 2017 年有所上升。通过华中地区和东北地区矿业工业产值和年产矿量对比发现,矿业工业产值和年产矿量相关性不好,但基本保持一致,矿业工业产值和年产矿量都低于全国平均水平。

华南地区矿业工业产值为全国最低,变化幅度微小。2008—2016 年,华南地区矿业工业产值基本无变化,在 2017 年有所上升。华南地区矿业工业产值和年产矿量在大部分年份都是全国最低的,矿业工业产值和年产矿量保持一致水平。

表 3-3　2008—2017 年区域矿业工业产值情况　　　　　　　　单位:万元

年份	东北地区	华北地区	华东地区	华南地区	华中地区	西北地区	西南地区
2008	8 844 995.04	38 266 175.55	25 453 349.92	2 670 588.86	12 750 587.31	12 151 923.16	12 683 789.02
2009	9 227 759.45	39 684 031.96	26 265 457.38	2 094 189.27	12 542 302.23	15 311 826.29	9 749 043.73
2010	11 495 857.48	54 986 970.66	33 870 610.17	2 708 969.59	15 797 946.28	20 938 174.07	13 804 835.61
2011	13 432 675.77	75 909 177.15	39 666 903.05	3 219 400.13	16 729 627.65	24 114 753.16	16 973 116.87
2012	12 940 754.95	78 696 982.91	36 760 047.24	3 118 541.64	16 192 774.12	27 020 549.47	16 803 933.98
2013	11 008 591.44	65 988 005.21	30 597 266.33	3 854 836.37	15 381 634.73	24 297 418.53	14 688 284.99
2014	9 494 727.51	60 777 018.42	33 502 025.55	3 502 114.56	13 497 994.32	20 547 676.53	14 226 042.97
2015	7 579 452.85	40 957 010.00	24 551 677.91	3 212 741.76	11 768 286.00	18 232 169.36	10 372 465.20
2016	6 721 387.21	42 611 823.70	25 830 585.77	3 639 278.32	10 760 951.48	20 208 683.41	10 260 362.01
2017	9 038 414.73	64 355 604.46	33 504 607.09	6 031 129.17	13 404 997.28	29 428 704.83	13 044 316.31

西北地区矿业工业产值整体变化幅度较小。2008—2012 年,矿业工业产值呈逐渐增长趋势,从 2008 年的 12 151 923.16 万元增长到 2012 年的 27 020 549.47 万元。2012—2015 年,西北地区矿业工业产值呈逐渐减少趋势,每年的减少幅度基本一致。2015—2017 年,西北地区矿业工业产值再次回升,其中 2016—2017 年增长幅度较大,为 45.62%,增长了 9 220 021.42 万元。通过西北地区矿业工业产值和年产矿量对比发现(图 3-3,图 3-5),矿业工业产值和年产矿量基本呈正相关,此外西北地区年产矿量明显低于全国平均水平,但矿业工业产值却与全国平均水平接近,表明西北地区矿业经济效益较好,产品附加值高。

西南地区矿业工业产值变化不明显,变化幅度较小。2008—2011 年,除了 2009 年矿业工业产值有所减少外,整体呈增长趋势。2011—2016 年,矿业工业产值呈减少趋势,在 2017 年矿业工业产值明显回升。通过西南地区矿业工业产值和年产矿量对比发现(图 3-3,图 3-5),矿业工业产值和年产矿量基本呈正相关。西南地区年产矿量与西北地区基本一致,但矿业工业产值却低于西北地区,也低于全国平均水平,表明西南地区矿业经济效益不好,产业结构有待优化,需要进一步提高单位产品经济效益。

通过以上分析发现,区域矿业工业产值和区域年产矿量基本保持一致,华北地区和华东地区年产矿量高于全国平均水平,矿业工业产值也高于全国平均水平。

华北地区矿业工业产值受市场价格波动影响较大,西北地区矿业经济效益较好,西南地区矿业经济效益较差,华东地区、华南地区、华中地区和东北地区矿业经济效益一般。

3. 区域年产矿量与工业产值

为了进一步分析各区域年产矿量与矿业工业产值关系,以各区域 2008—2017 年年产矿量平均值和矿业工业产值平均值分别作为横坐标和纵坐标,以全国平均值为中心点,得到的年产矿量与矿业工业产值的象限图如图 3-6 所示。7 个区域分别位于第一象限和第三象限。第一象限年产矿量和矿业工业产值均为高值,包括华北地区和华东地区。进一步分析可知华北地区的单位矿量工业产值要远高于华东地区,矿种的差异是主要的影响因素。第三象限年产矿量和矿业工业产值均为低值,包括西南地区、西北地区、华中地区、东北地区和华南地区。西北地区的单位矿量工业产值最高,华南地区则最低,其余地区单位矿量工业产值处于中间位置。

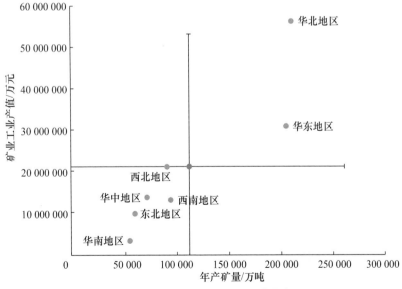

图 3-6 区域年产矿量与矿业工业产值象限图

3.2.3 矿山企业数与规模结构

1. 全国矿山企业数与规模结构变化趋势

矿业的高质量发展离不开矿业结构的优化。2008—2017年,全国矿山企业数不断减少(图3-7),2008年全国共有矿山企业11万多个,2017年下降到6万多个,只有2008年的56%,数量下降趋势明显;与此同时,尽管全国矿山企业数持续减少,但大中型矿山占比不断增加,从2008年的6.2%上升到2017年的16.5%,呈明显上升趋势,表明矿山规模结构不断优化,集约化程度不断提高。

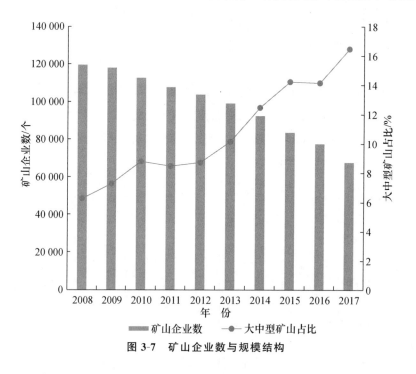

图3-7 矿山企业数与规模结构

2. 区域矿山企业数与规模结构

全国各区域矿山企业数整体上是不断减少的,华东地区和西南地区矿山企业数减少幅度在各区域中最为明显(图3-8,表3-4)。华东地区和西南地区矿山企业数基本保持在全国平均水平以上,华北地区、华中地区和西北地区矿山企业数在全国平均水平附近,华南地区和东北地区矿山企业数在全国平均水平之下。

第3章 中国矿产资源勘查开发与绿色矿业发展分析

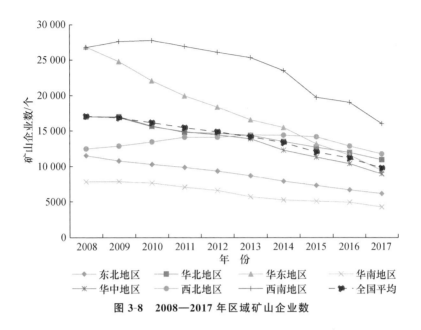

图 3-8 2008—2017 年区域矿山企业数

表 3-4 2008—2017 年区域矿山企业数变化情况   单位：个

年 份	东北地区	华北地区	华东地区	华南地区	华中地区	西北地区	西南地区
2008	11 541	16 998	26 851	7873	17 016	12 497	26 774
2009	10 797	17 027	24 795	7896	16 915	12 896	27 639
2010	10 308	15 694	22 090	7664	15 622	13 477	27 783
2011	9892	14 819	19 978	7087	14 902	14 130	26 922
2012	9373	14 695	18 390	6634	14 467	14 134	26 102
2013	8712	14 396	16 584	5742	13 901	14 434	25 347
2014	7926	13 529	15 488	5288	12 307	14 421	23 522
2015	7321	12 722	13 196	5120	11 335	14 191	19 763
2016	6695	11 979	11 602	4958	10 405	12 878	19 041
2017	6185	10 959	9468	4303	8945	11 784	16 028

西南地区矿山企业数位居全国各区域前列，2008—2010 年，西南地区矿山企业数缓慢增长，2008—2009 年增长了 865 个，增长幅度为 3.23%；2009—2010 年增长了 144 个，增长幅度为 0.52%。从 2010—2017 年，西南地区矿山企业数不断减少，2010—2014 年矿山企业数呈缓慢减少趋势，2014—2015 年减少幅度较大，减少了 3759 个，减少幅度为 15.98%。2015—2017 年，矿山企业

数继续减少,其中 2016—2017 年减少幅度较大,减少了 3013 个,减少幅度为 15.82%。西南地区矿山企业数位居全国前列,而其年产矿量却位于全国平均水平以下,表明西南地区单个矿山产量和生产效率有待提高;此外西南地区矿业工业产值也位于全国平均水平以下,排在全国各区域中间,表明西南地区矿山企业数虽多,但整体工业产值不高。

华东地区矿山企业数呈减少趋势,整体减少幅度较大。华东地区矿山企业数 2008 年为 26 851 个,2008—2017 年矿山企业数不断减少,到 2017 年还剩下 9468 个矿山企业。2008—2017 年,华东地区矿山企业数减少了 17 383 个,大约减少了 3/5 的矿山企业。2008—2017 年,华东地区矿山企业数是不断减少的,但华东地区的年产矿量整体变化幅度有限,表明华东地区矿山企业虽不断减少,但剩下的矿山企业的规模水平却在不断提高。此外,华东地区的矿业工业产值变化幅度也有限,表明华东地区矿山企业虽不断减少,但剩下的矿山企业的矿业工业产值在不断提高。

华北地区矿山企业数总体呈减少趋势,减少幅度较小。2008—2009 年,华北地区矿山企业数是增长的,增长幅度极小,仅增长了 29 个。2009—2017 年,华北地区矿山企业数呈不断减少趋势。2008 年华北地区矿山企业数为 16 998 个,2017 年为 10 959 个,减少了 6039 个,减少幅度为 35.53%。2017 年与 2008 年相比,华北地区矿山企业数大约减少了 1/3。华北地区矿山企业数位于全国平均水平附近,且不断减少,而华北地区的年产矿量位于全国首位,年产矿量整体呈增长趋势,表明华北地区矿山企业规模效益明显。此外华北地区矿业工业产值也是全国最高的,表明华北地区的矿山企业经济效益好。

西北地区矿山企业数整体呈先增长后减少趋势,增长和减少的幅度都较小。2008—2013 年,西北地区矿山企业数不断增长,整体增长幅度很小,2011—2012 年仅仅增长了 4 个。2008 年矿山企业数为 12 497 个,2013 年矿山企业数为 14 434 个,2008—2013 年增长了 1937 个。2013—2017 年,西北地区矿山企业数呈减少趋势,减少了 2650 个。从 2008—2017 年,西北地区矿山企业数变化幅度较小。西北地区矿山企业数位于全国平均水平附近,而年产矿量却位于全国平均水平以下,表明西北地区矿山企业生产水平不高。

东北地区和华南地区矿山企业数都呈减少趋势,减少幅度基本一致。2008—2017 年,东北地区矿山企业数从 11 541 个减少到 6185 个,减少了 5356

个,与 2008 年相比,2017 年东北地区矿山企业数减少了近 1/2。2008—2017年,华南地区矿山企业数从 7873 个减少到 4303 个,与 2008 年相比,2017 年华南地区矿山企业数减少了约 1/2。

全国各区域矿山企业数整体上不断减少,但规模结构得到了不断改善,反映在全国及各区域大中型矿山占比持续提高(表 3-5)。华北地区、华东地区的大中型矿山占比最高,2017 年均超过了 20%;大中型矿山占比增幅最为明显的是华南地区、华东地区和华北地区。华南地区从 2008 年的 3.80% 增加到 2017 年的 16.99%,华东地区从 2008 年的 15.28% 增加到 2017 年的 25.27%,华北地区从 2008 年的 7.34% 增加到 2017 年的 23.94%。东北地区、华中地区、西北地区和西南地区在 2008—2017 年也有较大的增幅。

表 3-5 2008—2017 年区域大中型矿山占比   单位:%

年份	东北地区	华北地区	华东地区	华南地区	华中地区	西北地区	西南地区
2008	6.51	7.34	15.28	3.80	3.30	4.37	3.12
2009	7.88	7.57	18.94	4.07	4.90	4.07	3.43
2010	12.22	10.84	19.73	4.41	5.15	5.53	3.52
2011	13.45	12.11	15.18	3.87	5.11	5.36	4.13
2012	10.29	13.13	15.97	5.98	5.29	6.23	4.06
2013	12.57	14.43	18.41	8.08	5.68	6.87	4.82
2014	13.80	17.11	19.76	14.20	8.47	7.81	6.05
2015	14.49	18.49	20.70	21.86	8.16	9.03	6.77
2016	15.24	21.45	22.38	13.33	9.01	9.40	8.17
2017	15.70	23.94	25.27	16.99	9.94	12.77	10.64

3. 区域矿业工业产值与矿山规模结构象限分析

为了进一步分析各区域矿业工业产值与矿山规模结构关系,以 2008—2017 年各区域矿业工业产值与大中型矿山占比的平均值分别作为纵坐标和横坐标,以全国平均值为中心点,得到的矿业工业产值与大中型矿山占比的象限图如图 3-9 所示。第一象限包括华北地区和华东地区,其中华东地区的规模结构最佳,华北地区次之。第三象限包括西北地区、华中地区、西南地区和华南地区,大中型矿山占比较低,矿业工业产值也低,规模效益不明显。第四象限只有东北地区,大中型矿山占比较高,矿业工业产值低,主要是因为矿山企业数少。

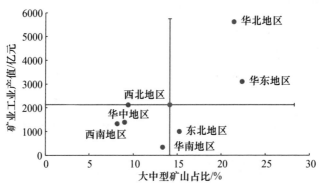

图 3-9 矿业工业产值与大中型矿山占比象限图

3.2.4 矿业从业人员

1. 全国矿业从业人员

全国矿业从业人员数整体呈下降趋势,2008—2013 年下降幅度较小,2013—2017 年下降幅度较大(图 3-10)。矿业从业人员平均收入有波动,但总体呈上升趋势。全国矿业从业人员数不断减少,一是因为矿山企业数不断减

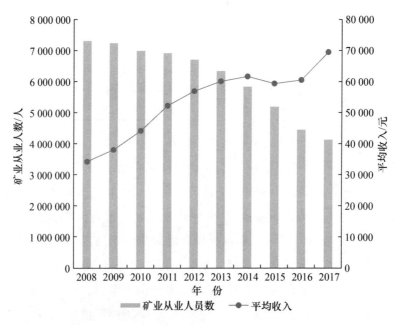

图 3-10 2008—2017 年矿业从业人员数与平均收入

少,矿业从业人员数量与矿山企业数呈正相关,矿业从业人员数随矿山企业数减少而减少;二是因为各区域加强了数字化矿山建设,矿业活动的智能化程度在不断提高。2008—2017年,尽管全国矿业从业人员数不断减少,但全国年产矿量变化幅度较小,表明矿业从业人员的生产效率在不断提高。此外全国矿业工业总产值变化较大且不规律,并未随矿业从业人员数的减少而减少,表明矿山企业从业人员创造价值能力在不断提升,这也使得矿业从业人员平均收入不断增长。

2. 区域矿业从业人员分布

全国各区域矿业从业人员数整体呈下降趋势,其中华东地区和西南地区下降幅度较大,这两个地区矿业从业人员数位于全国平均水平以上(图 3-11,表 3-6)。东北地区、华中地区、西北地区、华北地区和华南地区下降幅度较小,华中地区矿业从业人员数位于全国平均水平附近,华北地区矿业从业人员数位于全国平均水平以上,西北地区、东北地区和华南地区矿业从业人员数基本位于全国平均水平以下。

2008—2010 年,华北地区矿业从业人员数不断减少,2008—2009 年减少了

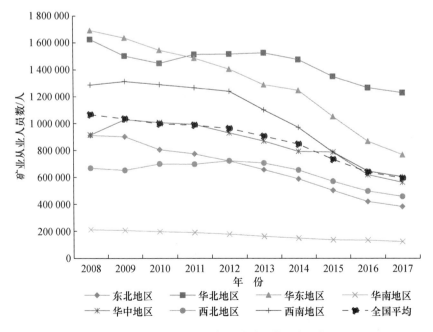

图 3-11　2008—2017 年区域矿业从业人员数

122 406 人,减少幅度为 7.5%;2009—2010 年,减少了 54 573 人,减少幅度为 3.6%。2010—2013 年,华北地区矿业从业人员数缓慢增长,2010 年矿业从业人员数为 1 446 388 人,2013 年矿业从业人员数为 1 523 859 人,增长了 77 471 人,增长幅度为 5.4%。2013—2017 年,华北地区矿业从业人员数再次减少,2014—2015 年减少幅度较大,减少了 125 253 人,减少幅度为 8.5%。通过对比发现,华北地区矿业从业人员数与矿山企业数相关性较差,矿山企业数的减少对矿业从业人员数影响较小,但整体上看矿业从业人员数和矿山企业数都是呈下降趋势的。华北地区与华东地区矿业从业人员数均较多,但华北地区的矿业工业产值明显比华东地区高得多,表明华北地区矿业从业人员生产效率更高,能创造更多的经济价值。

表 3-6　2008—2017 年区域矿业从业人员数　　　　　　单位:人

年 份	东北地区	华北地区	华东地区	华南地区	华中地区	西北地区	西南地区
2008	912 328	1 623 367	1 689 766	213 443	915 603	668 590	1 286 450
2009	902 502	1 500 961	1 634 210	208 577	1 028 736	652 758	1 312 323
2010	806 703	1 446 388	1 543 501	198 135	1 007 664	700 098	1 289 067
2011	775 190	1 512 375	1 485 026	191 072	993 558	697 685	1 265 112
2012	721 256	1 515 026	1 403 486	179 289	930 792	722 936	1 238 300
2013	657 492	1 523 859	1 287 593	162 963	870 029	706 630	1 100 079
2014	589 617	1 474 598	1 245 003	149 724	793 719	654 790	971 026
2015	504 352	1 349 345	1 051 979	137 520	788 033	571 444	787 404
2016	421 849	1 264 594	868 800	134 485	619 585	499 003	646 821
2017	384 826	1 227 846	768 190	124 368	563 656	459 336	605 122

华东地区矿业从业人员数不断减少,减少幅度较为明显。2008—2017 年,从 1 689 766 人减少到 768 190 人,减少了 921 576 人。与 2008 年相比,2017 年矿业从业人员数减少了约 1/2。通过对比发现,华东地区矿业从业人员数与矿山企业数呈正相关,矿业从业人员数随矿山企业数减少而减少,表明矿业从业人员数受矿山企业数影响较大。华东地区矿业从业人员数明显高于全国平均水平,但矿业工业产值却接近全国平均水平,同时与华北地区相差甚远,表明华东地区矿业从业人员生产效率相对较低。

西南地区矿业从业人员数整体也呈下降趋势。2008—2009 年,西南地区矿业从业人员数有小幅度增长,增长了 25 873 人,增长幅度为 2.0%。2009—2012 年,西南地区矿业从业人员数减少幅度较小,减少了 74 023 人,减少幅度为5.6%。2012—2017年,西南地区矿业从业人员数减少幅度较大,减少了633178人。西南地区矿业从业人员数与矿山企业数有一定的相关性,都是呈下降趋势。西南地区矿业从业人员数高于全国平均水平,但区域年产矿量却低于全国平均水平,表明西南地区矿业从业人员人均产矿量较低,生产力水平有待进一步提高。

华中地区矿业从业人员数每年变化幅度较小,基本位于全国平均水平附近。2008—2009年,华中地区矿业从业人员数有较大幅度增长,增长了113133人,增长幅度为12.4%。2009—2017年,华中地区矿业从业人员数不断减少,与2009年相比,2017年减少了465080人,减少幅度为45.2%,减少了约1/2的人员。华中地区矿业从业人员数与矿山企业数呈正相关,它们变化规律基本一致。华中地区矿业从业人员数位于全国平均水平附近,而年产矿量却远低于全国平均水平,表明华中地区矿业从业人员人均产矿量较低,生产效率不高。

东北地区矿业从业人员数呈不断减少趋势,每年减少幅度较小。2008—2017年东北地区矿业从业人员数减少了527502人。西北地区矿业从业人员数位于全国平均水平以下。与2008年相比,2012年西北地区矿业从业人员数增长了54346人,增长幅度为8.1%。2012—2017年,西北地区矿业从业人员数呈减少趋势,减少了263600人,减少幅度为36.5%。华南地区矿业从业人员数呈缓慢减少趋势,2008—2017年减少了89075人。

3. **区域矿业工业产值与矿业从业人员数象限分析**

为了进一步分析各区域矿业工业产值与矿业从业人员数关系,以2008—2017年各区域矿业从业人员数与矿业工业产值的平均值分别作为横坐标和纵坐标,以全国平均值为中心点,得到的矿业工业产值与矿业从业人员数的象限图如图3-12所示。全国7个区域分布于三个象限中:第一象限包括华北地区和华东地区,华北地区矿业从业人员数最多,矿业工业产值也最高,华东地区次之;第三象限包括西北地区、华中地区、东北地区和华南地区,其特征是矿业从业人员数与矿业工业产值均比较低;第四象限中只有西南地区,该地区和华中地区、东北地区的矿业工业产值比较接近,但矿业从业人员数却相对较多,这主要是由于西南地区的小型矿山数量相对较多,故人均矿业工业产值低。

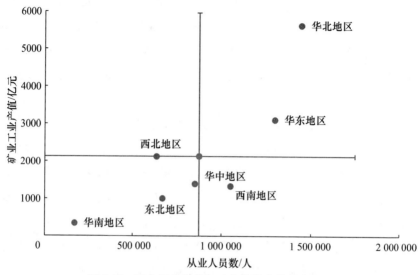

图 3-12　矿业工业产值与矿业从业人员数象限图

矿山地质环境保护

3.3.1　矿山地质环境保护

1. 全国矿山地质环境保护

全国恢复治理面积变化幅度较大,变化不规律(图 3-13)。2008—2011 年,全国恢复治理面积不断减少,2012 年有所回升,2013 年又再次减少。2013—2017 年,全国恢复治理面积整体呈增长趋势,2014—2016 年基本保持不变,2017 年急剧增长。全国恢复治理投入整体变化幅度较大。2008—2010 年,全国恢复治理投入不断增长,2011 年明显减少,2011—2014 年再次不断增长,2014—2016 年再次减少,其中,2015—2016 年急剧减少,2017 年有所回升。全国恢复治理面积和全国恢复治理投入相关性较弱,全国恢复治理面积并没随着全国恢复治理投入增加而增加,存在明显的滞后效应。全国矿业工业总产值与全国恢复治理面积和全国恢复治理投入相关性也很差,全国恢复治理投入并没有随全国矿业工业总产值增加而增加。

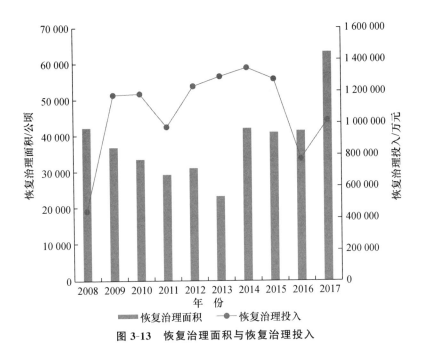

图 3-13 恢复治理面积与恢复治理投入

2. 区域矿山地质环境保护

2008—2017 年全国各区域恢复治理面积波动较大(图 3-14,表 3-7),华北地区恢复治理面积变化幅度较大,华北地区、华东地区和西北地区恢复治理面积基本在全国平均水平以上,各区域恢复治理面积与矿业工业产值和年产矿量相关性很差。总的来看,除了华北地区,全国其他地区的恢复治理面积整体水平较低。

华北地区恢复治理面积位居全国前列,但变化幅度较大。2008—2013 年,华北地区恢复治理面积有增长也有减少,在 2013 年基本恢复到 2008 年水平。2013—2014 年,恢复治理面积急剧增长,从 4305.77 公顷(1 公顷 = 10^4 平方米)增长到 19 162.38 公顷,增长了 14 856.61 公顷。2014—2016 年变化幅度不大,整体上有所减少。2016—2017 年,再次明显增长,从 18 188.10 公顷增长到 29 389.10 公顷,增长了 11 201.00 公顷,增长幅度达 61.6%。华北地区恢复治理面积与矿业工业产值基本无相关性,恢复治理面积并没有随矿业工业产值增长而增长。2008—2012 年华北地区矿业工业产值是明显增长的,但相应的恢复治理面积并没有明显增长。

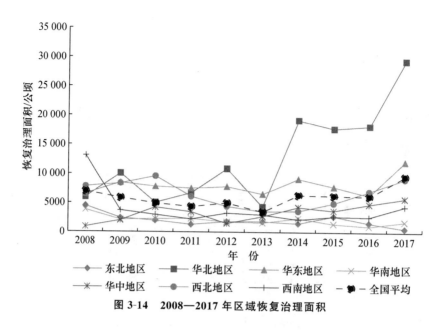

图 3-14　2008—2017 年区域恢复治理面积

表 3-7　2008—2017 年区域恢复治理面积情况　　　　　　　　　　　单位：公顷

年　份	东北地区	华北地区	华东地区	华南地区	华中地区	西北地区	西南地区
2008	4449.00	5931.00	6493.01	3765.00	858.00	7767.01	13 066.01
2009	2373.68	10 033.66	8454.61	2091.23	1970.95	8311.63	3673.22
2010	1933.07	5004.67	7776.47	2200.48	4199.70	9555.92	2916.94
2011	1283.13	6668.65	7467.91	2285.36	3434.91	6056.88	2205.25
2012	1786.70	10 854.90	7786.50	1714.25	1463.30	4376.23	3228.72
2013	1803.92	4305.77	6501.68	1603.14	2678.32	3510.23	2960.62
2014	1493.25	19 162.38	9128.22	2365.82	4268.73	3610.53	2150.41
2015	2741.93	17 733.37	7780.42	1425.20	3681.93	4950.55	2686.72
2016	1575.62	18 188.10	6308.40	1020.67	4780.01	7005.00	2596.38
2017	624.06	29 389.10	12 104.72	1786.25	5761.88	9156.96	4390.83

华东地区恢复治理面积基本位于全国平均水平以上，总的来看，2008—2013 年恢复治理面积变化不明显，2014 年有所增长，2014—2016 年，恢复治理面积呈减少趋势，2017 年有了较明显的回升。华东地区恢复治理面积与矿业工业产值相关性较差，但二者基本位于全国平均水平以上。

西北地区恢复治理面积位于全国平均水平附近，变化幅度较大。2008—2010 年，西北地区恢复治理面积是不断增长的，增长幅度不明显，2010—2013

年呈缓慢减少趋势,在 2013 年达到最低值 3510.23 公顷,2013—2017 年呈缓慢增长趋势,在 2017 年达到 9156.96 公顷。西北地区恢复治理面积与矿业工业产值的相关性较弱,2010—2012 年西北地区矿业工业产值整体是呈增长趋势的,而恢复治理面积却缓慢减少,2012—2017 年矿业工业产值整体是呈减少趋势的,而恢复治理面积却缓慢增长。

东北地区、华中地区、西南地区和华南地区恢复治理面积基本位于全国平均水平以下。东北地区、华中地区、西南地区和华南地区恢复治理面积与矿业工业产值相关性差。由于全国各区域恢复治理面积整体水平较低,上述地区的恢复治理面积更接近全国平均水平,矿业工业产值相对更低于全国平均水平。

以上分析表明,全国各区域恢复治理面积水平较低,基本位于全国平均水平附近。同时全国各区域恢复治理面积并没有随矿业工业产值增加而增加,它们之间的相关性都较差,存在滞后效应。各地应积极出台政策,加大投资,引导恢复治理面积健康稳步发展。

全国各区域恢复治理投入波动较大,华北地区和华东地区恢复治理投入基本位于全国平均水平以上(图 3-15,表 3-8),华中地区基本位于全国平均水平附近,东北地区、华南地区、西北地区、西南地区基本位于全国平均水平以下。

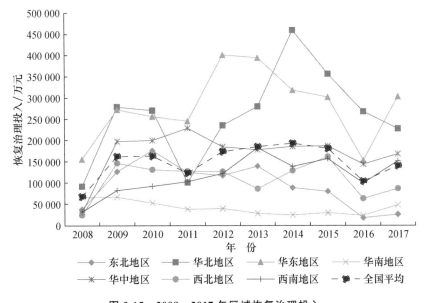

图 3-15 2008—2017 年区域恢复治理投入

华北地区恢复治理投入变化幅度较大,整体恢复治理投入不稳定。2008—2009年,华北地区恢复治理投入明显增长,从92 584.00万元增长到279 217.90万元,增长了186 633.90万元。在2010年有所减少,减少幅度较小。2010—2011年,恢复治理投入明显减少,减少了169 471.39万元,2011年基本与2008年水平基本一致。2011—2014年,华北地区恢复治理投入呈增长趋势,其中2011—2012年增长幅度较大,增长了134 134.14万元,2013—2014年增长了179 097.37万元,增长幅度达63.9%。2014—2017年,华北地区恢复治理投入呈下降趋势,下降幅度较大。华北地区恢复治理投入与矿业工业产值基本无相关性,与恢复治理面积相关性也较弱。

表3-8 2008—2017年恢复治理投入情况 单位:万元

年份	东北地区	华北地区	华东地区	华南地区	华中地区	西北地区	西南地区
2008	38 341.00	92 584.00	156 120.00	66 107.00	30 434.00	24 981.00	32 298.00
2009	127 271.39	279 217.90	272 957.43	67 145.25	198 061.23	147 036.54	83 114.94
2010	176 599.61	271 011.79	256 678.42	53 062.98	200 374.18	131 649.62	92 873.94
2011	125 657.00	101 540.40	245 499.38	38 603.52	228 947.60	127 885.32	103 725.27
2012	117 976.19	235 674.54	401 128.73	40 174.05	185 261.65	127 112.37	122 777.66
2013	140 005.07	280 419.60	394 560.76	28 620.93	178 222.54	86 667.37	183 109.06
2014	88 756.17	459 516.97	318 401.47	25 108.13	185 993.69	129 641.59	139 167.21
2015	80 137.94	356 496.92	302 065.27	30 031.89	187 289.27	161 799.49	157 204.13
2016	18 285.52	268 006.51	153 413.13	24 014.72	144 446.33	63 320.84	100 081.58
2017	26 345.46	227 654.56	303 462.18	48 286.61	168 526.25	86 900.05	151 984.25

华东地区恢复治理投入较大,与华北地区接近,变化幅度也较大。2008—2009年,华东地区恢复治理投入明显增长,增长了116 837.43万元,增长幅度达74.8%。2009—2011年,恢复治理投入缓慢减少,减少幅度不明显。2011—2012年,恢复治理投入明显增长,增长了155 629.35万元,增长幅度达63.4%。2012—2016年,恢复治理投入呈减少趋势,其中2015—2016年减少幅度较大,为49.2%,减少了148 652.14万元。2017年恢复治理投入明显回升,基本恢复到2015年水平。华东地区恢复治理投入与矿业工业产值基本无相关性,表明恢复治理投入对矿业工业产值影响较小,恢复治理投入在矿业工业产值中所占比重较低。华东地区矿业工业产值明显低于华北地区,而恢复治理投入与华北

地区相差不大,表明华东地区恢复治理投入较高。华东地区恢复治理投入与恢复治理面积也基本无相关性,随着恢复治理投入的增长,恢复治理面积并没有增长。

华中地区恢复治理投入变化幅度较小,基本位于全国平均水平附近。2008—2009 年,华中地区恢复治理投入明显增长,增长了 167 627.23 万元。2009—2017 年,恢复治理投入有增长、有减少,整体变化不大。华中地区恢复治理投入位于全国平均水平附近,但恢复治理面积却低于全国平均水平,表明恢复治理投入利用效率有待进一步提高。

东北地区、西北地区和西南地区恢复治理投入水平接近,都基本位于全国平均水平以下。其中,西北地区恢复治理投入基本位于全国平均水平以下,但恢复治理面积却位于全国平均水平附近,表明西北地区恢复治理投入利用效率较高。华南地区恢复治理投入全国最低,与恢复治理面积的情况基本一致。

通过对全国各区域恢复治理投入、恢复治理面积和矿业工业产值的对比分析发现,恢复治理投入、恢复治理面积和矿业工业产值三者之间相关性差,恢复治理投入和恢复治理面积变化波动较大,恢复治理投入和恢复治理面积并没有随着矿业工业产值增加而增加,因此今后需要加强政策引导,促进恢复治理投入和矿业工业产值协调增长,保证矿业活动后的地质环境得到及时的恢复治理。

3. 区域矿业工业总产值与恢复治理面积象限分析

为了进一步分析各区域恢复治理面积与矿业工业产值关系,以 2008—2017 年各区域恢复治理面积与矿业工业产值的平均值分别作为纵坐标和横坐标,以全国平均值为中心点,得到恢复治理面积与矿业工业产值的象限图如图 3-16 所示。7 个区域分别位于第一象限、第二象限和第三象限:第一象限恢复治理面积和矿业工业产值均为高值,包括华北地区和华东地区,特别是华北地区,矿业工业产值在全国 7 个区域中是最高的,与此相对应的是恢复治理面积也是最大的;第二象限只有西北地区,恢复治理面积和矿业工业产值均处于中间位置;第三象限恢复治理面积和矿业工业产值均为低值,包括西南地区、华中地区、东北地区和华南地区。总体上看,各区域的恢复治理面积均与矿业活动强度一致。

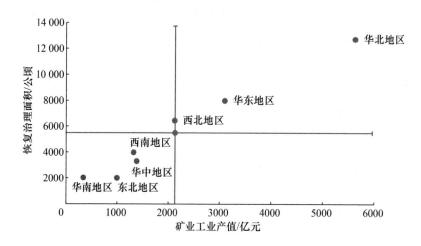

图 3-16　恢复治理面积与矿业工业产值象限图

3.3.2　矿业碳排放

1. 全国矿业碳排放

全国矿业碳排放量整体上看经历了一个先增长后减少的过程（图 3-17）。2008—2012 年，全国矿业碳排放量整体呈增长趋势，增长幅度较大。全国矿业碳排放量在 2012 年达到峰值后逐渐减少。全国年产矿量与矿业碳排放量基本呈正相关，即矿业碳排放量随年产矿量的增长而增长。

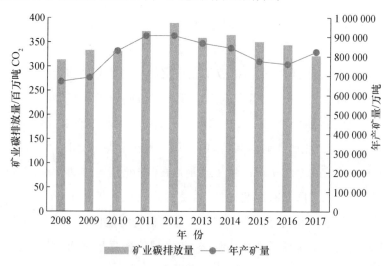

图 3-17　全国矿业碳排放量与年产矿量

如图 3-18 所示,煤炭开采和洗选业碳排放量较大,变化幅度也较大,石油和天然气开采业碳排放量居于中间位置,黑色金属矿采选业、有色金属矿采选业和非金属矿采选业 3 个行业碳排放量基本相同。2008—2012 年,煤炭开采和洗选业碳排放量呈增长趋势(表 3-9),2008—2009 年增长幅度较大,增长了 23.687 百万吨 CO_2,增长幅度为 9.46%。2011—2012 年,煤炭开采和洗选业碳排放量增长较为缓慢,增长了 0.716 百万吨 CO_2,增长幅度为 0.24%。2012—2017 年整体呈现减少趋势,其中 2016—2017 年减少幅度最大,减少了 32.297 百万吨 CO_2,减少幅度为 11.67%。2008—2017 年,石油和天然气开采业碳排放量变化幅度较小,碳排放量峰值为 2012 年的 53.159 百万吨 CO_2,最小值为 2010 年的 34.214 百万吨 CO_2,二者差值为 18.945 百万吨 CO_2。2008—2017 年,非金属矿采选业碳排放量变化幅度较小,2012 年非金属矿采选业碳排放量最高,为 11.46 百万吨 CO_2,2017 年非金属矿采选业碳排放量最低,为 5.698 百万吨 CO_2,它们之间减少了 5.672 百万吨 CO_2,减少幅度为 50.28%。2008—2017 年,黑色金属矿采选业碳排放量除了在 2010 年有较为明显增长外,其他年份变化幅度较小。有色金属矿采选业碳排放量为 5 个行业中最低的,碳排放量为 3.255 百万吨 CO_2 至 5.734 百万吨 CO_2。

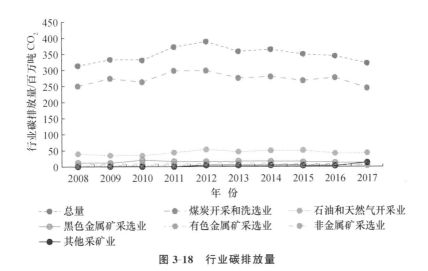

图 3-18 行业碳排放量

表 3-9　2008—2017 年矿业碳排放量　　　　　　　　单位:百万吨 CO_2

年　份	总　量	煤炭开采和洗选业	石油和天然气开采业	黑色金属矿采选业	有色金属矿采选业	非金属矿采选业	其他采矿业
2008	313.275	250.261	39.626	12.248	3.255	7.858	0.027
2009	333.061	273.948	34.913	11.301	3.650	8.604	0.645
2010	330.796	262.969	34.214	20.343	4.570	8.657	0.043
2011	372.083	297.968	43.742	16.193	4.847	9.174	0.159
2012	389.031	298.684	53.159	15.911	5.493	11.460	4.324
2013	358.489	275.416	46.282	17.190	4.926	10.745	3.931
2014	364.646	279.692	49.958	16.310	5.734	8.927	4.027
2015	349.924	267.552	50.831	14.288	5.461	8.627	3.165
2016	343.902	276.770	41.489	12.478	3.817	6.711	2.637
2017	321.486	244.473	42.972	11.853	3.371	5.698	13.119

2. 区域矿业碳排放

2008—2017 年区域矿业碳排放量见表 3-10。

表 3-10　2008—2017 年区域矿业碳排放量　　　　　　单位:百万吨 CO_2

年　份	东北地区	华北地区	华东地区	华南地区	华中地区	西北地区	西南地区
2008	29.637	60.744	79.001	1.410	54.842	28.689	58.952
2009	27.200	60.888	78.133	2.603	67.224	30.010	67.003
2010	28.995	63.814	86.667	1.838	61.237	33.110	55.135
2011	27.611	63.642	93.413	1.468	70.690	42.609	72.650
2012	35.137	70.611	91.299	1.704	62.468	50.628	77.183
2013	30.466	69.718	82.525	1.724	53.203	52.497	68.356
2014	29.468	68.294	89.211	1.970	49.760	57.351	68.593
2015	26.871	62.595	77.012	2.074	45.960	60.110	75.302
2016	22.985	62.885	68.261	2.108	47.400	64.815	75.447
2017	19.685	60.720	62.365	2.281	47.997	60.074	68.365

3. 区域矿业碳排放与年产矿量分析

矿业碳排放量与年产矿量的平均值分别作为纵坐标和横坐标,以全国平均值为中心点,得到矿业碳排放量与年产矿量的象限图如图 3-19 所示。全国 7 个区域分布在第一象限、第二象限和第三象限。第一象限包括华东地区、华北地区 2 个地区,其特征是年产矿量和矿业碳排放量均较高,表明年产矿量是决定行业碳排放量的最主要因素。另外,相对于其他地区,尽管矿业碳排放量大,但单位矿量的碳排放量并不高。第二象限包括西南地区和华中地区,第三象限包括东北地区、华南地区和西北地区。第二象限与第三象限相比,第三象限中的地区在碳排放方面表现更为优异,体现在单位矿量的碳排放量较第二象限的地区低。

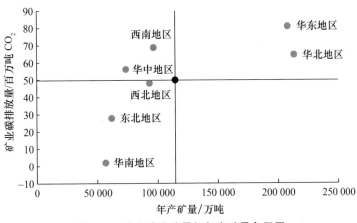

图 3-19 矿业碳排放量与年产矿量象限图

3.4 国土资源科学技术研究

3.4.1 国土资源科技人才

国土资源科技人才培养是提升国土资源对经济、社会可持续发展保障能力的需要。国土资源科技人才涵盖测绘工程、地质学、勘查技术与工程、资源勘查工程、地理学、生态学、环境工程、土地资源管理、地理信息系统、相关软件和数据库开发等多个学科和领域的人员,国土资源科技人才培养任务艰巨。本书中国土资源科技人才的标准为入选省部级及以上人才计划的人员,包括入选国家百千万人才工程、国家千人计划、部级科技创新人才工程、省级科技人才计划等的人员。统计范围包括省、自治区、直辖市自然资源管理部门和自然资源部直属的科学研究与技术开发机构、规划院、信息中心、整治中心、油气中心等。

如图 3-20,国土资源科技人才数变化较大,仍需要进一步提高,其中包括省级科技人才计划科技人才数和部级科技创新人才工程科技人才数。2010—2013年,部级科技创新人才工程科技人才数是持续增长的,增长幅度较小。2013—2015年,部级科技创新人才工程科技人才数是明显减少的,减少幅度较大。2015—2017年,部级科技创新人才工程科技人才数有所回升,2017年基本恢复到2014年水平。省级科技人才计划科技人才数整体上看是减少的。2010—2011年,省级科技人才计划科技人才数是减少的,减少幅度较小。2011—2012年,省级科技人才计划科技人才数是增长的。2012—2015年,省级科技人才计划科技人才数整体呈减少趋势,2014—2015年减少幅度较大。2015—2017年,省级科技人才计划科技人才数有所回升。国土资源科技人才的总数整体来看变化幅度较大,变化不规律。2010—2011年,国土资源科技人才的总数是增长的,增长幅度比较明显。2013—2015年,国土资源科技人才的总数不断减少,减少幅度大。2015—2017年,国土资源科技人才的总数明显回升,2017年基本恢复2013年水平。

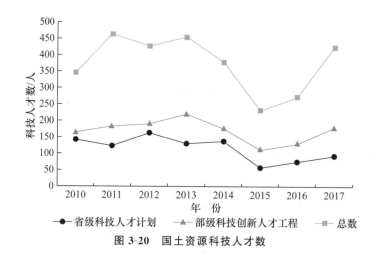

图 3-20 国土资源科技人才数

3.4.2 国土资源科技研发

1. 全国国土资源科技研发

2010—2017年全国国土资源科技项目总数与项目经费总体上呈现先减少后增长的趋势(图3-21)。全国国土资源科技项目总数与科技项目经费相关性较强,项目经费随项目总数增长而增长。2010—2011年,全国国土资源科技项目总数从2010年的1387个减少到2011年的1046个,减少幅度为24.59%。2011—2012年全国国土资源科技项目总数短暂增长,2012—2015年全国国土资源科技项目总数持续减少,2015年达到了该期间的最低值,仅为2010年的60.35%。2015—2017年,全国国土资源科技项目总数总体上又呈现增长趋势。全国国土资源科技项目经费总体上也呈先减少后增长的趋势。2010—2012年,全国国土资源科技项目经费先减少再增加。2012—2015年,全国国土资源科技项目经费持续减少,2015年达到最低值,只占2010年的39.86%。2015—2017年,全国国土资源科技项目经费总体上又呈现增长趋势。总的来看,全国国土资源科技项目总数和项目经费都随矿业形势的变化而呈现增长或下降的趋势,且变化幅度较大。矿业要绿色高质量发展,助力"双碳"目标实现,今后应制定相关政策保障国土资源科技投入,提升矿产资源开发利用水平。

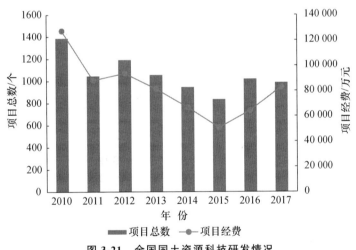

图 3-21 全国国土资源科技研发情况

2. 区域国土资源科技研发

国土资源科技研发按区域分列的情况如图3-22、表3-11、图3-23、表3-12所示(不包括自然资源部属事业单位)。华东地区国土资源科技项目总数居于全国各区域第1,位于全国平均水平以上,但变化幅度较大。东北地区国土资源科技项目总数在各区域中最少,但变化幅度很小。华北地区、华南地区、华中地区、西北地区和西南地区国土资源科技项目总数基本位于全国平均水平附近,变化较大。

华东地区国土资源科技项目总数很大,拉高了全国平均水平。2010—2011年,华东地区项目总数明显减少,从 566 减少到 309 个,减少了 257 个,减少幅度为 45.4%,几乎减少了 1/2。2011—2012 年,华东地区项目总数明显增长,2012 年项目总数基本与 2010 年一致。2012—2014 年,华东地区项目总数再次明显减少,2012—2013 年减少幅度为 24.6%,减少了 137 个,2013—2014 年减少幅度为 47.7%,减少了 201 个。2014—2017 年,华东地区项目总数呈缓慢增长趋势,2014—2017 年增长了 131 个,增长了 59.5%。

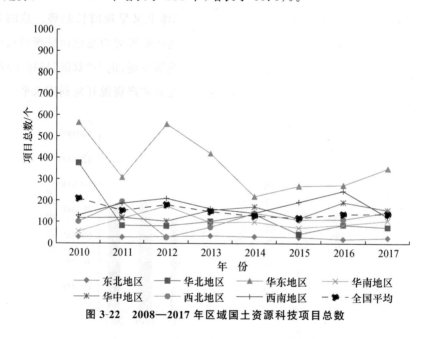

图 3-22　2008—2017 年区域国土资源科技项目总数

表 3-11　区域国土资源科技项目总数情况　　　　　　　　　单位:个

年　份	东北地区	华北地区	华东地区	华南地区	华中地区	西北地区	西南地区
2010	31	377	566	57	120	103	133
2011	30	84	309	117	122	196	188
2012	32	82	558	175	105	28	211
2013	36	104	421	99	156	76	163
2014	32	137	220	101	172	142	143
2015	29	44	269	73	117	111	194
2016	20	87	273	88	193	113	246
2017	26	76	351	107	157	147	125

西南地区国土资源科技项目总数整体上略高于全国平均水平,变化幅度较

大。2010—2012 年,项目总数不断增长,两年时间增长了 78 个,增长幅度为 58.6%。2012—2014 年,项目总数不断减少,2014 年项目总数基本与 2010 年一致,2 年时间减少幅度与前两年增长幅度基本一致。2014—2016 年,项目总数不断增长,2014—2015 年增长了 51 个,增长幅度为 35.7%,2015—2016 年增长了 52,增长幅度为 26.8%。2017 年项目总数明显减少。

华北地区国土资源科技项目总数变化较大,总体呈减少趋势。2010—2012 年,项目总数是减少,2010—2011 年减少幅度最为明显,减少了 293 个,2011—2012 年减少幅度小,只减少了 2 个项目。2012—2014 年,项目总数不断增长,2 年时间一共增长了 55 个。2014—2017 年,项目总数呈减少趋势,其中 2014—2015 年减少幅度最为明显,减少了 93 个项目。

西北地区国土资源科技项目总数变化较大。2010—2011 年,项目总数是增长的,增长了 93 个,增长幅度为 90.3%。2011—2012 年,项目总数是减少。2012—2014 年,项目总数是增长的,2012—2013 年从 28 个增长到 76 个,增长了 48 个,2013—2014 年从 76 个增长到 142 个,增长了 66 个。2014—2016 年,项目总数 2 年时间减少了 29 个。在 2017 年,项目总数再次回升,相比上一年增长了 34 个。

华南地区国土资源科技项目总数变化较大,2010—2012 年呈增长趋势,从 2010 年的 57 个增长到 2012 年的 175 个,增长幅度较大。2012—2016 年项目总数整体呈减少趋势,与 2012 年相比,2016 年项目总数几乎减少了 1/2。在 2017 年项目总数有所回升,回升幅度不大。

华中地区国土资源科技项目总数变化较大,2010—2014 年,华中地区项目总数整体呈增长趋势,只在 2012 年有所减少,5 年时间增加了 52 个项目。2014—2017 年项目总数变化不规律,2014—2015 年项目总数是减少的,减少了 55 个,2015—2016 年项目总是增加的,增加了 76 个,2016 年达到峰值 193 个,2017 年再次减少。

东北地区国土资源科技项目总数较少,变化不大,2010—2017 年,每年的项目总数大约为 30 个。

通过对比发现,各区域项目总数与各区域科技人才数相关性很差,今后要注重利用项目来支撑人才的培养(图 3-20,图 3-22)。

全国各区域国土资源科技项目经费变化较大,华北地区、华东地区和西北地区项目经费多处于全国平均水平以上,华南地区项目经费基本位于全国平均水平附近,东北地区、华中地区和西南地区项目经费基本位于全国平均水平以下(图 3-23,表 3-12)。

西北地区项目经费变化非常大,2010—2012 年,西北地区项目经费明显减少,减少幅度非常大。2010—2011 年,从 39 457.84 万元减少到 28 749.86 万元,减少了 10 707.98 万元;2011—2012 年,从 28 749.86 万元减少到 1406 万元,项目经费急剧减少,减少了 27 343.86 万元。2012—2014 年,西北地区项目经费是增长的,增长幅度大,2013—2014 年从 6869.00 万元增长到 21 650.00 万元,增长了 14 781.00 万元。2014—2017 年,西北地区项目经费整体呈减少趋势,2014—2015 年减少幅度较大,减少了 8607.00 万元。2015—2017 年西北地区项目经费变化不大。

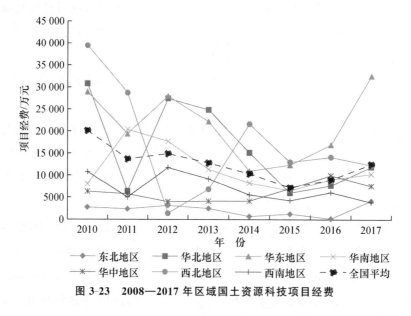

图 3-23　2008—2017 年区域国土资源科技项目经费

华东地区项目经费变化较大,整体位于全国平均水平以上。2010—2011 年华东地区项目经费是减少的,从 28 944.17 万元减少到 19 413.09 万元,减少了 9531.08 万元。2011—2012 年项目经费是增加的,2012 年项目经费为 28 023.21 万元,与 2010 年项目经费基本一致。2012—2014 年,项目经费呈减少趋势,2013—2014 减少幅度较大,从 22 215.00 万元减少到 11 005.00 万元,减少了 11 210.00 万元,几乎减少了 1/2。2014—2017 年,华东地区项目经费呈增长趋

表 3-12　区域国土资源科技项目经费情况　　　　　单位:万元

年份	东北地区	华北地区	华东地区	华南地区	华中地区	西北地区	西南地区
2010	2780.48	30 809.30	28 944.17	8083.00	6365.00	39 457.84	10 843.82
2011	2398.22	6386.00	19 413.09	20 428.85	5803.04	28 749.86	5035.16
2012	3175.07	27 479.67	28 023.21	17 735.11	4028.42	1406.00	11 791.30
2013	2524.00	24 895.00	22 215.00	11 402.00	4165.00	6869.00	9230.00
2014	729.00	15 166.00	11 005.00	8313.00	4205.00	21 650.00	5603.00
2015	1273.00	6053.00	12 391.00	6576.00	7068.00	13 043.00	4325.00
2016	203.00	7716.00	16 952.00	9082.00	10 013.00	14 170.00	6156.00
2017	4258.00	11 943.00	32 590.00	10 366.00	7633.00	12 342.00	3924.00

势,2014—2016年,增长幅度较小,增长了5947.00万元,2016—2017年增长幅度较大,从16 952.00万元增长到峰值32 590.00万元,增长了15 638.00万元。

华北地区项目经费变化较大,整体呈减少趋势。2010—2011年,项目经费明显减少,从30 809.30万元减少到6386.00万元,减少了24 423.30万元。2011—2012年,项目经费明显增长,2012年项目经费为27 479.67万元,基本恢复到了2010年水平。2012—2015年,项目经费呈减少趋势,2012—2013年减少不明显,减少了2584.67万元,2013—2014年明显减少,减少了9729.00万元,2014—2015年项目经费也明显减少,减少9113.00万元。2015—2017年项目经费呈增长趋势,两年时间增长了5890.00万元。

华南地区项目经费变化不规律。2010—2011年,项目经费明显增长,从8083.00万元增长到20 428.85万元,增长了12 345.85万元。2011—2015年,项目经费呈减少趋势,2011—2013年减少幅度相对较大,2011—2012年减少了2693.74万元,2012—2013年减少了6333.11万元,2013—2015年减少幅度较小,两年时间减少了4826.00万元。2015—2017年,项目经费有所回升,两年增长了3790.00万元。

西南地区项目经费整体呈减少趋势,变化幅度不大。2010年和2012年项目经费基本一致,约为11 000万元,但2011年项目经费为5035.16万元,相对于2010年和2012年较少。2012—2017年,项目经费呈减少趋势,只有在2016年有所回升,回升幅度较小。

华中地区项目经费变化不大,项目经费较少,位于全国平均水平以下。东北地区项目经费也较少。

总的来看，全国各区域国土资源科技项目经费存在两方面的问题：一是有些区域项目经费不稳定，变化很大，比如华北地区、华东地区和西北地区；二是有些区域项目经费较少，比如东北地区、华中地区和西南地区。因此今后一方面要出台政策保证国土资源科技项目经费的稳定投入，另一方面还要继续加大一些区域的项目经费投入。

3. 区域国土资源科技项目总数、项目经费象限图分析

为了进一步分析各区域国土资源科技人才总数与项目总数的关系，不考虑自然资源部的部属事业单位，仅以各地区的国土资源科技人才数与项目总数为分析对象，以2008—2017年各区域国土资源科技人才数与项目总数的平均值分别作为横坐标和纵坐标，以全国平均值为中心点，得到国土资源科技人才数与项目总数的象限图如图3-24所示。在第一象限中只有华东地区，科技人才数在全国7个区域中是最多的。尽管华东地区的项目总数比华南地区少，但其项目经费却是7个区域中最多的，区域经济发展水平与科学技术水平是一致的；第二象限仅有西南地区，其特征在于国土资源项目总数和科技人才数相对较多；第三象限包括东北地区和西北地区，科技人才数少，项目总数也较少，今后在这些地区应加大国土科技投入，加强科技人才的培养，进一步增加国土资源科技创新能力；第四象限包括华北地区、华南地区以及华中地区，相对于第三象限的地区而言，科技人才数较多，但面临项目总数少、经费投入不足的问题，今后要在这些地区加大国土资源科技创新投入。

为了进一步分析各区域国土资源科技项目经费与矿业碳排放量的关系，以2008—2017年各区域项目经费与矿业碳排放量的平均值分别作为横坐标和纵坐标，以全国平均值为中心点，得到项目经费与矿业碳排放量的象限图如图3-25所示。第一象限包括华北地区、华东地区。这两个地区的年产矿量在7个地区中排前两位，与此相对应的是其矿业碳排放量也较高。华东地区总体上是经济发达地区，也是7个地区中国土资源科技项目经费投入最多的地区。第二象限包括华中地区和西南地区，第三象限包括东北地区和华南地区，前者相对于后者而言，在国土资源科技项目投入总体相当的情况下，矿业碳排放量却较高。在西南地区、华中地区今后要加大国土资源科技项目经费投入，加强科技创新，进一步减少矿业碳排放量。

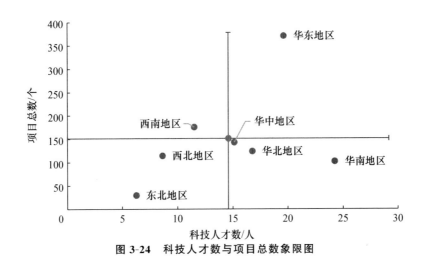

图 3-24 科技人才数与项目总数象限图

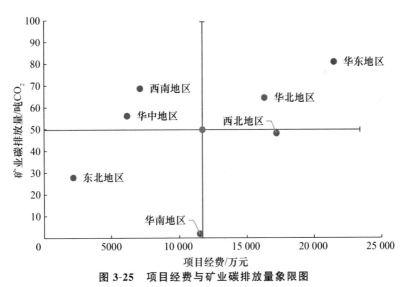

图 3-25 项目经费与矿业碳排放量象限图

3.4.3 国土资源科技成果

全国国土资源科技研发成果数量每年不断增长,核心论文和专利数量增长明显,科技著作数量基数较小,整体增长幅度也较大(图 3-26,表 3-13)。全国国土资源科技专利数量整体呈增长趋势,增长幅度非常大。2008—2010 年专利数量明显增长,2008—2009 年增长了 852 个,几乎增长了一倍,2009—2010 年增长了 787 个。2010—2011 年,专利数量有所减少,2011 年专利数量为

1953个,相比2010年减少了650个,2011年专利数量与2009年基本一致。2011—2017年,专利数量明显增长,每年增长量较为稳定,2017年专利数量为6746个,比2011年增长了4793个,比2011年增长了两倍多。

全国国土资源核心论文数量整体上看,呈增长趋势,增长幅度较小。2008—2011年核心论文数量呈增长趋势,增长幅度较小,2008—2011年增长了845篇。2012—2013年核心论文数量有较明显增长,增长了828篇。2014—2017年,核心论文数量呈增长趋势,增长幅度不大,4年时间增长了779篇。

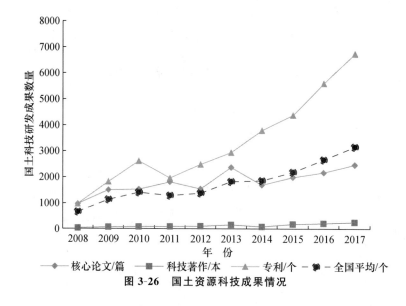

图3-26 国土资源科技成果情况

表3-13 国土资源科技成果情况

年 份	核心论文/篇	科技著作/本	专 利/个
2008	959	33	964
2009	1496	66	1816
2010	1521	77	2603
2011	1804	86	1953
2012	1536	96	2477
2013	2364	154	2934
2014	1685	80	3790
2015	1983	177	4378
2016	2166	208	5597
2017	2464	251	6746

全国国土资源科技著作数量变化不大,数量较少。2008—2013 年,科技著作数量呈增长趋势,增长幅度较大,从 2008 年的 33 本增加到 2013 年的 154 本,增加了 121 本。2013—2014 年,科技著作数量明显减少,减少了 74 本。2014—2017 年,科技著作数量呈增长趋势,增长了 171 本。

3.5 中国绿色矿业发展概况

3.5.1 绿色矿山建设

1. 国家级绿色矿山试点单位

2007 年,中国国际矿业大会提出了"绿色矿业",开始了绿色矿山建设工作在全国范围内的"谋篇布局"(孙映祥 等,2020)。2008 年,《全国矿产资源规划(2008—2015 年)》提出了发展绿色矿业的明确要求,确立了"到 2020 年基本建立绿色矿山格局"的战略目标。2010 年,《关于贯彻落实全国矿产资源规划发展绿色矿业建设绿色矿山工作的指导意见》为全面落实规划目标任务指明了方向,提出了国家级绿色矿山建设基本条件,由此标志着我国绿色矿山建设正式开始启动。

2011 年,国土资源部公布了首批国家级绿色矿山试点单位,包括煤炭、黑色金属、有色金属、黄金、化工和建材 6 个行业的 37 家单位。2012 年,国土资源部公布了第二批国家级绿色矿山试点单位,涉及 28 个省、自治区、直辖市的 183 家单位。第二批国家级绿色矿山试点单位与首批国家级绿色矿山试点单位相比较,地域分布更为广泛。2013 年,国土资源部公布了 239 家第三批国家级绿色矿山试点单位,其中 181 家由全国 29 个省、自治区、直辖市推荐,占第三批国家级绿色矿山试点单位的 75.73%,其余的 58 家由中央直属企业或行业协会推荐,试点单位涉及 28 个省、自治区、直辖市。2014 年国土资源部公布了第四批 202 家国家级绿色矿山试点单位。

2011—2014 年,国土资源部分四批共确定了 661 家国家级绿色矿山试点单位,占 2014 年全国矿山总数的 0.72%。从区域分布看,华东地区、华北地区最多,分别占到了全部国家级绿色矿山试点单位总数的 25.42% 和 18.46%;华南地区国家级绿色矿山试点单位无论是数量还是占比,都是 7 个地区中最小的。按行业分布统计,国家级绿色矿山试点单位主要分布在煤炭、有色金属、黑色金属、黄金和化工等行业。

表 3-14　国家级绿色矿山试点单位区域分布与占比情况

序　号	区　域	试点单位数量/家	占　比/%
1	华北地区	122	18.46
2	东北地区	81	12.25
3	华东地区	168	25.42
4	华南地区	62	9.38
5	华中地区	63	9.53
6	西北地区	99	14.98
7	西南地区	66	9.98

2. 国家级绿色矿山名录

2017 年,国土资源部、财政部、环境保护部、国家质检总局、银监会、证监会联合印发《关于加快建设绿色矿山的实施意见》,明确了基本形成绿色矿山建设新格局、构建矿业发展方式转变新途径和建立绿色矿业发展工作新机制的三大建设目标,标志着我国绿色矿山建设由试点探索阶段转向全面推进阶段(孙映祥 等,2020)。2019—2020 年,自然资源部开展遴选并向社会公告了全国绿色矿山名录。全国绿色矿山名录是在国家级绿色矿山试点单位名单的基础上提出和发展而来的(董煜 等,2020),列入名录的单位在矿山环境、资源开发利用、科技创新、节能减排等方面应有较为突出的建设成效,能起到引领和标杆作用。全国绿色矿山名录在发展绿色矿业中起到信息公示与信用公示、加强动态监管、增进矿山自身发展、增加矿山企业沟通和成为矿山管理工作抓手和补充的功能(董煜 等,2020)。

2019 年,自然资源部组织开展全国绿色矿山遴选。原国家级绿色矿山试点单位提出申请,不经过第三方评估直接进入全国绿色矿山名录;非国家级绿色矿山试点单位则由企业自评,再经第三方评估、省级遴选推荐。经审核和社会公示后 953 家单位被纳入到全国绿色矿山名录,其中 398 座矿山为原国家级绿色矿山试点单位,占 661 家国家级绿色矿山试点单位的 60.21%,表明全国绿色矿山试点工作成效较为显著。

2020年，自然资源部在企业自评、第三方评估、省级核查推荐基础上，经审核和社会公示，将301家矿山纳入全国绿色矿山名录。绿色矿山数量排名前10的省份有新疆维吾尔自治区、山西省、辽宁省、河北省、山东省、河南省、内蒙古自治区、安徽省、湖北省和陕西省。截至2020年底，全国绿色矿山的区域分布如表3-15所示，华北地区有226家，占18.02%；东北地区有102家，占8.13%；华东地区有334家，占26.63%；华南地区有93家，占7.42%；华中地区有226家，占18.02%；西北地区有167家，占13.32%；西南地区有106家，占8.45%。

表3-15 国家级绿色矿山区域分布与占比情况

序号	区域	绿色矿山数量/家	占比/%
1	华北地区	226	18.02
2	东北地区	102	8.13
3	华东地区	334	26.63
4	华南地区	93	7.42
5	华中地区	226	18.02
6	西北地区	167	13.32
7	西南地区	106	8.45

3.5.2 绿色矿业发展示范区建设

《全国矿产资源规划(2016—2020年)》提出要"建设一批绿色矿业发展示范区，由点到面、集中连片推动绿色矿业发展"。《国土资源"十三五"规划纲要》也提出要大力推进绿色矿山和绿色矿业发展示范区建设，规划建设50个以上绿色矿业发展示范区。2017年，国土资源部《关于开展绿色矿业发展示范区建设的函》要求各地按照政策引导、地方主体、一区一案、突出特色、创新驱动、示范引领的原则，择优开展绿色矿业发展示范区建设。

为推动绿色矿业发展，促进矿业领域生态文明建设，自然资源部按照《关于加快建设绿色矿山的实施意见》的有关要求，经省级推荐、专家评审、实地调研和社会公示，共确定50家绿色矿业发展示范区(图3-27)。绿色矿业发展示范区数量前8名的省、自治区有湖北省、山东省、河南省、江苏省、江西省、广西壮族自治区、四川省和新疆维吾尔自治区。其中，最多的是湖北省，有5家绿色矿业发展示范区;排名第二的是山东省与河南省,分别有 4 家绿色矿业发展示范区。对于绿色矿业发展示范区建设范围划分,主要是以县域单元开展绿色矿业发展示范区建设,占全部绿色矿业发展示范区的 72%;其次是地级市或地级市的矿产资源开发比较集中的区县,如江苏淮安盐盆绿色矿业发展示范区、山东莱州-招远绿色矿业发展示范区等。从区域分布看(表 3-16),华东地区、华中地区最多,分别有 15 家和 11 家,分别占到了绿色矿业发展示范区总数的 30% 和 22%;华北地区和东北地区较少,共有 5 家绿色矿业发展示范区,共占总数的 10%。

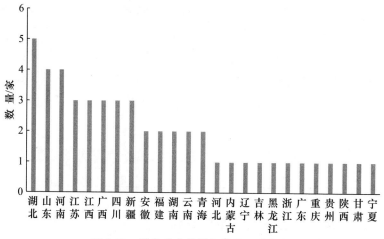

图 3-27　绿色矿业发展示范区区域分布

表 3-16　绿色矿业发展示范区分布与占比情况表

序　号	区　域	试点单位数量/家	占　比/%
1	华北地区	2	4
2	东北地区	3	6
3	华东地区	15	30
4	华南地区	4	8
5	华中地区	11	22
6	西北地区	8	16
7	西南地区	7	14

第4章
中国绿色矿业发展指数

自2007年以来,中国绿色矿业已走过十余年的发展历程,在矿区环境、资源高效开发利用、节能减排、科技创新与矿地和谐方面取得了重大的成就。通过建立一套宏观绿色矿业发展的测度指标和测度方法,构建指数测算体系,对全国绿色矿业整体发展水平进行测度,分析其演进的历程和发展趋势,对绿色矿业发展具有重要现实意义。

 中国绿色矿业发展指数测度指标与数据处理

4.1.1 中国绿色矿业发展指数测度指标

在第2章绿色矿业发展测度框架研究中,确定的绿色发展指数指标体系分为总指数—分指数—指标层的纵向层次的框架结构。绿色矿业发展指数用来反映绿色矿业发展的总体水平和效果;分指数从不同的维度反映矿业发展的绿色程度;指标体系具体描述了状态指标的发展水平。分指数包括矿产资源节约集约开发、生态环境保护、科技创新与安全和谐4个分指数,每个分指数又包含若干个测度指标(黄洁 等,2020;Luo et al.,2023)。

1. 矿产资源节约集约开发分指数

党的十六大以来,原国土资源部以节约集约为统领,把推进资源节约利用作为国土资源管理改革与发展的主攻方向。一是加强科技创新。大力发展绿色勘探技术、开采技术,进而提高资源产出率。二是优化矿业结构,包括规模结构、产品结构等。通过"政府引导、优化整合"提升大中型矿山在全部矿山中的占比,推进规模化、集约化绿色开发。三是提高矿业规模化水平。大中型矿山在技术、人才、规范化管理以及矿山地质环境保护与恢复治理等方面具有优势,提高矿业规模化水平,有助于矿业科技创新,提高矿业整体水平,高标准高质量推进矿业开发转型升级。四是要提高矿产资源综合利用水平。矿产资源是不可再生资源,对开发的矿产除了要提高开采回采率、选矿回收率外,还要加强表外矿、低品位矿的利用,以及共伴生资源的利用,提高矿产资源综合利用水平,增加矿业综合利用产值。因此,矿产资源节约集约开发分指数设置了资源产出率、大中型矿山比例、矿山平均矿业产值、清洁能源生产比例4个指标(表4-1)。

2. 生态环境保护分指数

矿业活动包括矿产资源勘查、矿产资源开发等,不可避免会对环境产生扰动。在矿业活动中,通过创新勘查开发技术,大力推广《国家鼓励发展的环境保护技术目录》《国家重点节能技术推广目录》《节能机电设备(产品)推荐目录》《矿产资源节约与综合利用先进适用技术推广目录》等,选用国家鼓励、支持和推广的采选工艺、技术和装备,在提高矿产资源利用效率的同时降低矿业的能源消耗。减少矿业活动的各种废弃物,减少对水资源、土地资源的消耗,对已破坏的矿区环境进行恢复与治理。生态环境保护分指数设置了万元矿业产值废水排放量、万元矿业产值废气排放量、万元矿业产值固体废弃物排放量和矿山地质环境恢复治理面积4个指标(表4-1)。

3. 科技创新分指数

矿业要创新发展,实现绿色勘查和绿色开采。矿业每年要从营收中拿出一定比例收入,用于科技研发投入,保障人才引进、技术创新和技术改造的需要。人才是绿色矿业发展的重要因素,提高矿产资源勘查、开采水平,绿色矿山企业规模化生产和先进技术的引进、研发都对人才有着极大的需求。矿业要提高技术人员的比例,特别是高层次人才;通过科技创新,形成一大批国土资源科技成果,提高矿产资源开发利用水平,降低矿业能耗。科技创新分指数设置了科技研发投入、国土资源科技成果、高层次科技人才和万元矿业产值能耗4个指标(表4-1)。

4. 安全和谐分指数

政府管理部门是绿色矿业发展的重要主体之一。自然资源管理部门要建立绿色矿业管理组织机构,提高政府管理部门对绿色矿业发展的指导与引领,减少矿业活动中的勘查、开采违法案件的数量;引导矿山企业提升企业治理能力和治理水平以及提升处理应急事件的能力,减少和杜绝矿山生产中安全生产事故的发生;矿山企业履行企业社会责任,积极投入技术、物资和资金,促进矿地和谐发展;矿业要通过资源的节约集约利用、科技创新等,减少矿业碳排放量,为和谐发展做出贡献。安全和谐分指数设置了勘查、开采违法案件立案数量,安全生产事故起数,矿业从业人员平均收入,矿业碳排放量4个指标(表4-1)。

表4-1　绿色矿业发展指数测度指标

分指数	指　　标	含　　义	指标性质
矿产资源节约集约开发分指数 B_1	资源产出率 C_{11}/(亿元/万吨)	GDP与矿产资源消费量的比值	正向
	大中型矿山比例 C_{12}/%	大中型以上的矿山数量占矿山总数的百分比	正向
	矿山平均矿业产值 C_{13}/万元	矿业工业总产值与矿山数的比例	正向
	清洁能源生产比例 C_{14}	一次性能源生产量中,清洁能源占能源生产总量的比例	正向
生态环境保护分指数 B_2	万元矿业产值废水排放量 C_{21}/(万吨/万元)	矿业排放的废水量与采矿业工业销售产值的比值	逆向
	万元矿业产值废气排放量 C_{22}/(立方米/万元)	矿业排放的废气量与采矿业工业销售产值的比值	逆向
	万元矿业产值固体废弃物排放量 C_{23}/(万吨/万元)	矿业排放的固体废弃物与采矿业工业销售产值的比值	逆向
	矿山地质环境恢复治理面积 C_{24}/平方千米	当年对矿业开采占用、损坏土地面积进行恢复治理的全部面积	正向
科技创新分指数 B_3	科技研发投入 C_{31}	报告期内在研的各类科研项目本年度经费总和	正向
	国土资源科技成果 C_{32}	矿业领域专利、科技著作、核心论文的加权和	正向
	高层次科技人才 C_{33}	入选省部级及以上人才计划的人员	正向
	万元矿业产值能耗 C_{34}/(吨标准煤/万元)	产生1万元的矿业产值消耗多少能源	逆向

(续表)

分指数	指　　标	含　　义	指标性质
安全和谐分指数 B_4	勘查、开采违法案件立案数量 C_{41}/件	年度对勘查、开采登记等违法案件立案查处的案件数	逆向
	安全生产事故起数 C_{42}/起	煤矿、金属与非金属矿山事故起数的总数	逆向
	矿业从业人员平均收入 C_{43}/元	清洁能源生产量占能源生产总量的比例,表示能源结构	正向
	矿业碳排放量 C_{44}/百万吨 CO_2	矿业的 6 个行业碳排放量的总和	逆向

4.1.2 指标数据获取及处理

绿色矿业发展指数指标有总量指标和相对指标,有单独指标和合成指标,量纲不同,其数值的数量级相差较大。绿色矿业发展指数是 4 个分指数的加权和,每个分指数也是多个测度指标的合成指标。在进行中国绿色矿业发展指数测度时,为了保证不同量纲指标之间能够进行有效的合成,需要对原始数据进行标准化处理。绿色矿业发展指数是宏观尺度反映总体情况的一个相对数,为保障指数的纵向可比性,采用定基测算指标增速的方法(黄洁 等,2018)。

假设有 m 个指标,共有 n 年的观测值,即可获得一个多维时间序列,该时间序列形成了原始数据矩阵 $Z=(z_{ij})_{m \times n}$,根据正向指标、负向指标等不同的属性采取的方法如下:

① 确定基年,基年指标得分为 1;
② 根据指标的属性,分别计算报告年的指标值相对于基年的增量。

正向指标计算公式为

$$x_{ij}=1+\frac{z_{ij}-z_{ij}^{by}}{z_{ij}^{by}} \tag{4-1}$$

逆向指标计算公式为

$$x_{ij}=1+\frac{z_{ij}^{by}-z_{ij}}{z_{ij}^{by}} \tag{4-2}$$

式中,x_{ij} 是经过处理后的数据,z_{ij}^{by} 代表第 j 个分指数的第 i 个指标的基年观测值,z_{ij} 表示第 j 家分指数的第 i 家指标的 t 年观测值。根据公式(4-1)和(4-2)可以得到对原始预测数据进行处理后的数据矩阵 $X=(x_{ij})_{m \times n}$。

4.1.3 指标权重计算

绿色矿业发展测度指标共有两层,一级指标 4 个,二级指标 16 个。假设获取指标的原始数据矩阵 $X=(x_{ij})_{m\times n}$,层次分析法确定的权重为 W^{A},包括一级指标权重 W^{1A} 和二级指标权重 W^{2A};熵值法确定的权重为 W^{E},包括一级指标权重 W^{1E} 和二级指标权重 W^{2E};组合法确定的权重为 W^{C},包括一级指标权重 W^{1C} 和二级指标权重 W^{2C}。

1. 层次分析法

绿色矿业发展指数指标体系是一个具有分层结构的体系,故将层次分析法用于一级指标和二级指标权重的确定。邀请专家对各一级指标和二级指标的重要性进行比较,构造出一级指标和二级指标的判断矩阵,再计算出各自的指标权重。

(1) 计算一级指标层中指标的权重

通过层次分析法,计算矿产资源节约集约利用、生态环境保护、科技创新与安全和谐 4 个一级指标的权重。首先构造比较标度,并构造目标层对应于准则层的判断矩阵。对于判断矩阵求特征根 $AW=\lambda W$,其最大的特征根 $\lambda_{\max}$ 所对应的特征向量经正规化后作为各因素的排序权重。判断矩阵满足一致性检验要求,确定的权重 W^{1A} 可以接受。层次分析法确定的一级指标权重如表 4-2 所示,在 4 个一级指标中,基于矿产资源节约集约开发比生态环境保护、科技创新、安全和谐 3 个分指数更为重要这一认识,矿产资源节约集约开发分指数的权重最大,为 0.5294,其次是生态环境保护分指数和科技创新分指数,权重最小的是安全和谐分指数。

(2) 计算二级指标层各指标的权重和综合权重

分别以矿产资源节约集约开发、生态环境保护、科技创新与安全和谐 4 个子系统为准则层,应用层次分析法确定所含二级指标权重 $w_{ij}^{2A}(i=1,2,3,4;j=1,2,\cdots,n_i)$。计算出一级指标层和二级指标层中各指标的权重后,通过 $\lambda_{ij}=w_i w_{ij}$ 计算中国绿色矿业发展指数测度指标对应的综合权重(表 4-2)。由表 4-2 可知,与矿产资源节约集约开发分指数权重最大、其余 3 个分指数权重小相对应,矿产资源节约集约开发分指数的资源产出率、大中型矿山比例、矿山平均矿业产值、清洁能源生产比例 4 个二级指标的权重也较大,特别是大中型矿山比例与矿山平均矿业产值这两个二级指标。

表 4-2 基于层次分析法的绿色矿业发展指数指标权重

指 标	权 重	指 标	权 重
矿产资源节约集约开发分指数	0.5294	资源产出率/(亿元/万吨)	0.0778
		大中型矿山比例/%	0.2279
		矿山平均矿业产值/万元	0.1612
		清洁能源生产比例/%	0.0623
生态环境保护分指数	0.3149	万元矿业产值废水排放量/(万吨/万元)	0.1791
		万元矿业产值废气排放量/(立方米/万元)	0.0403
		万元矿业产值固体废弃物排放量/(万吨/万元)	0.0208
		矿山地质环境恢复治理面积/平方千米	0.0747
科技创新分指数	0.1050	科技研发投入	0.0084
		国土资源科技成果	0.0279
		高层次科技人才	0.0101
		万元矿业产值能耗/(吨标准煤/万元)	0.0586
安全和谐分指数	0.0507	勘查、开采违法案件立案数量/件	0.0238
		安全生产事故起数/起	0.0157
		矿业从业人员平均收入/元	0.0063
		矿业碳排放量/百万吨 CO_2	0.0049

2. 熵值法

根据构建的绿色矿业发展测度指标体系,对矿产资源节约集约开发、生态环境保护、科技创新与安全和谐 4 个一级指标以及所包含的 16 个二级指标,应用绿色矿业发展测度框架研究部分的熵值法对各测度指标进行客观赋值。根据测度指标的原始数据矩阵 $X=(x_{ij})_{m \times n}$,按照熵值法计算公式可计算出各指标值的比重,构建归一化矩阵 P,再计算出各指标的熵值和权重 W^E(表 4-3)。由表 4-3 可知,科技创新分指数的权重为 0.4118,是 4 个分指数中权重最大的。与此对应的是科技创新的科技研发投入、国土资源科技成果等二级指标的权重大,而矿产资源节约集约开发分指数的资源产出率、大中型矿山比例、矿山平均矿业产值、清洁能生产比例 4 个二级指标的权重过低。绿色矿业发展离不开科技创新,近十年来新技术、新工艺、新装备等取得了长足发展和进步,推动了绿色矿业发展。但矿产资源节约集约开发利用是绿色矿业发展的根本所在,应赋予其较大的权重。由表 4-3 可知,矿产资源节约集约开发分指数的权重远小于科技创新分指数,并且小于生态环境保护分指数的权重,这不符合一般的认知。

因此,应该结合层次分析法与熵值法的权重,从而给出一个更为科学合理的各分指数权重。

表 4-3 基于熵值法的绿色矿业发展指数指标权重

分指数	权重	指标	权重
矿产资源节约集约开发分指数	0.1922	资源产出率/(亿元/万吨)	0.024 377
		大中型矿山比例/%	0.058 034
		矿山平均矿业产值/万元	0.072 395
		清洁能源生产比例/%	0.037 393
生态环境保护分指数	0.2737	万元矿业产值废水排放量/(万吨/万元)	0.056 806
		万元矿业产值废气排放量/(立方米/万元)	0.050 523
		万元矿业产值固体废弃物排放量/(万吨/万元)	0.084 432
		矿山地质环境恢复治理面积/平方千米	0.081 968
科技创新分指数	0.4118	科技研发投入	0.130 633
		国土资源科技成果	0.173 545
		高层次科技人才	0.064 148
		万元矿业产值能耗/(吨标准煤/万元)	0.043 429
安全和谐分指数	0.1223	勘查、开采违法案件立案数量/件	0.018 805
		安全生产事故起数/起	0.041 892
		矿业从业人员平均收入/元	0.029 926
		矿业碳排放量/百万吨 CO_2	0.031 694

3. 组合法

根据层次分析法确定的绿色矿业发展指数指标的权重因结合了专家的知识,具有较强的合理性,但也存在主观随意性比较大的问题;熵值法对原始数据中的信息进行了充分挖掘,所确定的各指标权重与层次分析法所确定的权重相比,具有很强的客观性,但缺少了专家的智慧与经验。将层次分析法与熵值法确定的权重进行组合,即给予层次分析法确定的权重和熵值法确定的权重一个权值。为了简便起见,赋予 W^A 与 W^E 各 0.5 的权重,最终的组合法权重计算方法为 $W^C = 0.5W^A + 0.5W^E$。各一级指标与二级指标的组合法权重 W^C 如表 4-4 所示。在表 4-4 中,矿产资源节约集约开发分指数权重为 0.360 78,是 4 个分指数中最大的,但相比层次分析法确定的权重要小;生态环境保护分指数的权重排名第二,说明了绿色矿业发展中环境保护与恢复治理的重要性。W^C 相比层次分析法确定的权重 W^A 要小,相比熵值法确定的权重 W^E 要大(图 4-1)。科技创新分指数与安全和谐分指数的权重也同样如此,总体上 W^C

更为科学合理。

表 4-4 基于组合法的绿色矿业发展指数指标权重

分指数	权重	指标	权重
矿产资源节约集约开发分指数	0.360 78	资源产出率/(亿元/万吨)	0.051 107
		大中型矿山比例/%	0.143 015
		矿山平均矿业产值/万元	0.116 795
		清洁能源生产比例/%	0.049 863
生态环境保护分指数	0.294 27	万元矿业产值废水排放量/(万吨/万元)	0.117 931
		万元矿业产值废气排放量/(立方米/万元)	0.045 415
		万元矿业产值固体废弃物排放量/(万吨/万元)	0.052 597
		矿山地质环境恢复治理面积/平方千米	0.078 323
科技创新分指数	0.258 41	科技研发投入	0.069 530
		国土资源科技成果	0.100 728
		高层次科技人才	0.037 134
		万元矿业产值能耗/(吨标准煤/万元)	0.051 021
安全和谐分指数	0.086 55	勘查、开采违法案件立案数量/件	0.021 310
		安全生产事故起数/起	0.028 820
		矿业从业人员平均收入/元	0.018 115
		矿业碳排放量/百万吨 CO_2	0.018 300

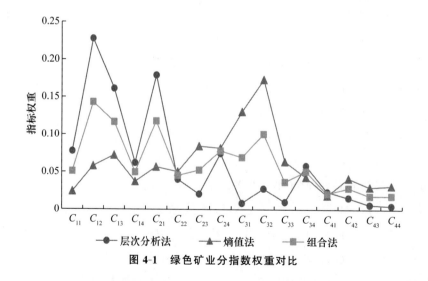

图 4-1 绿色矿业分指数权重对比

4.2 矿产资源节约集约开发分指数

我国矿产资源总量大,但人均矿产资源占有量少,资源禀赋总体不佳,多数大宗矿产储采比过低,甚至低于世界平均水平,资源基础相对薄弱。我国矿产资源开发集约化规模化程度不够,大中型矿山占比小,而小型矿山占比达到80%,产能占比却不足40%,部分矿山采富弃贫、采易弃难,资源浪费现象仍然存在,加快推动转变资源开发利用,推动绿色矿业低碳循环发展任重道远。

矿产资源节约集约开发是绿色矿业发展的重要特征之一。本书通过宏观、中观、微观3个层次构建指标来全面反映我国矿产资源绿色开发水平:宏观上从经济产出视角,反映矿产资源利用效率;中观上从产业发展消耗能源资源视角,反映绿色矿业发展水平;微观上从矿山的层面,通过大中型矿山比例等反映集约化、规模化开采水平。

4.2.1 指标内涵与计算方法

1. 资源产出率

资源产出率主要是指消耗一次资源所产生的国内生产总值(GDP,按不变价计算),资源产出率指标越高,表明自然资源利用效益越高(侯华丽 等,2018)。提高矿产资源产出率,能够以更少的矿产资源消耗和环境扰动获得更高的经济增长。

资源产出率的计算方法为

$$R_O = GDP/S_M$$

式中,R_O 为资源产出率,S_M 为矿产资源的年产矿量。S_M 数据来源于《中国国土资源统计年鉴》。

2. 大中型矿山比例

大中型矿山比例是指设计生产规模达到大中型标准的矿山数量占全部矿山数量的比值,用于表示矿山企业规模开采和集约化生产经营程度,是正向指标。长期以来,我国小型矿山数量众多,所占比例过高,影响了矿业的集中度和规模度,制约了矿业的健康发展。提高大中型矿山比例,优化矿业结构,有助于提升矿业的科技创新能力,有利于矿山地质环境保护与治理恢复,促进矿业高质量持续发展。

大中型矿山比例计算方法为

$$R_M = (L_M + M_M)/T_M$$

式中,R_M 为全国大中型矿山比例,L_M 为大型矿山数量,M_M 为中型矿山数量,T_M 为矿山总量。L_M,M_M,T_M 数据均来源于《中国国土资源统计年鉴》。

3. 矿山平均矿业产值

矿山平均矿业产值是矿山企业报告期内生产的最终工业产品总价值量与全国矿山数的比例,该值越大说明矿业规模开采和集约化生产经营程度越高。

矿山平均矿业产值的计算方法为

$$V_M = IO_M/T_M$$

式中,V_M 为全国矿山平均矿业产值,IO_M 为矿业工业总产值,T_M 为矿山总量。IO_M,T_M 数据均来源于《中国国土资源统计年鉴》。

4. 清洁能源生产比例

清洁能源是指包括其生产和消费在内的开发使用全过程中,具有先进转化利用效率和良好经济性,并对生态环境低污染或无污染的能源,涉及可再生能源(新能源)和非可再生能源。清洁能源在解决化石燃料所引发的环境污染和能源安全问题中具有重要的作用,清洁能源生产比例可作为表征矿产资源绿色开发利用的一个重要指标。

清洁能源生产比例计算公式为

$$R_{CET} = \sum_{i=1}^{n} S_i$$

式中,R_{CET} 为清洁能源生产比例,S_i 为一次性能源生产量中清洁能源占能源生产总量的比重,包括天然气、水电、核电等。S_i 数据来源于《中国能源统计年鉴》。

4.2.2 测度结果与分析

根据构建的矿产资源节约集约分指数测度指标,从《中国国土资源统计年鉴》《中国能源统计年鉴》《中国统计年鉴》等提取指标数据,并分别对正向指标与负向指标采用不同的数据处理方法。在对矿产资源节约集约开发分指数的测度中,各指标分别采用层次分析法、熵值法和组合法得到3种权重,并在3种权重下计算出矿产资源节约集约开发分指数值(表4-5)。从表4-5可以看出,3种权重下安全和谐指数值存在差异,组合法的分指数值总体上介于层次分析法与熵值法所计算的指数值之间,以组合法的分指数值开展讨论。

(1) 矿产资源节约集约开发分指数于2009—2017年总体上呈显著上升趋势(图4-2)。矿产资源节约集约开发测度指标中,资源产出率、矿山平均矿业产值指标受市场影响波动较大,但总体上也呈现出上升趋势;另外,受大中型矿山比例等快速增长的影响,矿产资源节约集约分指数总体上升快。

(2) 2009—2017年资源产出率、大中型矿山比例、矿山平均矿业产值和清洁能源生产比例总体上都呈现出波动上升趋势,且大中型矿山比例、矿山平均矿业产值等指标增长趋势明显,2017年大中型矿山比例、矿山平均矿业产值指标是2009年的2倍多,说明矿产资源节约集约开发水平显著提高。

(3) 资源产出率、大中型矿山比例、矿山平均矿业产值、清洁能源生产比例指标与矿产资源节约集约开发是正相关关系。与此相对应,矿产资源节约集约开发分指数呈现出快速增长势头,2017年矿产资源节约集约开发分指数值是2009年的2倍多。发展绿色矿业,提升矿产资源节约集约开发水平,就要进一步优化矿业结构,提高资源产出率和清洁能源生产比例,推动绿色矿业高质量发展。

表4-5 矿产资源节约集约开发测度指标及分指数

年 份	分指数			指标标准化值			
	层次分析法	熵值法	组合法	资源产出率	大中型矿山比例	矿山平均矿业产值	清洁能源生产比例
2009	1.0000	1.0000	1.0000	1.0000	1.0000	1.0000	1.0000
2010	1.2112	1.2218	1.2140	1.1170	1.1534	1.4004	1.0507
2011	1.3187	1.3615	1.3301	1.2644	1.0773	1.8124	0.9928
2012	1.3922	1.4374	1.4043	1.2649	1.1671	1.8819	1.1087
2013	1.1573	1.1557	1.1569	0.8000	1.2531	1.1879	1.1739
2014	1.4713	1.4812	1.4739	1.0907	1.4838	1.7020	1.3043
2015	1.4347	1.4144	1.4293	0.8960	1.6434	1.4135	1.3986
2016	1.5480	1.5424	1.5465	0.9409	1.7269	1.5703	1.5942
2017	2.0191	2.0435	2.0256	1.2245	2.0249	2.5364	1.6522

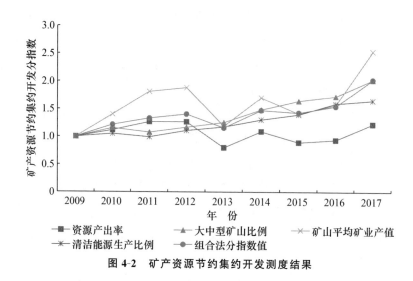

图 4-2　矿产资源节约集约开发测度结果

4.3　生态环境保护分指数

矿产资源开发不可避免地对自然环境产生扰动。在矿产资源勘查阶段，钻孔、探槽等手段对地表植被、土壤等造成破坏。在开发阶段，露天开采剥离表层岩土，破坏矿区植被，堆放也会占用土地，还会产生废气、废水等废弃物。井下开采除产生类似的环境问题，还可能产生开采区地下水破坏、塌陷等矿山地质环境问题。发展绿色矿业，一是要通过引入先进的装备，创新勘查开发技术、工艺，提升勘查开发水平；二是要对已造成的环境破坏，加强恢复治理；三是要通过对矿业产生的尾矿、废石、废渣等废弃物综合利用，提高经济效益和生态效益。

4.3.1　指标内涵与计算方法

1. 矿山地质环境恢复治理面积

矿山地质环境恢复治理面积，是指当年对矿业开采占用、损坏土地面积进行恢复治理的全部面积，包括复垦、塌陷、还林、还草、建设使用等面积，是反映矿业在占用、损坏土地后进行环境治理的指标。矿山地质环境恢复治理面积数据主要来源于《中国国土资源统计年鉴》。

2. 万元矿业产值固体废弃物排放量

矿业固体废弃物在勘查和开采阶段均有产生，包括开发利用阶段产生的废石、尾矿、煤矸石等。矿业固体废弃物都具有资源属性、环境扰动属性（冯安生等，2018），在发展绿色矿业、实现矿业可持续高质量发展过程中，查明矿业固体废弃物的排放和利用现状，加强合理或无害化处置的意义重大。矿业固体废弃物排放量包括煤炭开采和洗选业、石油和天然气开采业、黑色金属矿采选业、有色金属矿采选业、非金属矿采选业、开采专业及辅助性活动、其他采矿业所产生的废弃物。

矿业固体废弃物排放量采用万元矿业产值固体废弃物产生量来表征，指报告期内经过矿业产生的固体废弃物的总质量之和与矿业工业总产值的比例，是反映矿山企业工业固体废弃物高低的综合指标。计算方法为

$$T_{sw} = \left(\sum_{i=1}^{7} t_{gsw} + \sum_{i=1}^{7} t_{dsw} \right) \Big/ V_{GIO}$$

式中，T_{sw} 为万元矿业产值固体废弃物排放量，t_{gsw} 为矿业一般工业固体废弃物产生量（单位为万吨），t_{dsw} 为矿业危险废物产生量（单位为万吨），V_{GIO} 为矿业工业总产值。数据来源于《中国环境统计年鉴》。

3. 万元矿业产值废水排放量

矿业废水排放量包括煤炭开采和洗选业、石油和天然气开采业、黑色金属矿采选业、有色金属矿采选业、非金属矿采选业、开采专业及辅助性活动、其他采矿业所产生的废水。矿业废水排放量采用万元矿业产值废水排放量表征，是指报告期内经过矿山企业厂区所有排放口排到企业外部的工业废水量与矿业工业总产值的比值，是矿山企业工业废水排放总量指标，表示废水排放对环境的扰动强度。万元矿业产值废水排放量的计算方法如下：

$$T_{ww} = N_{ww}/V_{GIO}$$

式中，T_{ww} 为万元矿业产值废水排放量，N_{ww} 为矿业废水排放量，V_{GIO} 为矿业工业总产值。

4. 万元矿业产值废气排放量

矿业废气排放量包括煤炭开采和洗选业、石油和天然气开采业、黑色金属矿采选业、有色金属矿采选业、非金属矿采选业、开采专业及辅助性活动、其他

采矿业所产生的废气。万元矿业产值废气排放量是指报告期内矿山企业厂区内燃料燃烧和生产工艺过程中产生的各种排入空气中含有污染物的气体的总量与矿业工业总产值的比例,是矿山企业工业废气排放总量指标,表示废气排放对环境的扰动强度。万元矿业产值废气排放量的计算方法如下:

$$T_{wg} = N_{wg}/V_{GIO}$$

式中,T_{wg} 为万元矿业产值废气排放量,N_{wg} 为矿业废气排放量,V_{GIO} 为矿业工业总产值。

4.3.2 测度结果与分析

根据构建的生态环境保护分指数测度指标,从《中国国土资源统计年鉴》《中国能源统计年鉴》等提取指标数据,并分别对正向指标与负向指标采用不同的数据处理方法,得到的生态环境保护分指数指标数据如表4-6所示。

(1)万元矿业产值废水排放量、万元矿业产值废气排放量、万元矿业产值固体废弃物排放量等指标在2009—2017年呈现波动情况(图4-3),但2016年大部分指标值开始下降。相比矿业废气、矿业废水,矿业固体废弃物排放量大,占工业固体废弃物产生量的比例高。矿业产生的尾矿、废石等固体废弃物总量总体呈下降趋势,与此对应的是万元矿业产值固体废弃物排放量2016年后开始下降;矿业废水排放量占工业废水的比例则相对较小。矿业废水排放量与矿业工业总产值关系密切,总体上呈正相关,即随着矿业工业总产值的增加,其废水排放量也同步增长;矿业废气排放量与固体废弃物排放量、废水排放量有相同的规律。矿山地质环境恢复治理面积随着国家和矿山企业的重视以及矿山环境恢复治理投入的增加,尽管2009—2017年有波动,但总体上有增加,矿山地质环境得到了不断改善。

(2)2009—2017年生态环境保护分指数值受万元矿业产值废水排放量、万元矿业产值废气排放量、万元矿业产值固体废弃物排放量、矿山地质环境恢复治理面积等指标影响,尽管有波动变化但总体上呈现出增长态势。2012年、2014年等年份生态环境保护分指数有所下降,究其原因是尽管矿山地质环境恢复治理面积增加,但不足以抵消万元矿业产值废水排放量、万元矿业产值固体废弃物排放量、万元矿业产值废气排放量增加的影响。2015年后各指标有所改善,生态环境保护分指数回升,矿山生态地质环境总体向好。

（3）矿业要不断完善创新体系，通过产、学、研、用等途径，推进矿产资源开采和综合利用、节能减排、"三废"利用等环节的科技创新和技术进步，提高企业装备水平，改进工艺，实现社会效益、生态效益和企业效益的最大化。

表 4-6 生态环境保护测度指标及分指数

年份	分指数			指标标准化值			
	层次分析法	熵值法	组合法	万元矿业产值废水排放量	万元矿业产值废气排放量	万元矿业产值固体废弃物排放量	矿山地质环境恢复治理面积
2009	1.0000	1.0000	1.0000	1.0000	1.0000	1.0000	1.0000
2010	0.9872	1.0205	1.0027	0.8811	0.8766	0.9062	1.3236
2011	1.1238	1.2255	1.1711	0.9288	0.7077	1.1757	1.8015
2012	0.9985	1.0878	1.0400	0.9289	0.9963	1.2374	1.1002
2013	1.3802	1.4205	1.3989	1.5608	1.2713	1.9802	0.8389
2014	1.1215	1.1989	1.1575	1.1196	1.1278	1.4601	1.0288
2015	1.3904	1.4525	1.4193	1.4846	1.3786	1.8809	1.0345
2016	1.5191	1.5982	1.5559	1.6237	1.5274	2.1066	1.1005
2017	1.3904	1.5265	1.4537	1.2070	1.1283	1.6058	1.9118

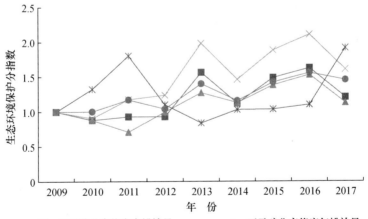

图 4-3 生态环境保护分指数测度结果

4.4 科技创新分指数

发展绿色矿业不仅仅是矿区的复绿,还包含资源的开发利用、节能减排等多个方面。在矿产资源开发利用中要通过技术进步,提高矿产资源开采回采率、回收率和综合利用率,淘汰落后装备,减少废水、废气和固体废弃物的排放。企业应通过产、学、研、用等提高企业的创新能力和资源开发利用水平。人才是绿色矿业发展的重要因素之一,绿色矿山企业的规模化生产和先进技术的引进、研发都对人才有着极大的需求。

4.4.1 指标内涵与计算方法

1. 高层次科技人才

国土资源高层次科技人才选取入选省部级及以上人才计划的人员,包括入选国家百千万人才工程、国家千人计划、部科技创新人才工程、省级科技人才计划等的人员。统计范围包括省、自治区、直辖市自然资源管理部门和自然资源部直属的科学研究与技术开发机构、规划院、信息中心、整治中心、油气中心等。数据来源于《中国国土资源统计年鉴》。

2. 科技研发投入

实现矿业可持续高质量发展,必须加强国土资源科技研发投入,包括在绿色勘查技术与装备、绿色开采技术与装备以及矿山地质环境恢复与治理等方面的投入。根据我国国土资源科技研发的数据资料,衡量国土资源科技研发投入可使用国土科技项目总数、项目年度经费总数等指标。项目年度经费总数是指报告期内在研的各类科研项目年度经费总和。数据来源于《中国国土资源统计年鉴》。

3. 国土资源科技成果

根据国土资源科技成果的数据资料,矿业科技创新主要包括授权专利、科技著作和核心论文等指标。国土资源科技成果中的专利是指报告期内由国内外知识产权行政部门向本单位授予专利权的专利;核心论文是指在国际或在全国性核心期刊上以第一作者身份发表的论文;科技著作是以第一作者身份发表的经过正式出版机构编印的科技专著、大专院校教材和科普著作。

国土资源科技成果的计算方法如下：
$$S_T = 2P_N + B_N + 0.5T_N$$
式中，S_T 为国土资源科技成果，是一个合成指标；P_N 为国土资源专利数量；B_N 为国土资源科技人员为第一作者的科技著作数量；T_N 为国土资源科技人员在国际或全国性核心期刊上以第一作者发表的论文数量。数据来源于《中国国土资源统计年鉴》。

4. 万元矿业产值能耗

万元矿业产值能耗为矿业能耗与矿业工业总产值的比值，计算方法如下：
$$V_{UEC} = V_{MEC}/V_{GIO}$$
式中，V_{UEC} 为矿业单位产值能耗，V_{MEC} 为矿业总能耗（单位为吨标准煤），V_{GIO} 为矿业工业总产值（单位为万元）。数据来源于《中国国土资源统计年鉴》《中国统计年鉴》。

4.4.2 测度结果与分析

根据构建的科技创新分指数测度指标，从《中国国土资源统计年鉴》《中国能源统计年鉴》《中国统计年鉴》等年鉴中提取指标数据，并分别对正向指标与负向指标采用第 2 章中"指标重要性度量方法"的层次分析法、熵值法和组合法[式(2-6)]，得到科技创新分指数指标数据如表 4-7 所示。

表 4-7 科技创新测度指标及分指数

年 份	分指数			指标标准化值			
	层次分析法	熵值法	组合法	高层次科技人才	科技研发投入	国土资源科技成果	万元矿业产值能耗
2009	1.0000	1.0000	1.0000	1.0000	1.0000	1.0000	1.0000
2010	1.3318	1.5921	1.5391	1.1655	2.2353	1.3593	1.2175
2011	1.3411	1.5151	1.4797	1.5108	2.1352	1.1008	1.3120
2012	1.4209	1.7390	1.6744	1.7050	2.4826	1.3086	1.2727
2013	1.2121	2.0441	1.8749	1.6906	3.2465	1.6203	0.6426
2014	1.4222	1.9624	1.8526	1.4604	2.5905	1.9124	1.0142
2015	1.4357	2.1736	2.0236	0.8633	3.1599	2.2322	0.9074
2016	1.7746	2.8352	2.6195	1.0288	4.3548	2.8081	1.0402
2017	2.0935	3.0127	2.8259	1.7698	3.7173	3.3682	1.3090

(1) 科技创新分指数的测度指标中高层次科技人才、科技研发投入、国土资源科技成果3个指标表现突出，特别是科技研发投入和国土资源科技成果（图4-4）。2009年，我国万元矿业工业产值能耗为1.5万吨标准煤/亿元，2017年下降为1.04万吨标准煤/亿元，下降了30.67%，说明通过矿业结构优化、科技创新等，矿业能源利用效率增加，单位能耗不断下降。国土资源科技成果包括专利、科技著作和核心论文等，是一个合成指标。2009年该指标值为4446，2017年提高到了14975，是2009年指标值的3.37倍。科技研发投入是一个与国土资源科技成果密切相关的指标，2009年度经费总数是指报告期内在研的各类科研项目年度经费总和，为118950.1万元，2017年增长到442171万元，是2009年的3.7倍。随着科技研发投入的增长，国土资源科技成果也快速增长。人才是绿色矿业发展的要素之一，绿色矿山企业的规模化生产和先进技术的引进、研发都对人才有着极大的需求，但从2009—2017年看，入选国家百千万人才工程、国家千人计划、部科技创新人才工程、省级科技人才计划等人员波动较大，矿业人才流失较为严重。

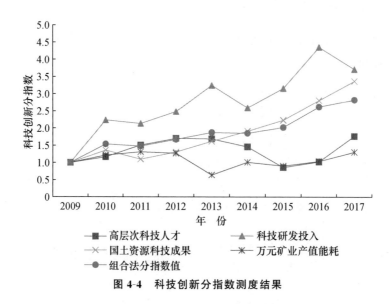

图 4-4 科技创新分指数测度结果

(2) 科技创新分指数在2009—2017年呈现出快速增加的势头。2010年是重要的转折点，高层次科技人才、科技研发投入、国土资源科技成果、万元矿业产值能耗的指标值较2009年有较大的增幅，反映在科技创新上，分指数由1上升到 1.5391,增长幅度明显。2015 年后科技创新分指数较 2009—2014 年有较大的提升,表明矿业创新能力得到持续加强,专利、科技著作和核心论文等国土资源科技成果产出增长明显。随着矿山企业、科研院所、自然资源部属事业单位投入的增加,以及高层次科技人才比例提高,科技创新能力会不断增加,国土资源科技成果会出现更大的增长。

4.5 安全和谐分指数

构建和谐矿业是落实科学发展观、践行习近平新时代中国特色社会主义思想的具体体现。和谐矿业可从矿业内部的和谐、矿业与外部的和谐两个层面构建测度指标。

4.5.1 指标内涵与计算方法

1. 矿业从业人员平均收入

矿业从业人员平均收入应该与矿业的发展同步,是表征矿业内部和谐的指标之一,数据主要来源于《中国统计年鉴》。

2. 勘查、开采违法案件立案数量

勘查、开采违法案件立案数量是表征矿业内部和谐的指标之一,是指本年度对勘查、开采登记等违法案件立案查处的案件数,分为勘查和开采两类。勘查违法案件主要包括无证勘查、越界勘查、非法转让探矿权等。开采违法案件主要包括无证开采、越界开采、非法转让采矿权、破坏性开采等。非法批准包括违法发证和其他等。勘查、开采违法案件立案数量反映了矿业生产遵纪守法合规程度。

勘查、开采违法案件立案数量计算公式为

$$N_{LC} = N_{MP} + N_{ME} + N_{OF} + N_{ULL}$$

式中,N_{LC} 为勘查、开采违法案件立案数量,N_{MP} 为勘查违法案件立案数量,N_{ME} 为开采违法案件立案数量,N_{OF} 为不按规定缴纳矿产资源补偿费违法案件立案数量,N_{ULL} 为非法批准案件立案数量。数据来源于《中国国土资源统计年鉴》。

3. 安全生产事故起数

安全生产事故起数是表征矿业内部和谐的指标之一。矿业安全是一个复杂系统,受到自然条件、法律法规、社会环境、企业环境、作业环境等诸多因素的影响。在矿产资源勘查、开发利用的过程中,安全生产事故会对矿业从业人员的安全产生严重影响,甚至会给社会和谐发展带来负面影响。安全生产事故起数指本年度《中国安全生产年鉴》中统计的煤矿、金属与非金属矿山事故起数的总数,反映矿业安全生产、绿色生产是否平稳运行。数据主要来源于《中国安全生产年鉴》。

4. 矿业碳排放量

矿业碳排放量从矿业与外部层面表征矿业和谐。矿业碳排放量的数据来源于CEADs数据库中的煤炭开采和洗选业、石油和天然气开采业、黑色金属矿采选业、有色金属矿采选业、非金属矿采选业和其他采矿业6个行业数据。西藏自治区矿业碳排放数据缺失,按以下公式补全(任思达 等,2019):

$$西藏矿业碳排放量 = 全国矿业碳排放量 \times \frac{西藏矿业工业产值}{全国矿业工业产值}$$

4.5.2 测度结果与分析

根据构建的安全和谐分指数测度指标,从《中国国土资源统计年鉴》《中国安全生产年鉴》《中国统计年鉴》等年鉴中提取指标数据,并分别对正向指标与负向指标采用不同的数据处理方法。在对安全和谐分指数的测度中,各指标分别采用层次分析法、熵值法和组合法[式(2-6)]得到三种权值,并在三种权值下计算出安全和谐分指数(表4-8)。从表4-8可以看出,三种权值下安全和谐分指数值存在差异,组合法分指数值总体上介于层次分析法与熵值法所计算的指数值之间,以组合法分指数值开展讨论。

(1)安全和谐分指数的勘查、开采违法案件数量,安全生产事故起数,矿业从业人员平均收入,矿业碳排放量4个测度指标均表现良好(图4-5),表现在:政府相关部门加强了对矿产资源勘查和开采企业的监管,严格矿山设计审批制度,严格技术操作规程,严格安全防范措施,确保矿产资源开发的安全合规,无证勘查、越界勘查、非法转让探矿权等违法现象大大减少。与此同时,企业安全生产的意识也不断提高,安全生产管理制度不断完善,通过科技创新、数字化矿山建设,安全生产保障能力相对提高,安全生产水平持续提升;矿业从业人员收入与矿业工业总产值增加同步,不断提高,使得矿业人员获得感、幸福感更加充实;矿业碳排放量从2009年的186.73万吨降低到2017年的133.393万吨。

表4-8 安全和谐测度指标及分指数

年份	分指数			指标标准化值			
	层次分析法	熵值法	组合法	勘查、开采违法案件数量	安全生产事故起数	矿业从业人员平均收入	矿业碳排放量
2009	1.0000	1.0000	1.0000	1.0000	1.0000	1.0000	1.0000
2010	1.0537	1.0375	1.0423	1.0630	1.0463	1.1619	0.8935
2011	1.0821	1.1288	1.1151	0.9724	1.1815	1.3731	0.9211
2012	1.2547	1.2542	1.2543	1.1711	1.4006	1.4971	0.8806
2013	1.2401	1.2753	1.2650	1.0654	1.5010	1.5810	0.8128
2014	1.3826	1.4292	1.4155	1.2305	1.5876	1.6215	1.1562
2015	1.4735	1.4850	1.4816	1.3606	1.6888	1.5617	1.2170
2016	1.5231	1.5371	1.5330	1.4179	1.7193	1.5917	1.3156
2017	1.5259	1.5913	1.5721	1.3349	1.7691	1.8271	1.2856

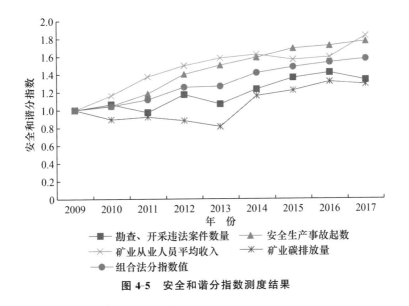

图4-5 安全和谐分指数测度结果

(2) 从测度分析的结果可以看出,安全和谐分指数保持持续高速增长的势头。2009—2017年,安全和谐分指数累计增长了57.21%,平均增速约为

7.15%。尽管安全和谐分指数测度的个别指标如矿业碳排放量有波动,但安全和谐分指数呈稳定增长态势,没有产生波动情况,而矿产资源节约集约开发、生态环境保护、科技创新分指数则存在波动的情况。

(3)促进矿业安全和谐发展,要明确责任、落实问责机制,维护勘查、开采秩序,降低勘查、开采违法案件立案数量,减少和杜绝安全生产事故;要重视矿业人员的福利,收入要与矿业发展同步,继续增加从业人员的获得感、幸福感;要继续加大国土资源科技投入力度,通过优化矿业结构、科技创新等降低能源消耗,减少矿业固体废弃物、废水和废气的排放,促进绿色矿业高质量发展。

4.6 中国绿色矿业发展测度

从2009—2017年中国绿色矿业发展指数结果(表4-9,图4-6)可以看出,我国绿色矿业发展情况总体呈现向好趋势,表明我国绿色矿业发展开始步入"快车道",也为下一阶段我国绿色矿业的腾飞奠定了坚实的基础。

表4-9 中国绿色矿业发展指数

年份	中国绿色矿业发展指数			中国绿色矿业发展分指数			
	层次分析法	熵值法	组合法	矿产资源节约集约开发	生态环境保护	科技创新	安全和谐
2009	1.0000	1.0000	1.0000	1.0000	1.0000	1.0000	1.0000
2010	1.1730	1.2689	1.2210	1.2140	1.0027	1.5391	1.0423
2011	1.2850	1.3217	1.3034	1.3301	1.1711	1.4797	1.1151
2012	1.3105	1.3973	1.3539	1.4043	1.0400	1.6744	1.2543
2013	1.3142	1.5318	1.4230	1.1569	1.3989	1.8749	1.2650
2014	1.4113	1.5359	1.4736	1.4739	1.1575	1.8526	1.4155
2015	1.4914	1.6775	1.5844	1.4293	1.4193	2.0236	1.4816
2016	1.6617	1.9890	1.8254	1.5465	1.5559	2.6195	1.5330
2017	1.9068	2.1429	2.0249	2.0256	1.4537	2.8259	1.5721

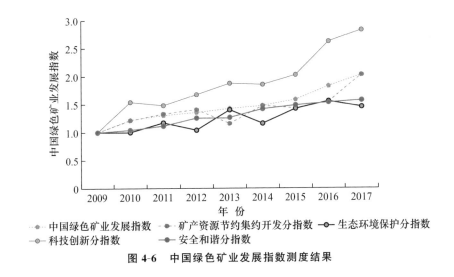

图 4-6 中国绿色矿业发展指数测度结果

(1) 中国绿色矿业发展指数呈现逐年上升趋势。从图 4-6 可以看出,2017 年中国绿色矿业发展指数达到 2.0249。中国绿色矿业发展指数受到矿产资源节约集约开发分指数、生态环境保护分指数、科技创新分指数、安全和谐分指数的影响,即中国绿色矿业发展指数有赖于各分指数之间此消彼长的关系。从各分指数看,尽管 4 个分指数都呈现出上升趋势,但对于中国矿业绿色发展指数的贡献程度存在差异,其中科技创新分指数与矿产资源节约集约开发分指数对中国绿色矿业发展指数影响较大。

(2) 矿产资源节约集约开发是绿色矿业发展的根本所在。矿产资源节约集约开发是绿色矿业发展的最重要方面之一。2009—2017 年,矿产资源节约集约开发分指数尽管有波动,但总体上呈匀速上升的状态,与中国绿色矿业发展指数的上升基本同步。全面促进矿产资源节约,推动资源利用方式根本转变,是绿色矿业发展的最重要特征之一。

(3) 生态环境保护是绿色矿业发展的必然要求。2009—2017 年,生态环境保护分指数与中国绿色矿业发展指数总体上吻合程度低,生态环境保护分指数呈现出波动变化且增长态势不显著,而中国绿色矿业发展指数却上升较快,这主要得益于其他分指数发展水平的不断上升。生态环境保护分指数的波动成为中国绿色矿业发展指数增长的重要制约因素。自然资源与生态环境部门应加强监督检查和惩处力度,开展各类保护地内矿业权清理以及加强污染防治;

矿山企业应积极履行义务,通过治理恢复矿山地质环境,减少对生态环境的污染和扰动,共同推动绿色矿业发展。

(4)科技创新是影响绿色矿业发展的重要因素。2009—2017年,科技创新分指数除了在2011年、2014年有所波动外,基本呈快速上升的状态,对绿色矿业指数的拉动作用特别明显。绿色矿业要实现高质量发展,必须加大科技投入,加强新装备、新技术、新工艺的应用,不断提升矿业科技创新能力。

(5)安全和谐助推绿色矿业发展。安全和谐分指数与绿色矿业发展指数的吻合程度高,说明一方面安全和谐得利于矿业的快速发展,另一方面安全和谐则为矿业的发展提供了一个良好的环境,对发展绿色矿业起到了重要的推动作用。

4.7 中国绿色矿业发展分指数耦合协调测度

矿产资源节约集约开发、生态环境保护、科技创新及安全和谐的耦合协调发展是绿色矿业可持续发展的前提条件,矿产资源节约集约开发必须加强生态环境保护和促进社会的协调发展,科技创新则有利于矿产资源节约集约开发、矿山地质环境恢复治理,减少矿业能源消耗和碳排放,故绿色矿业发展分指数应具备耦合协调发展关系。通过对绿色矿业发展分指数的耦合协调度分析,判断其耦合类型并进行阶段划分,有利于提出针对性的对策建议。

1. 耦合度

根据矿产资源节约集约开发、生态环境保护、科技创新与安全和谐分指数计算结果以及耦合度计算方法,计算出2009—2017年绿色矿业发展耦合度 C(表4-10,图4-7)。从表4-10可以看出,2009—2017年绿色矿业的4个分指数的耦合度整体较好,并且有逐年增加的趋势。

2. 绿色矿业综合评价指数

绿色矿业综合评价指数 T 是矿产资源节约集约开发、生态环境保护、科技创新与安全和谐分指数的加权和,其权重的确定方法采用组合法,即先通过层次分析法、熵值法计算权重 W^A、W^E,再计算二者的组合法权重 $W^C = (0.36, 0.29, 0.26, 0.09)$。根据综合指数计算方法计算出绿色矿业综合评价指数

(图4-7),从图4-7可以看出2009—2017年综合评价指数整体较低,2015年后进入一个快速增长阶段。

3. 耦合协调度

根据绿色矿业发展测度框架研究中组合法下构建的耦合协调度模型,可以得出各个年份绿色矿业发展分指数的耦合协调度 D 得分(表4-10,图4-7)。参考以往研究文献(方叶林 等,2013;王莎,2020),将耦合协调分为低度协调、中度协调、高度协调和极度协调4个等级。通过分析绿色矿业各分指数耦合协调度结果可以发现,2009—2017年耦合协调度整体较高,矿产资源节约集约开发、生态环境保护、科技创新与安全和谐分指数4个子系统的耦合协调度为0.49~0.71,但缺少极度协调。

表4-10 绿色矿业耦合协调度及等级划分

年 份	耦合协调度 D	耦合度 C	耦合协调等级	耦合协调度标准
2009	0.49	0.31	中度协调	
2010	0.55	0.44	中度协调	
2011	0.56	0.45	中度协调	低度协调 0~0.29
2012	0.58	0.48	中度协调	中度协调 0.3~0.49
2013	0.58	0.48	中度协调	高度协调 0.5~0.79
2014	0.61	0.51	高度协调	极度协调 0.8~1.0
2015	0.62	0.53	高度协调	
2016	0.67	0.60	高度协调	
2017	0.71	0.65	高度协调	

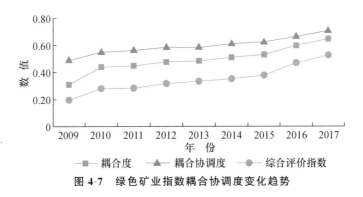

图4-7 绿色矿业指数耦合协调度变化趋势

根据耦合协调度发展趋势,4个子系统的耦合协调度是向好发展,但大部分时期比较平缓。从耦合协调度发展趋势看可以划分为3个阶段。

(1) 2010 年前是绿色矿业发展的提出与萌芽阶段。发展绿色矿业是中国矿业行业落实生态文明国家战略、保障矿业健康可持续发展的重要平台和抓手,是全面推进我国生态文明建设的迫切需要和必然选择。2007 年中国国际矿业大会上,时任国土资源部部长徐绍史提出了"发展绿色矿业";2008 年中国矿业联合会发起了《中国矿业联合会绿色矿业公约》,提出建设绿色矿业的 10 条倡议;《全国矿产资源规划(2008—2015 年)》为我国绿色矿业发展设置了目标,也对绿色矿山建设提出了目标,即 2020 年基本建立绿色矿山格局,但如何建设绿色矿山,绿色矿山建设的标准是什么等一系列问题尚未解决;2010 年《国土资源部关于贯彻落实全国矿产资源规划发展绿色矿业建设绿色矿山工作的指导意见》则对绿色矿山建设标准等问题做出了规定,明确全国绿色矿山建设的总体思路和主要任务。

(2) 2010—2014 年是快速发展阶段。2011 年国土资源部公布了首批国家级绿色矿山试点名单,涉及的矿种有煤矿、铁矿、有色金属矿、金矿和磷矿等 37 家矿山企业。2012 年党的十八大报告中提出大力加强生态文明建设和着力推进绿色发展、循环发展、低碳发展,成为发展绿色矿业最具现实意义的纲领性指导原则和动力。2012 年国土资源部发布了第二批国家级绿色矿山试点名单,涉及包括北京、河北、河南、四川、云南、广西、贵州等 28 个省、自治区、直辖市,其中河北、四川、河南、山东、安徽等省的绿色矿山数量较多。2013 年 3 月,国土资源部发布了第三批国家级绿色矿山试点名单,共 242 家,相比首批和第二批国家级绿色矿山试点,各省、自治区、直辖市的数量大多有较大的提高,反映出各地绿色矿山建设速度加快。2013 年国务院正式颁布《全国资源型城市可持续发展规划(2013—2020 年)》,要求推进绿色矿山建设。2014 年国土资源部发布了第四批国家级绿色矿山试点名单,共 202 家,从地域分布看,矿业大省的绿色矿山数量较多。2015 年 4 月,《中共中央 国务院关于加快推进生态文明建设的意见》指出:"发展绿色矿业,加快推进绿色矿山建设,促进矿产资源高效利用,提高矿产资源开采回采率、选矿回收率和综合利用率。""经济社会发展必须建立在资源得到高效循环利用、生态环境受到严格保护的基础上,与生态文明建设相协调,形成节约资源和保护环境的空间格局、产业结构、生产方式。"2015 年党的第十八届中央委员会第五次全体会议提出:坚持绿色发展,必须坚持节约资源和保护环境的基本国策,坚持可持续发展,坚定走生产发展、生活富裕、生态良好的文明发展道路,加快建设资源节约型、环境友好型社会,形成人与自然和谐发展现代化建设新格局。

(3) 2015 年以后是走向规范化和质量提升阶段。《全国矿产资源规划(2016—2020 年)》提出要"推进国家、省、市、县级绿色矿山建设",并且要"建设一批绿色矿业发展示范区,由点到面、集中连片推动绿色矿业发展";2017 年,国土资源部、财政部、环境保护部、国家质检总局、银监会、证监会联合印发《关于加快建设绿色矿山的实施意见》,明确了基本形成绿色矿山建设新格局、构建矿业发展方式转变新途径和建立绿色矿业发展工作新机制的三大建设目标。

事实上,各地方根据矿业发展情况,结合实际,出台了众多的地方发展绿色矿业、建设绿色矿山的相关文件。如《内蒙古自治区绿色矿山名录管理办法(试行)》《浙江省绿色矿山建设三年专项行动实施方案》《甘肃省省级绿色矿山建设要求及评定办法》《西藏自治区绿色矿山建设管理暂行办法》《重庆市绿色矿山管理办法》《广西壮族自治区绿色矿山建设管理办法》《湖南省绿色矿山管理办法》《山东省绿色矿山建设管理办法》等(孙映祥,2020)。为了"推进国家、省、市、县级绿色矿山建设",各地方结合实际制定了一些地方标准,如《宁夏回族自治区"绿色矿山"建设指标(暂行)》《湖南省绿色矿山标准(试行)》《陕西省绿色矿山建设评估指标体系》《辽宁省绿色矿山建设考评标准(试行)》等,大大推动了各级绿色矿山建设。

第5章
省域绿色矿业发展效率测度

5.1 省域绿色矿业发展效率测度指标构建与数据来源

绿色矿业发展系统是一个复杂的系统,其影响因素众多,既有矿产资源禀赋特征方面的因素,又有矿山规模、矿产开发形式、矿产品价格等经济、技术因素,还有矿山地质环境因素。本书从投入产出的角度,以省域为测度单元,构建测度指标并提取指标值,开展省域绿色矿业发展效率测度。

省域绿色矿业发展效率测度的投入与产出测度指标(表 5-1)定义如下。

表 5-1 省域绿色矿业发展效率测度指标

端 口	指标类型	指标名称	指标代码	单 位
输入端	投入指标	矿山企业数	x_1	个
		矿业从业人员数	x_2	人
		占用土地面积	x_3	公顷
		矿山环境恢复治理投入	x_4	万元
输出端	期望产出指标	矿山地质环境恢复治理面积	y_1	公顷
		综合利用产值	y_2	万元
		工业总产值	y_3	万元
		清洁能源比例	y_4	%
	非期望产出指标	勘查、开采违法案件立案数量	y_5	件
		矿业碳排放量	y_6	百万吨

5.1.1 投入指标

1. 矿山企业数

矿山企业数主要是指全国从事非油气矿产资源开发的大型矿山、中型矿山、小型矿山和小矿的数量,以"个"计量,数据来源于《中国国土资源统计年鉴》。

2. 矿业从业人员数

矿业从业人员数指报告期内矿山企业中从事矿业生产劳动,并取得劳动报酬或经营收入的年平均就业人数,包括从事采矿活动的临时工、轮换工。数据来源于《中国国土资源统计年鉴》。

3. 矿山环境恢复治理投入

矿山地质环境恢复治理是矿山企业应尽的义务,企业必须根据矿业活动对环境的破坏程度确定恢复治理项目,通过常态化的机制保证足够的投入以保障项目实施。矿山环境恢复治理投入是指报告期内用于矿山环境恢复治理的资金,包括中央财政、地方财政和矿山企业投入以及民间投入等资金。数据来源于《中国国土资源统计年鉴》。

4. 占用土地面积

土地是人类社会最基本和最重要的自然资源之一,其供应总量是有限的。矿产资源勘探、矿产资源开发利用等矿业活动都不可避免地要占用土地资源。投入指标中的占用土地面积是指报告期内因矿业开采所占用或破坏的土地面积。数据来源于《中国国土资源统计年鉴》。

5.1.2 期望产出指标

1. 矿山地质环境恢复治理面积

矿山企业应通过常态化机制保障矿山地质环境得到改善和恢复。土地复垦过程中要考虑不同类型的损毁土地的生态环境保护与恢复治理要求,因地制宜地进行景观设计和环境美化。矿山地质环境恢复治理面积是指报告期内恢复治理的面积,包括复垦、地面塌陷治理、还林、还草、建设使用等面积。

2. 工业总产值

工业总产值用以表征矿产资源、矿山企业数、从业人员等实物量的投入所产出的经济量,是指以货币表现的矿山企业报告期内生产的最终工业产品总价值量。数据来源于《中国国土资源统计年鉴》。

3. 综合利用产值

矿产资源是不可再生的资源,在开发利用过程中要坚决杜绝"采大弃小、采富弃贫"等现象,要加强矿产中的共生、伴生资源的综合利用,通过开展综合利用技术攻关,提升综合利用水平。综合利用产值是指在矿业工业总产值中由于对共生、伴生矿及"三废"综合利用而产出的最终工业产品的价值量总和。

4. 清洁能源比例

能源消费结构中煤炭占比在过去的20年总体上呈现出不断下降趋势,但到2020年其占比仍然高达50%,其次是石油占比,已接近20%。矿业为社会发展提供能源,同时又消耗大量的能源。矿业也要提高清洁能源比例,通过各种节能措施降低能源的消耗。数据来源于《中国能源统计年鉴》。

5.1.3 非期望产出指标

1. 勘查、开采违法案件立案数量

矿产资源关系到国家资源安全、生态文明建设和社会和谐稳定。矿产资源勘查中存在的无证勘查、越界勘查、非法转让探矿权等问题,以及开采过程中存在的无证开采、越界开采、非法转让采矿权、破坏性开采等,扰乱了矿产资源开发利用秩序,对矿区生态地质环境也造成了破坏。勘查、开采违法案件立案数量是指本年度对勘查、开采违法案件立案查处的案件数。分为勘查和开采两类,以"件"计量,数据来源于《中国国土资源统计年鉴》。

2. 矿业碳排放量

矿业碳排放量从矿业与外部层面表征矿业和谐,是指报告期内矿业生产活动所排放的二氧化碳量。矿业碳排放量的数据来源于CEADs数据库中的煤炭开采和洗选业、石油和天然气开采业、黑色金属矿采选业、有色金属矿采选业、非金属矿采选业和其他采矿业6个行业数据。

考虑到数据的可获得性以及省域矿业活动的强度,本书收集了中国除北京、天津、上海、西藏、香港、澳门、台湾外的27个省、自治区、直辖市的2008—2018年的相关统计数据。数据主要来源于《中国矿产资源年报》《中国环境统计年鉴》《中国国土资源统计年鉴》《中国能源统计年鉴》《中国工业统计年鉴》,矿业碳排放量的数据来源于CEADs数据库。部分缺失的数据采用线性插值的方法补充。

5.2 基于DEA-CCR模型的绿色矿业发展效率研究

5.2.1 基于DEA-CCR模型的绿色矿业发展效率测度工作流程

基于绿色矿业发展测度框架研究中确定的省域绿色矿业发展测度研究思路，分别采用CCR模型、SBM模型以及Malmquist指数法等对省域绿色矿业发展效率进行测度。首先采用CCR模型，利用收集到的数据开展实证分析。具体工作流程为：

第一步，确定测度目的。分析省域尺度的绿色矿业发展效率。从投入产出的角度，采用DEA方法分析省域单元绿色矿业发展效率。

第二步，确定决策单元。决策单元是具有相同外部环境和相同内部性质的效率评价对象，决策单元的数量一般应大于投入指标与产出指标的和的两倍。本书选择全国各省、自治区、直辖市作为决策单元，其数量满足上述条件。

第三步，构建测度指标体系。各指标之间要保持相互独立，指标间的信息冗余要尽可能小，并且指标的数据在实际中要容易得到或者能够计算得出，这样才能使评价结果具有真实性和可靠性。基于上述分析，投入指标包括矿山企业数、矿业从业人员数、占用土地面积、矿山环境恢复治理投入，期望产出指标包括矿山地质环境恢复治理面积、综合利用产值、工业总产值、清洁能源比例，非期望产出指标包括勘查、开采违法案件立案数量以及矿业碳排放量。

第四步，选取DEA模型。根据绿色矿业发展这一研究对象的特征，选择了CCR模型，CCR模型可测算综合技术效率（TE），由于综合技术效率等于纯技术效率（PTE）乘以规模效率（SE），就可以得到SE=TE/PTE，因此能够计算出各决策单元的规模效率。

第五步，结果分析与讨论。根据测度结果，开展省域单元综合技术效率、纯技术效率、规模效率整体水平分析，并在此基础上通过描述性统计方法，开展区域绿色矿业发展效率差异性分析。

5.2.2 CCR模型测度结果分析

1. 绿色矿业发展效率值测度结果

利用2008—2018年我国27个省、自治区、直辖市矿业开发的面板数据,运用MaxDEA 8.0软件,选择非导向的规模报酬不变假设下的CCR模型得到综合技术效率以及纯技术效率,并根据综合技术效率和纯技术效率计算出规模效率,其中规模效率等于综合技术效率与纯技术效率的比值。

绿色矿业发展的省域单元综合技术效率如表5-2所示。从表5-2可以看出我国绿色矿业发展的综合技术效率平均值为0.87,整体水平较高。从区域角度来看,华北地区、华东地区、西南地区以及西北地区的综合技术效率平均值甚至达到0.9及以上,但东北地区和华中地区的绿色矿业发展水平仍相对较低,东北地区作为我国20世纪重要的重工业基地,其综合技术效率平均值甚至低于0.7。从省域角度来看,内蒙古、山西、重庆、宁夏、青海5地2008—2018年的综合技术效率均达到DEA有效,表明其绿色矿业发展水平始终维持在前沿。

表5-2 2008—2018年我国绿色矿业发展的综合技术效率

地区	年份											平均值
	2008	2009	2010	2011	2012	2013	2014	2015	2016	2017	2018	
河北	0.82	0.97	1.00	0.90	0.86	0.94	1.00	0.65	0.70	0.65	0.57	0.82
内蒙古	1.00	1.00	1.00	1.00	1.00	1.00	1.00	1.00	1.00	1.00	1.00	1.00
山西	1.00	1.00	1.00	1.00	1.00	1.00	1.00	1.00	1.00	1.00	1.00	1.00
华北地区	0.94	0.99	1.00	0.97	0.95	0.98	1.00	0.88	0.90	0.88	0.86	0.94
黑龙江	0.60	0.53	0.46	0.46	0.47	0.60	0.46	0.52	0.70	0.65	0.56	0.55
吉林	0.76	0.73	0.70	0.75	0.71	0.73	0.86	0.71	1.00	0.79	0.67	0.76
辽宁	0.74	0.67	0.77	0.77	0.62	0.72	0.64	0.75	0.67	0.84	0.69	0.72
东北地区	0.70	0.64	0.64	0.66	0.60	0.68	0.65	0.66	0.79	0.76	0.64	0.68
安徽	0.84	0.72	0.91	0.83	0.77	0.85	0.99	0.78	0.89	1.00	1.00	0.87
福建	0.91	0.79	0.77	0.88	0.87	1.00	1.00	0.92	0.98	1.00	0.98	0.92
江苏	0.72	0.68	0.77	0.84	0.70	0.77	0.81	0.70	0.79	0.84	0.98	0.78
江西	0.74	0.85	1.00	0.59	1.00	0.75	1.00	1.00	0.77	1.00	0.85	0.87
山东	1.00	1.00	1.00	1.00	1.00	1.00	1.00	1.00	0.99	0.93	0.81	0.98
浙江	0.88	0.80	1.00	1.00	1.00	1.00	0.98	1.00	1.00	1.00	0.98	0.97
华东地区	0.85	0.80	0.91	0.86	0.89	0.90	0.96	0.90	0.90	0.96	0.93	0.90
河南	1.00	1.00	0.80	0.91	0.82	0.96	0.90	0.77	0.85	0.75	0.54	0.85
湖北	0.81	0.68	0.63	0.70	0.64	0.63	0.78	0.67	0.85	0.87	0.79	0.73
湖南	0.75	0.74	0.71	0.87	0.60	0.58	0.77	0.73	0.80	0.76	0.75	0.73
华中地区	0.85	0.81	0.71	0.83	0.69	0.72	0.82	0.72	0.83	0.79	0.69	0.77

(续表)

地区	年份											平均值
	2008	2009	2010	2011	2012	2013	2014	2015	2016	2017	2018	
广东	1.00	0.87	0.81	0.87	0.81	0.85	0.94	1.00	0.96	0.95	0.79	0.89
广西	0.80	0.76	0.70	0.70	0.69	0.71	0.83	0.98	0.82	0.83	0.74	0.78
海南	1.00	1.00	1.00	1.00	1.00	1.00	1.00	1.00	1.00	1.00	0.89	0.99
华南地区	0.93	0.88	0.84	0.86	0.83	0.85	0.92	0.99	0.93	0.93	0.81	0.89
贵州	0.93	0.85	0.78	1.00	1.00	1.00	1.00	1.00	0.91	0.81	0.69	0.91
四川	0.96	1.00	0.90	1.00	0.98	0.98	1.00	1.00	1.00	1.00	1.00	0.98
云南	1.00	0.94	0.96	0.82	0.97	0.99	0.99	0.81	0.74	0.80	0.64	0.88
重庆	1.00	1.00	1.00	1.00	1.00	1.00	1.00	1.00	1.00	1.00	1.00	1.00
西南地区	0.97	0.95	0.91	0.96	0.99	0.99	1.00	0.95	0.91	0.90	0.83	0.94
甘肃	1.00	1.00	0.67	0.71	0.68	1.00	0.70	0.73	1.00	1.00	0.70	0.84
宁夏	1.00	1.00	1.00	1.00	1.00	1.00	1.00	1.00	1.00	1.00	1.00	1.00
青海	0.96	0.99	1.00	1.00	1.00	1.00	1.00	1.00	1.00	1.00	1.00	1.00
陕西	0.98	0.93	1.00	1.00	1.00	1.00	0.96	0.90	1.00	1.00	1.00	0.98
新疆	0.82	0.81	0.85	0.81	0.84	0.73	1.00	0.72	0.84	0.83	0.79	0.82
西北地区	0.95	0.95	0.90	0.90	0.90	0.95	0.93	0.87	0.97	0.97	0.90	0.93
全国平均	0.89	0.86	0.86	0.87	0.85	0.88	0.91	0.86	0.90	0.90	0.83	0.87

绿色矿业发展的省域单元纯技术效率如表 5-3 所示。从表 5-3 可以看出，我国绿色矿业发展的纯技术效率平均值为 0.94，整体水平较高。从区域角度来看，华北地区、华东地区、西南地区以及西北地区的纯技术效率平均值甚至达到 0.95 及以上，但东北地区和华中地区的纯技术效率平均值仍相对较低，分别为 0.81 和 0.89。从省域角度来看，内蒙古、山西、重庆、宁夏、青海、福建、山东、海南、四川 9 地 2008—2018 年的纯技术效率均为 1，占所研究省份的 1/3，说明这些地区在目前的技术水平上，资源要素的投入在使用过程中是有效的。其中仅有辽宁和黑龙江两地的纯技术效率值低于 0.8，因此导致东北地区整体纯技术效率偏低。

表 5-3　2008—2018 年我国绿色矿业发展的纯技术效率

地区	年份											平均值
	2008	2009	2010	2011	2012	2013	2014	2015	2016	2017	2018	
河北	0.83	1.00	1.00	0.91	0.86	1.00	1.00	0.74	0.76	0.76	0.67	0.87
内蒙古	1.00	1.00	1.00	1.00	1.00	1.00	1.00	1.00	1.00	1.00	1.00	1.00
山西	1.00	1.00	1.00	1.00	1.00	1.00	1.00	1.00	1.00	1.00	1.00	1.00
华北地区	0.94	1.00	1.00	0.97	0.95	1.00	1.00	0.91	0.92	0.92	0.89	0.96

(续表)

地 区	年 份											平均值
	2008	2009	2010	2011	2012	2013	2014	2015	2016	2017	2018	
黑龙江	0.80	0.67	0.54	0.56	0.69	0.76	0.48	0.70	0.85	0.97	0.94	0.72
吉林	0.92	0.89	0.84	0.93	0.89	0.91	0.97	0.92	1.00	0.89	0.88	0.91
辽宁	0.84	0.87	1.00	0.77	0.66	0.73	0.68	0.78	0.68	0.89	0.85	0.79
东北地区	0.85	0.81	0.79	0.75	0.75	0.80	0.71	0.80	0.84	0.92	0.89	0.81
安徽	0.92	0.80	1.00	0.85	0.78	0.88	1.00	0.79	0.89	1.00	1.00	0.90
福建	1.00	0.98	1.00	1.00	1.00	1.00	1.00	1.00	1.00	1.00	1.00	1.00
江苏	0.87	0.80	0.89	0.90	0.86	0.89	0.90	0.90	0.93	0.91	1.00	0.90
江西	0.94	0.93	1.00	0.64	1.00	0.77	1.00	1.00	0.78	1.00	0.92	0.91
山东	1.00	1.00	1.00	1.00	1.00	1.00	1.00	1.00	1.00	1.00	0.99	1.00
浙江	1.00	0.95	1.00	1.00	1.00	1.00	0.98	1.00	1.00	1.00	1.00	0.99
华东地区	0.95	0.91	0.98	0.90	0.94	0.92	0.98	0.95	0.93	0.99	0.99	0.95
河南	1.00	1.00	1.00	0.93	0.85	1.00	0.92	0.78	0.85	0.80	0.70	0.89
湖北	1.00	0.99	0.87	0.87	0.80	0.80	0.84	0.84	0.91	0.91	0.96	0.89
湖南	0.82	0.86	0.93	0.93	0.87	0.85	0.85	0.90	0.90	0.88	0.97	0.89
华中地区	0.94	0.95	0.93	0.91	0.84	0.88	0.87	0.84	0.89	0.86	0.87	0.89
广东	1.00	0.94	0.95	0.97	0.94	0.96	0.97	1.00	1.00	0.99	0.96	0.97
广西	0.91	0.95	0.94	0.72	0.73	0.76	0.84	1.00	0.86	0.88	0.86	0.86
海南	1.00	1.00	1.00	1.00	1.00	1.00	1.00	1.00	1.00	1.00	1.00	1.00
华南地区	0.97	0.96	0.96	0.90	0.89	0.91	0.94	1.00	0.95	0.96	0.94	0.94
贵州	1.00	1.00	0.92	1.00	1.00	1.00	1.00	1.00	1.00	1.00	1.00	0.99
四川	0.98	1.00	1.00	1.00	1.00	1.00	1.00	1.00	1.00	1.00	1.00	1.00
云南	1.00	0.96	0.98	0.98	0.98	1.00	1.00	0.97	0.97	0.97	0.98	0.98
重庆	1.00	1.00	1.00	1.00	1.00	1.00	1.00	1.00	1.00	1.00	1.00	1.00
西南地区	0.99	0.99	0.98	1.00	0.99	1.00	1.00	0.99	0.99	0.99	0.99	0.99
甘肃	1.00	1.00	0.91	0.79	0.74	1.00	0.76	0.92	1.00	1.00	0.97	0.92
宁夏	1.00	1.00	1.00	1.00	1.00	1.00	1.00	1.00	1.00	1.00	1.00	1.00
青海	1.00	1.00	1.00	1.00	1.00	1.00	1.00	1.00	1.00	1.00	1.00	1.00
陕西	1.00	0.97	1.00	1.00	1.00	1.00	0.97	1.00	1.00	1.00	1.00	0.99
新疆	0.85	0.99	0.90	0.86	0.91	0.75	1.00	0.78	0.88	0.84	0.88	0.88
西北地区	0.97	0.99	0.96	0.93	0.93	0.95	0.95	0.94	0.98	0.97	0.97	0.96
全国平均	0.95	0.95	0.95	0.91	0.91	0.93	0.93	0.93	0.94	0.95	0.95	0.94

CCR 模型测度的省域单元绿色矿业发展的规模效率情况如表 5-4 所示。从表 5-4 可以看出我国绿色矿业发展的规模效率平均值为 0.93，整体水平偏高。从区域角度来看，华北地区、西南地区以及西北地区的规模效率平均值达到 0.95 及以上，东北地区和华中地区的规模效率平均值仍相对较低，分别为 0.84 和 0.86。从省域角度来看，内蒙古、山西、重庆、宁夏、青海 5 地 2008—

2018年的规模效率均为1,与综合技术效率相同。仅有东北地区的黑龙江的规模效率值低于0.8。从纯技术效率有效的9个省份以及规模效率有效的5个省份可以看出,福建、山东、海南、四川4个省份综合技术效率无效均是受到规模效率的影响。

表 5-4　2008—2018 年我国绿色矿业发展的规模效率

地　区	年　份											平均值
	2008	2009	2010	2011	2012	2013	2014	2015	2016	2017	2018	
河北	0.98	0.97	1.00	0.99	1.00	0.94	1.00	0.88	0.92	0.86	0.85	0.94
内蒙古	1.00	1.00	1.00	1.00	1.00	1.00	1.00	1.00	1.00	1.00	1.00	1.00
山西	1.00	1.00	1.00	1.00	1.00	1.00	1.00	1.00	1.00	1.00	1.00	1.00
华北地区	0.99	0.99	1.00	1.00	1.00	0.98	1.00	0.96	0.97	0.95	0.95	0.98
黑龙江	0.75	0.78	0.85	0.83	0.68	0.79	0.96	0.74	0.82	0.67	0.60	0.77
吉林	0.82	0.83	0.83	0.80	0.80	0.79	0.88	0.77	1.00	0.88	0.75	0.83
辽宁	0.89	0.77	0.77	1.00	0.94	1.00	0.95	0.97	0.99	0.94	0.82	0.91
东北地区	0.82	0.79	0.82	0.88	0.81	0.86	0.93	0.83	0.94	0.83	0.72	0.84
安徽	0.92	0.90	0.91	0.98	0.99	0.96	0.99	0.99	0.99	1.00	1.00	0.97
福建	0.91	0.80	0.77	0.88	0.87	1.00	1.00	0.92	0.98	1.00	0.98	0.92
江苏	0.83	0.84	0.86	0.92	0.81	0.87	0.90	0.78	0.85	0.92	0.98	0.87
江西	0.79	0.91	1.00	0.92	1.00	0.98	1.00	1.00	0.98	1.00	0.92	0.95
山东	1.00	1.00	1.00	1.00	1.00	1.00	1.00	0.99	0.93	0.82		0.98
浙江	0.88	0.84	1.00	1.00	1.00	1.00	1.00	1.00	1.00	1.00	0.98	0.97
华东地区	0.89	0.88	0.92	0.95	0.94	0.97	0.98	0.95	0.97	0.96	0.95	0.94
河南	1.00	1.00	0.80	0.98	0.97	0.96	0.98	0.99	1.00	0.94	0.78	0.94
湖北	0.81	0.69	0.72	0.81	0.80	0.79	0.93	0.80	0.93	0.96	0.82	0.82
湖南	0.92	0.86	0.76	0.93	0.69	0.69	0.90	0.81	0.89	0.87	0.78	0.83
华中地区	0.91	0.85	0.76	0.91	0.82	0.81	0.94	0.87	0.94	0.92	0.79	0.86
广东	1.00	0.93	0.85	0.90	0.86	0.88	0.97	1.00	0.96	0.96	0.82	0.92
广西	0.87	0.80	0.75	0.97	0.94	0.93	1.00	0.98	1.00	0.95	0.86	0.91
海南	1.00	1.00	1.00	1.00	1.00	1.00	1.00	1.00	1.00	1.00	0.89	0.99
华南地区	0.96	0.91	0.87	0.95	0.93	0.94	0.99	0.99	0.97	0.97	0.86	0.94
贵州	0.93	0.85	0.85	1.00	1.00	1.00	1.00	1.00	0.91	0.81	0.69	0.91
四川	0.99	1.00	0.90	1.00	0.98	0.98	1.00	1.00	1.00	1.00	1.00	0.99
云南	1.00	0.98	0.98	0.84	0.99	0.99	0.99	0.84	0.77	0.82	0.65	0.90
重庆	1.00	1.00	1.00	1.00	1.00	1.00	1.00	1.00	1.00	1.00	1.00	1.00
西南地区	0.98	0.96	0.93	0.96	0.99	0.99	1.00	0.96	0.92	0.91	0.84	0.95

(续表)

地区	年份											平均值
	2008	2009	2010	2011	2012	2013	2014	2015	2016	2017	2018	
甘肃	1.00	1.00	0.74	0.90	0.92	1.00	0.92	0.79	1.00	1.00	0.72	0.91
宁夏	1.00	1.00	1.00	1.00	1.00	1.00	1.00	1.00	1.00	1.00	1.00	1.00
青海	0.96	0.99	1.00	1.00	1.00	1.00	1.00	1.00	1.00	1.00	1.00	1.00
陕西	0.98	0.96	1.00	1.00	1.00	1.00	0.99	0.90	1.00	1.00	1.00	0.98
新疆	0.96	0.83	0.94	0.94	0.93	0.98	1.00	0.92	0.96	0.98	0.90	0.94
西北地区	0.98	0.96	0.93	0.97	0.97	1.00	0.98	0.92	0.99	1.00	0.92	0.97
全国平均	0.93	0.91	0.90	0.95	0.93	0.95	0.98	0.93	0.96	0.94	0.87	0.93

2. 绿色矿业发展效率值分解

将我国2008—2018年各省、自治区、直辖市绿色矿业发展的综合技术效率结合纯技术效率以及规模效率进行分析(表5-5),我国2008—2018年综合技术效率值为0.87,其中纯技术效率值为0.94,规模效率值为0.93,可以看出我国绿色矿业发展效率受到纯技术效率和规模效率的共同影响。

表5-5　2008—2018年CCR模型效率值及其分解

地区	综合技术效率	纯技术效率	规模效率
河北	0.82	0.87	0.94
内蒙古	1.00	1.00	1.00
山西	1.00	1.00	1.00
华北地区	0.94	0.96	0.98
黑龙江	0.55	0.72	0.77
吉林	0.76	0.91	0.83
辽宁	0.72	0.79	0.91
东北地区	0.68	0.81	0.84
安徽	0.87	0.90	0.97
福建	0.92	1.00	0.92
江苏	0.78	0.90	0.87
江西	0.87	0.91	0.95
山东	0.98	1.00	0.98
浙江	0.97	0.99	0.97
华东地区	0.90	0.95	0.94
河南	0.85	0.89	0.94
湖北	0.73	0.89	0.82
湖南	0.73	0.89	0.83
华中地区	0.77	0.89	0.86

(续表)

地区	TE	PTE	SE
广东	0.89	0.97	0.92
广西	0.78	0.86	0.91
海南	0.99	1.00	0.99
华南地区	0.89	0.94	0.94
贵州	0.91	0.99	0.91
四川	0.98	1.00	0.99
云南	0.88	0.98	0.90
重庆	1.00	1.00	1.00
西南地区	0.94	0.99	0.95
甘肃	0.84	0.92	0.91
宁夏	1.00	1.00	1.00
青海	1.00	1.00	1.00
陕西	0.98	0.99	0.98
新疆	0.82	0.88	0.94
西北地区	0.93	0.96	0.97
全国平均	0.87	0.94	0.93

从表 5-5 可以看出不同地区综合技术效率受纯技术效率和规模效率的影响各不相同,我国北方的华北地区、东北地区以及西北地区的纯技术效率均低于规模效率,表明以上地区的综合技术效率主要受纯技术效率的影响,其绿色矿业发展效率的主要阻力是技术方面的问题,在生产规模方面问题较小,应当引进先进技术,加强科技创新力度,克服纯技术效率偏低导致的综合技术效率不高的问题。华南地区纯技术效率和规模效率均为 0.94,因此可以看出华南地区要提高综合技术效率既需要优化其生产规模,又需要不断引进矿业开采方面的先进技术以及设备等。华东地区、华中地区以及西南地区的纯技术效率高于规模效率,说明其综合技术效率主要受规模效率的影响,主要应该优化其生产规模,以提高综合技术效率。

5.2.3 效率值测度结果省域空间特性分析

本章在对省域绿色矿业发展效率区域空间特性分析时,将我国划分为 7 个区域进行对比分析。针对传统模型计算得出的综合技术效率、纯技术效率、规模效率结果按照 7 个区域的空间特性进行分析。

从绿色矿业发展的综合技术效率层面(图 5-1)来看,东北地区和华中地区 2008—2018 年的综合技术效率明显低于其他地区,其中东北地区的综合技术效率在 2016 年和 2017 年相对较高,但在 2018 年又下降到原有水平,华中地区整体水平略高于东北地区,但相较于其他地区仍有较大提升空间。华北地区、华东地区、华南地区、西南地区以及西北地区 2008—2018 年的综合技术效率整体较为平稳,波动幅度较小,华北地区、西南地区和西北地区的综合技术效率基本位于全国平均水平之上,说明以上地区在提升我国绿色矿业发展水平上起到了较为明显的作用。

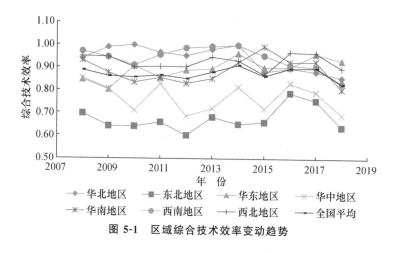

图 5-1　区域综合技术效率变动趋势

从绿色矿业发展的纯技术效率层面(图 5-2)来看,东北地区和华中地区 2008—2018 年的纯技术效率仍明显低于其他地区,西南地区的纯技术效率则表现较好,明显高于全国其他地区,且维持相对稳定状态。东北地区的纯技术效率呈现出 V 形分布,2008—2014 年整体呈现出下降趋势,其中 2014 年的纯技术效率甚至仅为 0.71,远低于全国平均水平的 0.93,但从 2015 年开始出现明显提升,2017 年甚至超过了华中地区。华中地区 2008—2018 年的纯技术效率则整体呈现出下降趋势,2011 年及之前均在 0.9 以上,分别在 2012 年和 2015 年达到纯技术效率的最低点,此后虽有所提高,但整体水平仍明显低于全国平均水平。华北地区、华东地区、西北地区以及华南地区的纯技术效率则一直维持在相对较高水平。

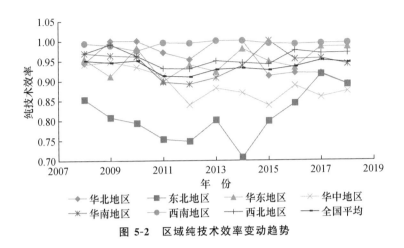

图 5-2 区域纯技术效率变动趋势

从绿色矿业发展的规模效率层面(图 5-3)来看,我国各地区整体趋势大体相似,除华北地区外,其他地区的规模效率均呈现出先增加后降低的反 V 形分布,在 2014 年前后达到峰值,其中东北地区和华中地区 2008—2018 年的规模效率仍明显低于其他地区,且整体波动幅度较大。这两个地区在 2014 年和 2016 年的规模效率均达到了 0.94 左右,但华中地区 2010 年的规模效率为 0.76,东北地区 2018 年的规模效率甚至仅为 0.72,远低于全国平均水平。华北地区与其他地区的规模效率变动趋势略有不同,在 2008—2014 年基本维持不变且一直处于我国绿色矿业发展的最高水平,但在 2014 年后开始出现明显下降,尽管其规模效率仍明显高于其他大部分区域。

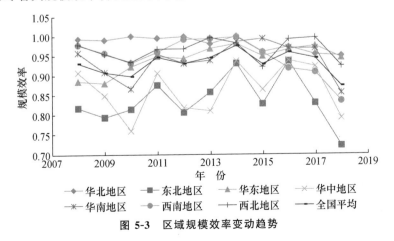

图 5-3 区域规模效率变动趋势

从绿色矿业发展纯技术效率和规模效率的象限图(图 5-4)来看,以纯技术效率和规模效率的全国平均值作为中心,东北地区和华中地区位于第三象限,华北地区、西北地区、西南地区、华东地区以及华南地区位于第一象限,表明无论是纯技术效率还是规模效率东北地区和华中地区均处在一个偏低的水平,而华北地区、西北地区、西南地区、华东地区以及华南地区在纯技术效率和规模效率方面都表现较好,因此从绿色矿业发展综合技术效率上来看,华北地区、西北地区、西南地区、华东地区以及华南地区明显高于东北地区和华中地区。其中,华北地区和西南地区的整体水平均表现较好,华北地区规模效率最高,而西南地区规模效率较高。华中地区和华南地区整体接近于全国平均水平。

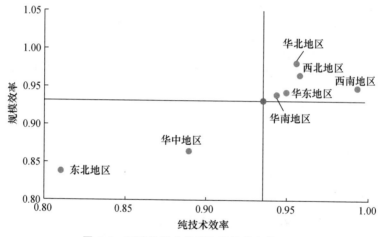

图 5-4 区域纯技术效率和规模效率象限图

基于 DEA-SBM 模型的绿色矿业发展效率研究

5.3.1 SBM 模型的构建

BCC 模型和 CCR 模型是 DEA 的两个基本模型,其基于期望产出角度,但对投入或产出的松弛性问题考虑不充分,容易高估评价单元的生产率。Tone (2001)提出将松弛变量引入目标函数中的基于松弛测度的 SBM 模型,其非径向、非角度的特性避免了径向和角度所带来的偏差,解决了存在非期望产出时的效率测度问题。

矿产资源开发利用是一个复杂的过程,往往伴随着对生产、生活及生态地质环境起负面影响的"产品",如废气、废水等污染物,统称为非期望产出。在矿产资源、自然环境要素空间差异性的识别的基础上,确定资本投入、资源投入、人员投入、科技创新投入等投入要素 x,工业总产值、矿产品销售收入、利润总额、矿山恢复治理、绿色矿山建设等期望产出要素 y^g 以及土地破坏面积、"三废"排放等非期望产出要素 y^b。

考虑研究区域内的 n 个省域为决策单元 $DMU_j(j=1,2,\cdots,n)$,每个 DMU_j 有 p 个投入 $x_j=(x_{1j},x_{2j},\cdots,x_{pj})$ 和 q 个产出 $y_j=(y_{1j},y_{2j},\cdots,y_{qj})$。引入松弛变量 s^+ 和剩余变量 s^-,构建绿色矿业发展水平评价模型:

$$\min \rho_{rm} = \frac{1-\frac{1}{m}\sum_{i=1}^{m}\frac{s_i^-}{x_{io}}}{1+\frac{1}{s}\sum_{r=1}^{s}\frac{s_r^+}{y_{ro}}} \tag{5-1}$$

$$\text{s.t.} \quad \sum_{j=1}^{n}\lambda_j y_{ro} - s_r^+ = y_{ro}$$

$$\sum_{j=1}^{n}\lambda_j x_{ro} - s_r^- = x_{ro}$$

$$\forall j=1,2,\cdots,n, \quad s_r^+, s_r^- \geqslant 0$$

引入非期望产出要素,设 s_1 与 s_2 分别为期望产出和非期望产出指标的个数,s^g 与 s^b 分别为期望产出和非期望产出剩余变量,构建基于规模报酬不变的非期望产出 SBM 模型:

$$\min \rho_{rm} = \frac{1-\frac{1}{m}\sum_{i=1}^{m}\frac{s_i^-}{x_{io}}}{1+\frac{1}{s_1+s_2}\left(\sum_{r=1}^{s_1}\frac{s_r^g}{y_{ro}^g}+\sum_{r=1}^{s_2}\frac{s_r^b}{y_{ro}^b}\right)} \tag{5-2}$$

$$\text{s.t.} \quad \sum_{j=1}^{n}\lambda_j y_{ro}^g - s_r^+ = y_{ro}^g$$

$$\sum_{j=1}^{n}\lambda_j y_{ro}^b - s_r^+ = y_{ro}^b$$

$$\sum_{j=1}^{n}\lambda_j x_{ro} - s_r^- = x_{ro}$$

$$\forall j=1,2,\cdots,n,\quad s_r^+, s_r^- \geqslant 0$$

5.3.2 SBM 模型测度结果与分析

1. 绿色矿业发展效率整体分析

为了更加清晰地呈现非期望产出对我国省域绿色矿业发展效率的影响程度,本节运用 MaxDEA 8.0 软件分别计算出不考虑非期望产出的 CCR 模型和考虑非期望产出的 SBM 模型两种不同的效率值,并对两种效率值进行对比分析。

我国区域 2008—2018 年 CCR 模型与 SBM 模型测度的综合技术效率如表 5-6 所示。由表 5-6 可以看出我国绿色矿业发展水平效率值在考虑非期望产出前后的不同,根据对我国各地区 CCR 模型的综合技术效率与 SBM 模型的综合技术效率对比分析可以发现,考虑非期望产出的 SBM 模型所得结果更加真实可靠。我国 2008—2018 年考虑勘查、开采违法案件立案数量和矿业碳排放量的绿色矿业发展综合技术效率为 0.75,较未考虑勘查、开采违法案件立案数量和矿业碳排放量的 CCR 模型所计算得出的综合技术效率值下降了 0.12,表明我国整体绿色矿业发展水平明显受到勘查、开采违法案件立案数量和矿业碳排放量的影响。从各区域情况来看,绿色矿业发展的综合技术效率均或多或少受到一定影响,其中华北地区、华东地区、西南地区以及西北地区在考虑非期望产出后的综合技术效率平均值仍高于 0.8,且效率下降均在 0.1 左右,表明以上地区在勘查、开采违法案件立案数量和矿业碳排放量等方面管控严格,并未受到较大程度的影响。相比于未考虑非期望产出,东北地区和华中地区在考虑勘查、开采违法案件立案数量和矿业碳排放量之后综合技术效率下降明显,其中东北地区和华中地区未考虑非期望产出时综合技术效率分别为 0.68、0.77,考虑非期望产出后仅分别为 0.47、0.51,下降了 0.21 和 0.26,表明东北地区和华中地区勘查、开采违法情况较为严重,矿业碳排放量大,对绿色矿业发展产生了很大程度的影响。因此东北地区和华中地区不仅需要重视企业管理、生产规模优化、发展技术、引入设备,而且应该对违法勘查、开采和矿业碳排放量加强管控。

表 5-6 2008—2018 年 CCR 模型和 SBM 模型的综合技术效率

地区	2008 CCR	2008 SBM	2010 CCR	2010 SBM	2012 CCR	2012 SBM	2014 CCR	2014 SBM	2016 CCR	2016 SBM	2018 CCR	2018 SBM	平均值 CCR	平均值 SBM
河北	0.82	0.50	1.00	1.00	0.86	0.40	1.00	1.00	0.70	0.31	0.57	0.34	0.82	0.58
内蒙古	1.00	1.00	1.00	1.00	1.00	1.00	1.00	1.00	1.00	1.00	1.00	1.00	1.00	1.00
山西	1.00	1.00	1.00	1.00	1.00	1.00	1.00	1.00	1.00	1.00	1.00	1.00	1.00	1.00
华北地区	0.94	0.83	1.00	1.00	0.95	0.80	1.00	1.00	0.90	0.77	0.86	0.78	0.94	0.86
黑龙江	0.60	0.29	0.46	0.23	0.47	0.28	0.46	0.28	0.70	0.38	0.56	0.33	0.55	0.30
吉林	0.76	0.53	0.70	0.39	0.71	0.40	0.86	0.62	1.00	1.00	0.67	0.43	0.78	0.56
辽宁	0.74	0.49	0.77	0.42	0.62	0.40	0.64	0.48	0.67	1.00	0.69	0.58	0.72	0.54
东北地区	0.70	0.44	0.64	0.34	0.60	0.36	0.65	0.46	0.79	0.79	0.64	0.44	0.68	0.47
安徽	0.84	1.00	0.91	1.00	0.77	0.43	0.99	1.00	0.89	0.59	1.00	1.00	0.87	0.86
福建	0.91	0.69	0.77	0.52	0.87	0.64	1.00	1.00	0.98	1.00	0.98	0.65	0.92	0.77
江苏	0.72	1.00	0.77	0.60	0.70	0.50	0.81	1.00	0.79	0.54	0.98	0.64	0.78	0.76
江西	0.74	0.53	1.00	1.00	1.00	1.00	1.00	1.00	0.77	0.49	0.85	0.57	0.87	0.75
山东	1.00	1.00	1.00	1.00	1.00	1.00	1.00	1.00	0.99	1.00	0.81	0.42	0.98	0.90
浙江	0.88	0.60	1.00	1.00	1.00	1.00	0.98	1.00	1.00	1.00	0.98	0.92		
华东地区	0.85	0.80	0.91	0.85	0.89	0.76	0.96	1.00	0.90	0.77	0.93	0.71	0.90	0.83
河南	1.00	1.00	0.80	0.52	0.82	0.50	0.90	0.64	0.85	0.47	0.54	0.35	0.85	0.60
湖北	0.81	0.55	0.63	0.45	0.64	0.35	0.78	0.67	0.85	0.52	0.79	0.50	0.73	0.51
湖南	0.75	0.48	0.71	0.34	0.60	0.31	0.77	0.40	0.80	0.49	0.75	0.47	0.73	0.41
华中地区	0.85	0.68	0.71	0.44	0.69	0.39	0.82	0.57	0.83	0.50	0.69	0.44	0.77	0.51
广东	1.00	1.00	0.81	0.55	0.81	0.52	0.94	0.65	0.96	0.79	0.79	0.46	0.89	0.69
广西	0.80	0.61	0.70	0.56	0.69	0.53	0.83	1.00	0.82	0.58	0.74	0.52	0.78	0.64
海南	1.00	1.00	1.00	1.00	1.00	1.00	1.00	1.00	1.00	1.00	0.89	0.71	0.99	0.97
华南地区	0.93	0.87	0.84	0.70	0.83	0.69	0.92	0.88	0.93	0.79	0.81	0.56	0.89	0.77
贵州	0.93	0.63	0.78	0.52	1.00	1.00	1.00	1.00	0.91	0.49	0.69	0.38	0.91	0.73
四川	0.96	0.74	0.90	0.54	0.98	0.51	1.00	1.00	1.00	1.00	1.00	1.00	0.98	0.89
云南	1.00	1.00	0.96	0.60	0.97	0.49	0.99	1.00	0.74	0.44	0.64	0.37	0.88	0.62
重庆	1.00	1.00	1.00	1.00	1.00	1.00	1.00	1.00	1.00	1.00	1.00	1.00	1.00	1.00
西南地区	0.97	0.84	0.91	0.67	0.99	0.75	1.00	1.00	0.91	0.73	0.83	0.69	0.94	0.81
甘肃	1.00	1.00	0.67	0.64	0.68	0.49	0.70	0.53	1.00	1.00	0.70	0.50	0.84	0.75
宁夏	1.00	1.00	1.00	1.00	1.00	1.00	1.00	1.00	1.00	1.00	1.00	1.00	1.00	1.00
青海	0.96	1.00	1.00	1.00	1.00	1.00	1.00	1.00	1.00	1.00	1.00	1.00	1.00	1.00
陕西	0.98	1.00	1.00	1.00	1.00	0.51	0.96	0.57	1.00	1.00	1.00	1.00	0.98	0.87
新疆	0.82	0.56	0.85	0.55	0.84	0.48	1.00	1.00	0.84	0.46	0.79	0.46	0.82	0.55
西北地区	0.95	0.91	0.90	0.84	0.90	0.69	0.93	0.82	0.97	0.90	0.90	0.79	0.93	0.83
全国平均	0.89	0.79	0.86	0.72	0.85	0.66	0.91	0.85	0.90	0.76	0.83	0.65	0.87	0.75

2. 绿色矿业发展效率的区域差异分析

利用 2008—2018 年我国 27 个省、自治区、直辖市矿业开发的面板数据,运用 MaxDEA 8.0 软件,分别选择非导向的规模报酬不变(CRS)和规模报酬可变(VRS)的 SBM 模型引入勘查、开采违法案件立案数量和矿业碳排放量两个非期望产出,计算得出绿色矿业发展的综合技术效率以及纯技术效率,并根据综合技术效率和纯技术效率计算出规模效率,其中规模效率等于综合技术效率与纯技术效率的比值。

从表 5-7 可以看出,在考虑非期望产出时我国绿色矿业发展的综合技术效率平均值为 0.75,整体水平偏低。从区域角度来看,华北地区、华东地区、西南地区以及西北地区的综合技术效率平均值仍能达到 0.8 以上,但东北地区和华中地区的绿色矿业发展水平则相对较低,其中东北地区在考虑勘查、开采违法案件立案数量和矿业碳排放量后的综合技术效率仅为 0.47,远低于全国平均水平。从省域角度来看,内蒙古、山西、重庆、宁夏、青海 5 地 2008—2018 年的综合技术效率仍为 DEA 有效,表明其绿色矿业发展水平始终维持在前列,并未受到勘查、开采违法案件立案数量和矿业碳排放量的影响。黑龙江和湖南在考虑到勘查、开采违法案件立案数量和矿业碳排放量后的综合技术效率分别仅为 0.30 和 0.43,综合技术效率位列倒数第一和倒数第二,说明以上两个省受勘查、开采违法案件立案数量和矿业碳排放量影响明显大于其他省份,应加强对勘查、开采违法和矿业碳排放量的管控力度。

表 5-7 2008—2018 年考虑非期望产出 SBM 模型的综合技术效率

地区	年份											平均值
	2008	2009	2010	2011	2012	2013	2014	2015	2016	2017	2018	
河北	0.50	0.64	1.00	0.56	0.40	1.00	1.00	0.30	0.31	0.36	0.34	0.58
内蒙古	1.00	1.00	1.00	1.00	1.00	1.00	1.00	1.00	1.00	1.00	1.00	1.00
山西	1.00	1.00	1.00	1.00	1.00	1.00	1.00	1.00	1.00	1.00	1.00	1.00
华北地区	0.83	0.88	1.00	0.85	0.80	1.00	1.00	0.77	0.77	0.79	0.78	0.86
黑龙江	0.29	0.29	0.23	0.28	0.28	0.31	0.28	0.29	0.38	0.39	0.33	0.30
吉林	0.53	0.56	0.39	0.51	0.40	0.56	0.62	0.49	1.00	0.62	0.43	0.56
辽宁	0.49	0.44	0.42	0.50	0.40	0.50	0.48	0.53	1.00	0.64	0.58	0.54
东北地区	0.44	0.43	0.34	0.43	0.36	0.46	0.46	0.43	0.79	0.55	0.44	0.47

(续表)

地区	年份											平均值
	2008	2009	2010	2011	2012	2013	2014	2015	2016	2017	2018	
安徽	1.00	1.00	1.00	1.00	0.43	1.00	1.00	0.45	0.59	1.00	1.00	0.86
福建	0.69	0.54	0.52	0.68	0.64	1.00	1.00	0.69	1.00	1.00	0.65	0.77
江苏	1.00	1.00	0.60	1.00	0.50	1.00	1.00	0.52	0.54	0.54	0.64	0.76
江西	0.53	0.67	1.00	0.42	1.00	0.55	1.00	1.00	0.49	1.00	0.57	0.75
山东	1.00	1.00	1.00	1.00	1.00	1.00	1.00	1.00	1.00	0.53	0.42	0.90
浙江	0.60	0.53	1.00	1.00	1.00	1.00	1.00	1.00	1.00	1.00	1.00	0.92
华东地区	0.80	0.79	0.85	0.85	0.76	0.92	1.00	0.78	0.77	0.84	0.71	0.83
河南	1.00	1.00	0.52	0.65	0.50	0.60	0.64	0.47	0.47	0.45	0.35	0.60
湖北	0.55	0.53	0.45	0.45	0.35	0.41	0.67	0.42	0.52	0.72	0.50	0.51
湖南	0.48	0.45	0.34	0.57	0.31	0.34	0.40	0.41	0.49	0.42	0.47	0.43
华中地区	0.68	0.66	0.44	0.56	0.39	0.45	0.57	0.43	0.50	0.53	0.44	0.51
广东	1.00	0.52	0.55	0.69	0.52	0.63	0.65	1.00	0.79	0.73	0.46	0.69
广西	0.61	0.61	0.56	0.51	0.53	0.51	1.00	1.00	0.58	0.56	0.52	0.64
海南	1.00	1.00	1.00	1.00	1.00	1.00	1.00	1.00	1.00	1.00	0.71	0.97
华南地区	0.87	0.71	0.70	0.73	0.69	0.71	0.88	1.00	0.79	0.76	0.56	0.77
贵州	0.63	0.53	0.52	1.00	1.00	1.00	1.00	1.00	0.49	0.48	0.38	0.73
四川	0.74	1.00	0.54	1.00	0.51	1.00	1.00	1.00	1.00	1.00	1.00	0.89
云南	1.00	1.00	0.60	0.54	0.49	0.58	1.00	0.40	0.44	0.44	0.37	0.62
重庆	1.00	1.00	1.00	1.00	1.00	1.00	1.00	1.00	1.00	1.00	1.00	1.00
西南地区	0.84	0.88	0.67	0.89	0.75	0.89	1.00	0.85	0.73	0.73	0.69	0.81
甘肃	1.00	1.00	0.64	0.55	0.49	1.00	0.53	0.55	1.00	1.00	0.50	0.75
宁夏	1.00	1.00	1.00	1.00	1.00	1.00	1.00	1.00	1.00	1.00	1.00	1.00
青海	1.00	1.00	1.00	1.00	1.00	1.00	1.00	1.00	1.00	1.00	1.00	1.00
陕西	1.00	1.00	1.00	1.00	0.51	1.00	0.57	0.48	1.00	1.00	1.00	0.87
新疆	0.56	0.55	0.55	0.62	0.48	0.45	1.00	0.39	0.46	0.46	0.46	0.55
西北地区	0.91	0.91	0.84	0.84	0.69	0.89	0.82	0.68	0.89	0.89	0.79	0.83
全国平均	0.79	0.77	0.72	0.76	0.66	0.79	0.85	0.72	0.76	0.75	0.65	0.75

从表 5-8 可以看出,在考虑非期望产出时我国绿色矿业发展的纯技术效率平均值为 0.84,整体水平仍较高。从区域角度来看,华东地区和西南地区的纯技术效率平均值甚至在 0.90 以上,说明华东地区、西南地区的绿色矿业发展的纯技术效率受到勘查、开采违法案件立案数量和矿业碳排放量的负面影响较小;但东北地区和华中地区的纯技术效率平均值相对较低,分别为 0.56 和 0.69,较未考虑非期望产出的效率值下降明显。从省域角度来看,内蒙古、山西、重庆、宁夏、青海、福建、江苏、海南 8 地在考虑非期望产出时 2008—2018 年

的纯技术效率均为1,说明这些地区在目前的技术水平上,资源要素的投入在使用过程中是有效的,且在勘查、开采违法和矿业碳排放量上管控较为严格,并未受到过多影响。各省份中仅有黑龙江省在考虑勘查、开采违法案件立案数量和矿业碳排放量后的纯技术效率值低于0.5,因此导致东北地区在考虑非期望产出时的纯技术效率偏低。

表 5-8 2008—2018 年考虑非期望产出 SBM 模型的纯技术效率

地区	年份											平均值
	2008	2009	2010	2011	2012	2013	2014	2015	2016	2017	2018	
河北	0.51	1.00	1.00	0.57	0.46	1.00	1.00	0.33	0.31	0.44	0.45	0.64
内蒙古	1.00	1.00	1.00	1.00	1.00	1.00	1.00	1.00	1.00	1.00	1.00	1.00
山西	1.00	1.00	1.00	1.00	1.00	1.00	1.00	1.00	1.00	1.00	1.00	1.00
华北地区	0.84	1.00	1.00	0.86	0.82	1.00	1.00	0.78	0.77	0.81	0.82	0.88
黑龙江	0.31	0.30	0.23	0.30	0.29	0.32	0.28	0.30	0.40	1.00	1.00	0.43
吉林	0.53	0.59	0.39	0.55	0.42	0.56	0.62	0.56	1.00	0.68	0.59	0.59
辽宁	0.51	0.45	1.00	0.52	0.42	0.50	0.51	0.53	1.00	0.68	1.00	0.65
东北地区	0.45	0.45	0.54	0.46	0.38	0.46	0.47	0.46	0.80	0.78	0.86	0.56
安徽	1.00	1.00	1.00	1.00	0.47	1.00	1.00	0.46	1.00	1.00	1.00	0.90
福建	1.00	1.00	1.00	1.00	1.00	1.00	1.00	1.00	1.00	1.00	1.00	1.00
江苏	1.00	1.00	1.00	1.00	1.00	1.00	1.00	1.00	1.00	1.00	1.00	1.00
江西	0.53	0.68	1.00	0.43	1.00	0.60	1.00	1.00	0.56	1.00	1.00	0.80
山东	1.00	1.00	1.00	1.00	1.00	1.00	1.00	1.00	1.00	1.00	0.56	0.96
浙江	1.00	0.57	1.00	1.00	1.00	1.00	1.00	1.00	1.00	1.00	1.00	0.96
华东地区	0.92	0.88	1.00	0.90	0.91	0.93	1.00	0.91	0.93	1.00	0.93	0.94
河南	1.00	1.00	1.00	0.66	0.53	1.00	0.64	0.50	0.59	0.46	0.37	0.70
湖北	1.00	1.00	1.00	1.00	0.38	0.44	1.00	0.71	1.00	1.00	1.00	0.87
湖南	0.48	0.51	0.35	0.58	0.32	0.37	0.41	0.46	0.54	0.45	1.00	0.50
华中地区	0.83	0.84	0.78	0.74	0.41	0.60	0.68	0.56	0.71	0.63	0.79	0.69
广东	1.00	0.53	0.58	1.00	0.56	0.64	0.65	1.00	1.00	1.00	0.63	0.78
广西	1.00	1.00	0.60	1.00	0.57	1.00	1.00	0.62	0.63	1.00	1.00	0.86
海南	1.00	1.00	1.00	1.00	1.00	1.00	1.00	1.00	1.00	1.00	1.00	1.00
华南地区	1.00	0.84	0.73	1.00	0.71	0.88	0.88	0.87	0.88	1.00	0.88	0.88
贵州	1.00	1.00	0.53	1.00	1.00	1.00	1.00	1.00	1.00	1.00	1.00	0.96
四川	0.79	1.00	1.00	1.00	1.00	1.00	1.00	1.00	1.00	1.00	1.00	0.98
云南	1.00	1.00	0.63	0.61	0.52	1.00	1.00	0.60	0.54	0.51	0.49	0.72
重庆	1.00	1.00	1.00	1.00	1.00	1.00	1.00	1.00	1.00	1.00	1.00	1.00
西南地区	0.95	1.00	0.79	0.90	0.88	1.00	1.00	0.90	0.88	0.88	0.87	0.91

(续表)

地 区	年 份											平均值
	2008	2009	2010	2011	2012	2013	2014	2015	2016	2017	2018	
甘肃	1.00	1.00	1.00	1.00	0.49	1.00	0.53	1.00	1.00	1.00	0.73	0.89
宁夏	1.00	1.00	1.00	1.00	1.00	1.00	1.00	1.00	1.00	1.00	1.00	1.00
青海	1.00	1.00	1.00	1.00	1.00	1.00	1.00	1.00	1.00	1.00	1.00	1.00
陕西	1.00	1.00	1.00	1.00	1.00	1.00	0.58	1.00	1.00	1.00	1.00	0.96
新疆	0.58	0.58	0.56	0.63	0.50	0.46	1.00	0.39	0.47	0.47	0.49	0.56
西北地区	0.92	0.92	0.91	0.93	0.80	0.89	0.82	0.88	0.89	0.89	0.84	0.88
全国平均	0.86	0.86	0.85	0.85	0.74	0.85	0.86	0.81	0.85	0.86	0.86	0.84

3. 绿色矿业发展效率区域空间特性分析

对考虑非期望产出的 SBM 模型所得效率值开展区域空间特性分析,仍将我国划分为 7 个区域进行对比分析。根据规模收益的定义,规模效率应采用径向模型进行计算,因此在 SBM 模型中仅分析其综合技术效率和纯技术效率的区域情况。

从考虑非期望产出的 SBM 模型所得的绿色矿业发展综合技术效率层面(图 5-5)来看,东北地区和华中地区在考虑勘查、开采违法案件立案数量和矿业碳排放量后 2008—2018 年的综合技术效率明显低于其他地区,且与其他地区的综合技术效率拉开了更大的差距。东北地区除 2016 年表现较为良好外,其他年份均处于全国最低水平,但整体来看东北地区在考虑勘查、开采违法案件立案数量和矿业碳排放量后绿色矿业发展水平整体呈现出小幅度增长状态,

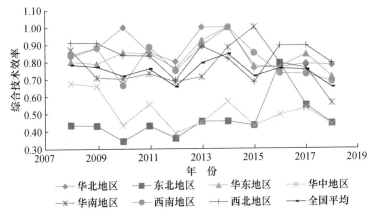

图 5-5 考虑非期望产出 SBM 模型的区域综合技术效率变动趋势

而华中地区则整体呈现出递减状态,其 2008—2009 年明显优于东北地区,但在此后逐渐与东北地区持平。其他地区在考虑勘查、开采违法案件立案数量和矿业碳排放量后绿色矿业发展整体水平基本维持在一个较为平稳的状态,并未受到勘查、开采违法案件立案数量和矿业碳排放量的过多负面影响。

从考虑非期望产出的 SBM 模型所得的绿色矿业发展纯技术效率(图 5-6)来看,尽管东北地区在考虑勘查、开采违法案件立案数量和矿业碳排放量后 2008—2018 年的纯技术效率仍然明显低于其他地区,但整体呈现出明显的上升趋势,尤其是 2015—2016 年,其纯技术效率从 0.46 提升到 0.80,接近全国平均水平,但其 2008—2015 年的纯技术效率一直处于低水平状态。华中地区 2008—2018 年考虑勘查、开采违法案件立案数量和矿业碳排放量后的纯技术效率呈现 V 形趋势,2008—2012 年整体处于下降状态,在 2012 年甚至一度接近东北地区的纯技术效率。但在 2012 年后开始反弹,在 2018 年纯技术效率重新回到 0.8 左右。其余地区 2008—2018 年的考虑勘查、开采违法案件立案数量和矿业碳排放量的纯技术效率基本维持在 0.8 以上。

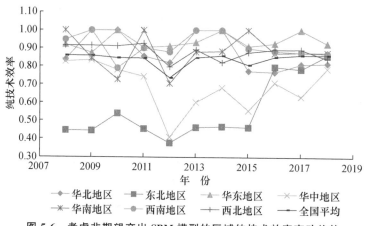

图 5-6 考虑非期望产出 SBM 模型的区域纯技术效率变动趋势

考虑非期望产出的 SBM 模型不能计算规模效率,因此考虑从 CCR 模型效率值和 SBM 模型效率值两个效率值的象限图来对勘查、开采违法案件立案数量和矿业碳排放量的具体影响(图 5-7)进行分析,以 CCR 模型得到的综合技术效率和 SBM 模型得到的综合技术效率的全国平均值作为中心,东北地区和华中地区位于第三象限,华北地区、西北地区、西南地区、华东地区以及华南地区位于第一象限,表明无论是否考虑勘查、开采违法案件立案数量和矿业碳排放量的影响,东北地区和华中地区绿色矿业发展都处于一个较低的水平。从象限图可以明显看出,华北地区、西北地区和华东地区在考虑勘查、开采违法案件立案数量和矿业碳排放量影响后整体发展水平较高,华北地区和西南地区在未考虑勘查、开采违法案件立案数量和矿业碳排放量情况时表现较为良好。华南地区无论是否考虑勘查、开采违法案件立案数量和矿业碳排放量,其整体水平均接近全国平均水平。

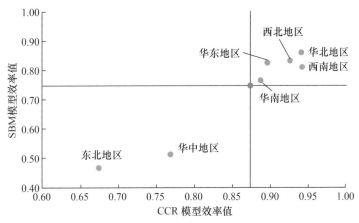

图 5-7 区域 CCR 模型效率值和 SBM 模型效率值象限图

基于 DEA-Malmquist 模型的绿色矿业发展效率研究

5.4.1 Malmquist 模型的构建

无论是传统的径向 CCR 模型和 BCC 模型还是非径向的 SBM 模型,其前沿面都是针对同一时间点各决策单元的生产效率来进行构造的,并未考虑到在不同的时间上,其生产前沿面所发生的改变,即技术进步导致的生产前沿面的前移或者后退。对我国各省、自治区、直辖市的绿色矿业发展效率测度不仅需要静态分析,同时还需要结合动态分析,Malmquist 全要素生产率指数(简称"MI 指数")正是 Malmquist 提出专门用于测度动态效率的一种指数,Rolf 等

(1994)最先将 MI 指数分解为两个不同时期的综合技术效率变动(EC)和技术效率变动(TC),其中技术效率变动反映的就是随着时间的改变生产前沿面的移动情况,综合技术效率变动则是反映决策单元与生产前沿面之间的距离变化。MI 指数刚提出时仅包含期望产出,Chung 等(1997)将包含"坏"产出的方向距离函数引入全要素指数中,并使非期望产出的 MI 指数成为 Malmquist-Luenberger 全要素生产率指数(简称"ML 指数"),后面引申为任何包含非期望产出的 Malmquist 模型得出的全要素指数都可以称为 ML 指数。本书在对我国 27 个省、自治区、直辖市的绿色矿业发展效率进行测度时包含勘查、开采违法案件立案数量和矿业碳排放量等非期望产出指标,因此适合使用 ML 指数来对我国省域绿色矿业发展效率进行测度。

Malmquist 模型,从时期 t 到 $t+1$ 的 MI 指数表达式为

$$M(x^{t+1}, y^{t+1}, x^t, y^t) = \sqrt{\frac{E^t(x^{t+1}, y^{t+1})}{E^t(x^t, y^t)} \times \frac{E^{t+1}(x^{t+1}, y^{t+1})}{E^{t+1}(x^t, y^t)}}$$

在 MI 指数的计算公式中,$E^t(x^t, y^t)$ 和 $E^{t+1}(x^{t+1}, y^{t+1})$ 分别是待测度对象在两个时期的技术效率值,可以将其比值作为两个时期的技术效率变化:

$$EC = \frac{E^{t+1}(x^{t+1}, y^{t+1})}{E^t(x^t, y^t)}$$

对于生产前沿面的移动情况,可以用以下表达式进行描述:

$$TC = \sqrt{\frac{E^t(x^t, y^t)}{E^{t+1}(x^t, y^t)} \times \frac{E^t(x^{t+1}, y^{t+1})}{E^{t+1}(x^{t+1}, y^{t+1})}}$$

技术效率变动大于 1 表示前沿面前移,小于 1 表示前沿面后退,前沿面前移代表着技术进步。

ML 指数、综合技术效率变动和技术效率变动三者之间的数量关系可以表示为

$$ML = EC \times TC = \frac{E^{t+1}(x^{t+1}, y^{t+1})}{E^t(x^t, y^t)} \times \sqrt{\frac{E^t(x^t, y^t)}{E^{t+1}(x^t, y^t)} \times \frac{E^t(x^{t+1}, y^{t+1})}{E^{t+1}(x^{t+1}, y^{t+1})}}$$

若 ML 指数大于 1,则表示效率在提高;若 ML 指数小于 1,则表示效率在降低;若 ML 指数等于 1,则表示效率保持不变。

5.4.2 Malmquist 模型测度结果与分析

ML 指数是将包含非期望产出的方向距离函数应用于 Malmquist 模型,

ML指数能够很好地反映出我国各省、自治区、直辖市不同时期绿色矿业发展效率的动态变动趋势,利用MaxDEA 8.0软件,在规模报酬可变的条件下运用SBM-Malmquist-Luenberger模型根据我国27个省、自治区、直辖市2008—2018年的绿色矿业发展面板数据分别计算其ML指数、综合技术效率变动、技术效率变动,其中ML指数等于综合技术效率和技术效率变动的乘积。

1. 绿色矿业发展效率的时序演进过程

2008—2018年我国绿色矿业发展ML指数如表5-9所示。从表5-9可以看出,我国27个省、自治区、直辖市在2008—2018年绿色矿业发展的ML指数平均值为1.0924,平均增长9.24%,其中综合技术效率变动平均值为1.0334,平均增长为3.34%,技术效率变动平均值为1.1042,平均增长10.42%,由此可以看出我国2008—2018年绿色矿业发展的ML指数受到综合技术效率变动和技术效率变动的共同影响,但技术效率变动对我国绿色矿业发展效率的影响更大。

从各时间段来看,2008—2009年和2017—2018年我国整体绿色矿业发展效率存在明显提升,其ML指数分别为1.2167和1.2148,表明2009年和2018年我国绿色矿业发展水平较上一年分别提高了21.67%和21.48%。尽管我国2008—2018年绿色矿业发展水平整体呈现出明显的上升趋势,但其中的2009—2010年和2015—2016年的ML指数均小于1,分别为0.9381和0.9762,表明2010年和2016年的我国整体绿色矿业发展水平较前一年有一定程度的降低。从指数分解情况来看,综合技术效率变动有一半时间都处于降低的状态,尽管整体处于改善状态,但相较于技术效率变动平均值偏低,尤其是2017—2018年,综合技术效率变动仅为0.8714,而技术效率变动却达到1.4148,说明我国绿色矿业发展效率在企业管理、生产规模优化等方面还有待继续提升。

表5-9 2008—2018年我国绿色矿业发展ML指数及其分解

年　份	ML指数	EC	TC
2008—2009	1.2167	0.9909	1.2257
2009—2010	0.9381	0.9561	1.0198
2010—2011	1.0813	1.1289	0.9692

(续表)

年份	ML 指数	EC	TC
2011—2012	1.1037	0.8906	1.2954
2012—2013	1.0988	1.3102	0.8589
2013—2014	1.0386	1.1363	0.9207
2014—2015	1.1084	0.8687	1.3445
2015—2016	0.9762	1.1515	0.8727
2016—2017	1.1472	1.0293	1.1202
2017—2018	1.2148	0.8714	1.4148
平均值	1.0924	1.0334	1.1042

结合图 5-8 可以看出我国绿色矿业发展水平整体趋于平稳,其中 2008—2009 年和 2016—2018 年波动较大,其他年份绿色矿业发展的 ML 指数基本维持在 1.1 上下波动。从指数分解情况来看,综合技术效率变动和技术效率变动一直围绕绿色矿业发展的 ML 指数上下波动,综合技术效率变动在 2012—2013 年提升最为明显,技术效率变动在 2011—2012 年、2014—2015 年以及 2017—2018 年均有明显提升。

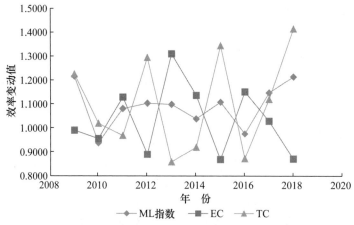

图 5-8　我国 2010—2018 年 ML 指数及其分解

2. 省域绿色矿业发展效率的差异分析

由表 5-10 可以看出我国 27 个省、自治区、直辖市以及 7 个区域的绿色矿业发展效率变化情况。从各区域角度来看,我国 7 个区域的绿色矿业发展的 ML 指数均大于 1,表明我国各行政区的绿色矿业发展情况均有所改善,绿色矿业发展效率都有着不同程度的提高,且各区域的技术效率变动均大于综合技术效率变动,其中华东地区 2008—2018 年绿色矿业发展效率提升最为明显,其 2008—2018 年绿色矿业发展的 ML 指数达到了 1.1582,表明 2008—2018 年,每年相较于其前一年的绿色矿业发展效率平均提高了 15.82%。华东地区 2008—2018 年的综合技术效率变动和技术效率变动平均值分别为 1.0703 和 1.1617,由此可见华东地区绿色矿业发展情况的不断改善主要受到技术效率变动的影响,说明华东地区 2010—2018 年在技术发展、设备引进等方面进步明显,但在生产规模以及人员管理上还有较大的提升空间。从各省域角度来看,我国大部分省份的绿色矿业发展 ML 指数均大于 1。其中华东地区的安徽省和江西省 ML 指数分别达到了 1.2702 以及 1.2684,在很大程度上拉动了华东地区整体的绿色矿业发展效率。从效率分解来看,虽然两省的 ML 指数都很高,但安徽省主要是受到技术效率变动的影响,而江西省则是受到综合技术效率变动的影响。海南省和云南省的全要素生产率分别为 0.9892 和 0.9367,表明 2008—2018 年,两省每年相较于其前一年的绿色矿业发展效率值平均分别降低了 1.08% 和 6.33%,从指数分解来看,两地均表现为综合技术效率变动下降所致。

表 5-10　我国区域 2010—2018 年绿色矿业发展 ML 指数及其分解

地 区	ML 指数	EC	TC
河北	1.0634	1.1046	1.0974
内蒙古	1.0521	1.0000	1.0521
山西	1.1059	1.0000	1.1059
华北地区	1.0738	1.0349	1.0851
黑龙江	1.0552	1.0233	1.0434
吉林	1.0727	1.0501	1.0645
辽宁	1.1206	1.0593	1.1248
东北地区	1.0828	1.0442	1.0776
安徽	1.2702	1.1213	1.3403
福建	1.0481	1.0336	1.0768
江苏	1.1938	1.0506	1.2783
江西	1.2684	1.2048	1.0739
山东	1.0673	0.9329	1.1693
浙江	1.1014	1.0784	1.0316
华东地区	1.1582	1.0703	1.1617

（续表）

地区	ML 指数	EC	TC
河南	1.0256	0.9292	1.1389
湖北	1.1522	1.0326	1.1636
湖南	1.1466	1.0370	1.1413
华中地区	1.1081	0.9996	1.1479
广东	1.0184	0.9705	1.0737
广西	1.0621	1.0262	1.0692
海南	0.9892	0.9709	1.0296
华南地区	1.0233	0.9892	1.0575
贵州	1.1014	0.9998	1.1203
四川	1.1227	1.1213	1.0254
云南	0.9367	0.9644	1.0168
重庆	1.0616	1.0000	1.0616
西南地区	1.0556	1.0214	1.0561
甘肃	1.1541	1.0322	1.1783
宁夏	1.0084	1.0000	1.0084
青海	1.0264	1.0000	1.0264
陕西	1.1576	1.0975	1.2112
新疆	1.1126	1.0610	1.0903
西北地区	1.0918	1.0382	1.1029
全国平均	1.0924	1.0334	1.1042

结合图 5-9 可以看出我国各省份绿色矿业发展的 ML 指数基本维持在 1.0~1.1,且各省基本呈现出技术效率变动高于综合技术效率变动。其中安徽省和江苏省表现最为明显:安徽省绿色矿业发展 ML 指数和技术效率变动均为 1.3 左右,但综合技术效率变动仅为 1.1 左右,江苏省技术效率变动接近于 1.3,但其综合技术效率变动不到 1.1,说明以上两省绿色矿业发展效率的提升主要是受到技术效率变动的影响,但仍有江西省和浙江省等综合技术效率变动明显大于技术效率变动。

3. 绿色矿业发展效率区域空间特性分析

将考虑非期望产出的 Malmquist-Luenberger 模型所得效率值及其分解情况进行区域空间特性分析,仍将我国划分为 7 个区域进行对比分析。针对 Malmquist-Luenberger 模型计算得出的绿色矿业发展 ML 指数、综合技术效率变动、技术效率变动结果按照 7 个区域的空间特性进行分析。

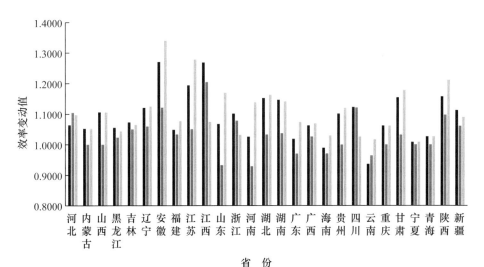

图 5-9　省域 2008—2018 年 ML 指数及其分解

从绿色全要素生产率层面(图 5-10)来看,各地区绿色矿业发展的 ML 指数波动较大,除 2010 年外,其他年份全国平均 ML 指数均大于 1,且维持在相对稳定的区间内,表明我国整体绿色矿业发展水平正在稳步提升。从各地区来看,ML 指数均有较大程度的波动,且各地趋势不一。华北地区 2009 年的 ML 指数达到 1.45,但 2010—2011 年又连续出现下降,其 ML 指数均低于 1,而后相继出现 ML 指数先增长再降低后又增长的情况,整体呈现出一个 W 形趋势。

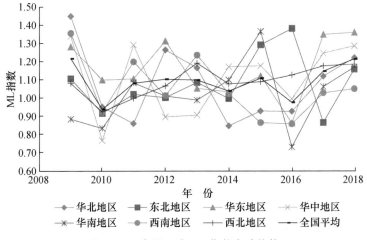

图 5-10　我国区域 ML 指数变动趋势

东北地区2009—2014年的ML指数基本维持在1左右,表明其绿色矿业发展效率基本没有变化,但在2015—2016年有着明显提升,其ML指数分别达到了1.29和1.38,即2014—2015年、2015—2016年绿色矿业发展效率分别提升了29%和38%。

从综合技术效率变动情况来看,各地区的综合技术效率变动基本维持在1附近,且整体趋势基本一致(图5-11),均呈现出上下波动型,大部分地区在2011年、2013年和2016年出现波峰,在2010年、2012年和2015年出现波谷,其中东北地区2016年表现最为明显,其综合技术效率变动达到了1.75,是东北地区2016年绿色矿业ML指数达到1.38的主要原因,但在2017年又相继出现了最低点,其综合技术效率变动仅为0.76,这同样是东北地区2017年ML指数仅为0.87的主要影响因素。

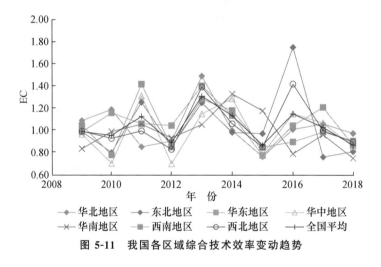

图5-11 我国各区域综合技术效率变动趋势

从技术效率变动情况来看,各地区的技术效率变动趋势基本一致,和综合技术效率变动类似,均呈现出上下波动,但技术效率变动的变化一致性表现得更加明显,大部分地区在2009年、2012年、2015年和2018年达到峰值(图5-12),同时反映出在技术进步方面不同地区的差异较小,这与现有技术的改进和交流传播有关。从技术进步的上下波动性可以看出,我国绿色矿业发展的技术改进并非一帆风顺,而是进行不断地探索,同时受到产业结构升级、政府政策支持等方面的影响。

根据Malmquist-Luenberger模型分解的综合技术效率变动和技术效率变

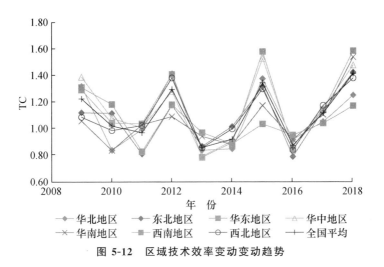

图 5-12 区域技术效率变动变动趋势

动绘制了象限图(图5-13)。从图5-13可以看出,全国7个地区在象限图的每个象限均有分布:华东地区位于第一象限,表明其综合技术效率变动和技术效率变动两个方面在7个地区中都有着较好的表现;华中地区位于第二象限,即技术进步提升明显,但其综合技术效率变动情况较差;第三象限包括华南地区和西南地区,尽管其技术效率变动仍大于1,但与其他5个地区相比较,在综合技术效率变动和技术效率变动方面仍有较大差距,提升空间大;华北地区、东北地区以及西北地区位于第四象限,由此可见我国北方地区在绿色矿业发展的技术进步方面相较于其他地区仍有所欠缺,但其在综合技术效率变动上表现较好。

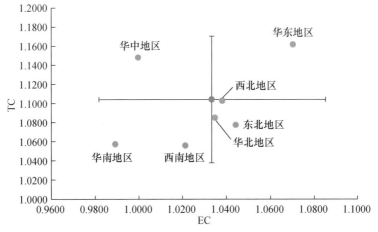

图 5-13 区域综合技术效率变动和技术效率变动象限图

第6章 绿色矿山建设水平测度

6.1 绿色矿山建设水平测度指标体系构建

绿色矿山建设水平测度的基础工作是构建相应的测度指标体系,科学合理、适用性强的指标体系是提升绿色矿山建设水平测度质量的关键之一,也是绿色矿山评价研究的重点问题。评价者的行业、专业以及评价目的不同,绿色矿山建设水平测度的指标体系可能存在差异。绿色矿山建设水平测度不可能将全部的影响因素纳入,一是因为考虑的因素过多,则相应的指标体系更复杂,给评价建模及求解造成了困难;二是部分指标的重要性程度低,其影响甚至可以忽略;三是众多的指标之间,部分指标可能存在相关性,即信息存在冗余。在构建绿色矿山建设水平测度指标时,应考虑显著的影响因素,着重于测度结果的实践性与应用性。绿色矿山建设水平测度指标体系构建是开展绿色矿山建设测度的主要工作之一。本书以原国土资源部出台的相关文件、规划和规范为基础,综合国内学者的工作成果,从矿区环境、资源开发方式、资源综合利用、节能减排、科技创新和企业管理6个方面构建测度指标体系。

6.1.1 矿区环境

矿区环境指标要求矿区开发规划和功能分区合理,全面实现矿区绿化,对生产过程中产生的废弃物要全部进行处置,矿山生产、运输等各个环节管理规范有序。

1. 矿区绿化和美化

矿山企业对矿区内可绿色区域应全部实现绿化,实现可绿化区域绿化率

100%;矿区的绿化以及景观设计等应根据区域自然环境、地形地貌开展建设,保障绿化、美化的效果;矿山企业应制订矿区绿化养护计划,建立矿区绿化、美化的长效机制。

2. 现场管理

现场管理包括入场管理、目视管理、定置管理、看板管理。矿山企业现场应按生产区、管理区和生活区进行功能分区;在每个分区,按相关要求设置操作提示牌、线路示意图牌,且标牌的尺寸、形状和颜色等应符合相关要求和规定;设备、生产材料等要分类分区、规范管理;固体废弃物、生活垃圾要规范管理、合理处置。

3. 配套设施

矿山企业应有完善的生产配套设施和生活配套设施。生产配套设施包括矿区地面运输、供水、供电等,生活配套设施包括企业职工宿舍、食堂、澡堂等。生产配套设施和生活配套设施应运转正常,管理规范。

6.1.2 资源开发方式

矿山企业应根据自身的资源赋存状况、生态环境特征,因地制宜选择采矿、选矿工艺;要积极开展技术创新,改进技术工艺;矿山企业的资源开发利用方式应与区域内的环境保护、资源保护以及城乡建设相协调;应最大程度地减少矿产资源开发对自然环境的破坏,对已破坏的环境应及时治理恢复。

1. 资源开采水平

针对不同的矿种和资源禀赋特征,采用科学合理的开采方式,最大程度地减少废石排放,减轻矿山地质灾害,减少土地占用,从而最大程度地减轻对矿区生态地质环境的扰动。

2. 选矿与加工工艺

采用先进的设备与工艺,减少单位矿产品能耗,减少"三废"的产生;提高开采回采率、选矿回收率以及综合利用率水平,充分回收利用矿产资源。

3. 矿山环境恢复与治理

编制矿山地质环境恢复、治理与土地复垦方案,并按方案所规定的治理项目时序要求进行地质环境恢复、治理与土地复垦;对治理后的各类场所,恢复土地基本功能,区域整体生态功能应得到保护和恢复,并开展复垦土地的动态监测。

4. 环境管理与监测

矿山企业应加强环境管理和保护。要建立完善的环境监测制度和应急响应机制;要构建完善的环境保护设施,相关设施必须运转正常;要加强对矿山地质环境、废水、尾矿等动态监测,并形成相应的监测记录。

6.1.3 资源综合利用

矿山企业应不断地提高资源综合利用水平,保护不可再生的矿产资源。要加强共伴生资源的勘查与开发利用,在现有技术经济条件下可利用的应全部利用;科学利用矿山的固体废弃物、废水等,提高企业效益,保护环境,发展循环经济。

1. 共伴生矿产利用

按照矿产资源开发利用方案,采用先进的装备、工艺技术对矿区内的共伴生资源进行加工处理和综合利用;充分利用低品位矿和复杂难以处理的矿,提升矿山节约集约利用水平,提高企业经济效益。

2. 固体废弃物处置与利用

合理处置固体废弃物,特别是危险固体废弃物。鼓励矿山企业充分利用工业固体废弃物,增加矿山企业的经济生态效益;合理处置表土,用于生态修复、土地复垦,减少对土地的占用。

3. 废水处置与利用

矿山企业应充分利用开采与选矿加工过程中的废水,建立废水循环处理系统,尽量做到废水全部利用、不外排;生活污水得到有效处置,尽可能建立生活污水处理系统。

6.1.4 节能减排

矿山企业应采用新技术、新工艺、新设备和新材料,控制并减少单位产品能耗,减少"三废"的排放。

1. 节能降耗

矿山企业应建立全过程能耗管理体系,取得能源管理体系认证;制定年度能源管理计划,将节能指标层层分解;矿山单位产品能耗、水耗等指标要达到国家或行业规定要求,单位能耗要体现进步要求。

2. 固体废弃物排放

矿山企业对生产过程中产生的在现有经济技术条件下无法综合利用的固体废弃物,要根据类别实行分级分类管理,并按照相关法律和标准,对固体废弃物进行合理处置。

3. 废水排放

矿山废水应进行处置后达标排放。在开采、选矿过程中产生的工业废水尽量循环利用,实现零排放;排水管道设施齐全,实现雨水、污水管群分开设置。

4. 废气排放

矿山企业要完善设备设施,抑制和处理开采、选矿及运输过程中产生的粉尘;对有毒有害的工业废气应建立废气净化系统,实现达标排放。

6.1.5 科技创新

矿山企业作为创新的主体,应建立科技研发队伍,对矿山企业生产中的关键技术开展技术攻关,不断改进矿山企业的工艺技术与设备水平;采用计算机和智能控制等技术建设智能矿山和生产自动化系统,提高矿山生产的自动化水平,实现生产全过程集中管控和信息联动。

1. 技术研发体系建设

矿山企业要结合自身实际情况,建立技术研发管理制度,构建产、学、研、用的协同创新体系,配备结构合理的技术研发队伍,积极开展对外技术交流与合作。

2. 科技成果

矿山企业应加强新技术、新工艺研发,对已有落后设备、工艺等进行技术改造,要加大研发和技改投入;矿山企业专利、软件著作权等知识产权情况,以及矿山企业研究项目、成果所获得的省部级及以上的奖励是衡量科技创新能力的重要指标之一。

3. 先进技术与装备

矿山企业尽可能选用《国家鼓励发展的环境保护技术目录》《国家先进污染

防治技术目录》《国家重点节能技术推广目录》《矿产资源节约和综合利用先进适用技术目录(2022年版)》等目录中国家鼓励、支持和推广的先进技术和装备,不断提高矿山企业技术和装备水平。

4. 数字化矿山建设

矿山企业应构建远程视频监控、资源储量管理、环境在线监测等系统,并纳入矿山自动化集中管制平台;建立开采及选矿过程中的远程控制系统,不断提高矿山自动化水平。

6.1.6 企业管理

矿山企业应建立完善的资源管理、生态环境保护、安全生产等规章制度与工作机制;确立以人为本、创新学习、绿色发展的企业核心价值观,确立符合矿山企业特点和推进实现矿山企业发展战略目标的企业文化;构建矿山企业与地方共建、利益共享、共同发展的理念,提高矿区人民生活质量。

1. 企业管理制度

矿山企业应建立功能区管理制度、职业健康管理制度、环境保护管理制度、职工培训制度、应急管理制度等各项制度,加强采选装备管理,加强对进入厂区人员的识别、管理,形成完善的企业管理制度体系。

2. 绿色矿山管理

矿山企业应编制绿色矿山建设方案,定期或不定期开展绿色矿山建设宣传活动,积极开展绿色矿山建设培训,将绿色矿山建设纳入年终考核。

3. 企业诚信

矿山企业应按自然资源管理部门规定进行矿业权人勘查开采信息公示;矿山企业应依法纳税,不能存在偷漏税行为;矿山企业应按要求提交相关资料数据。

4. 矿地和谐

矿山企业要与社区建立良好的关系,及时处理矿山企业与所在地社区的各种矛盾;矿山企业要积极履行社会责任,为所在地的基础设施建设、人民生活水平的提高做出贡献。

6.2 单层次测度模型——犹豫模糊 TOPSIS

6.2.1 假设及记号

在利用犹豫模糊集对绿色矿山建设水平进行测度的过程中,为了描述方便和建模的需要,做如下假设及记号。

1. 绿色矿山建设水平测度对象

绿色矿山建设水平测度对象为生产矿山,考虑一个多指标的绿色矿山建设水平测度问题:$A=\{KS_1,KS_2,\cdots,KS_n\}$ 为 n 个待测度矿山的集合,KS_i 表示第 i 个待测度的矿山。

2. 绿色矿山测度指标

设绿色矿山建设水平单层次测度指标集 $X=\{x_1,x_2,\cdots,x_m\}$,x_i 为第 i 个指标。

3. 犹豫模糊集

假设用犹豫模糊数来表达待测度矿山在矿区环境、资源开发方式、资源综合利用、节能减排、科技创新和企业管理 6 个指标下的测度值,第 i 家待测度矿山 KS_i 关于 X 的一个犹豫模糊集为(Xia et al.,2011b)

$$A=\{\langle x,h_A(x)\rangle \mid x \in X\}$$

其中,$h_A(x)$ 表示矿山 KS_i 在属性 x 下可能的隶属度,该隶属度可由一个犹豫模糊元素 h_{ij} 来表示。全部指标下某绿色矿山的犹豫模糊决策矩阵 H 可表示为

$$H=\begin{bmatrix} h_{11} & h_{12} & h_{13} & \cdots & h_{1n} \\ h_{21} & h_{22} & h_{23} & \cdots & h_{2n} \\ \vdots & \vdots & \vdots & \cdots & \vdots \\ h_{m1} & h_{m2} & h_{m3} & \cdots & h_{mn} \end{bmatrix}$$

4. 绿色矿山建设水平测度指标权重向量

绿色矿山建设水平测度指标权重由基于犹豫模糊集的方法、层次分析法以及组合法得到,设 3 种方法得到的权重向量分别为 W^H、W^A、W^C。

5. 绿色矿山建设水平贴近度

设 d 为待测度矿山到犹豫模糊理想解的距离。对绿色矿山建设水平测度采用3种距离：犹豫模糊 Hamming 距离(HNHD)、犹豫模糊 Euclidean 距离(HNED)以及基于核函数的犹豫模糊核距离(HFKD)，分别记为 d^{HNHD}、d^{HNED}、d^{HFKD}。基于3种距离，计算待测度矿山到犹豫模糊正理想解与犹豫模糊负理想解的距离，最后计算矿山的贴近度 C_i^{HNHD}、C_i^{HNED}、C_i^{HFKD}。

6.2.2 测度指标与权重计算

根据对绿色矿山建设水平影响因素的分析，并结合犹豫模糊 TOPSIS 方法特点，本着简化问题的目的，本章构建了单层次的犹豫模糊 TOPSIS 测度指标，包括矿区环境、资源开发方式、资源综合利用、节能减排、科技创新以及企业管理6个综合指标。$A = \{KS_1, KS_2, \cdots, KS_n\}$ 为待测度的对象，具体的测度指标与测度对象的结构关系如图6-1所示。

绿色矿山建设水平测度本质上是一个多属性决策问题，测度指标权重的估计在多属性决策中扮演了重要的角色。在绿色矿山建设水平测度中，各指标权重的相对重要性是不同的，指标权重的大小对测度结果有着重要的影响，因此合理确定各指标权重是绿色矿山测度的关键问题之一。主观法充分利用了专家知识与经验，能够较好地体现决策者的意向，但测度结果具有较大的主观性；客观法则较好地克服了主观性，具有较强的数学理论依据，缺点则是没有利用专家的知识，在实际评价工作中往往把二者结合起来。针对由数值信息表示的多属性决策问题，最大偏差法对具有较大偏差的指标赋予较大的权重，对具有较小偏差的指标赋予较小的权重。

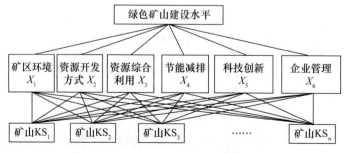

图 6-1 绿色矿山建设水平测度指标体系

在犹豫模糊环境下,各测度指标的权重 W^H 可归结为一个优化问题(Xu et al.,2013;刘小弟等,2016):

$$\max d(w) = \sum_{k=1}^{m}\sum_{i=1}^{n}\sum_{k=1}^{n} w_j d_{ij}(h_{ij}, h_{kj})$$

$$\text{s.t.} \begin{cases} \sum_{k=1}^{m} w_k^2 = 1 \\ \text{s.t.} \ w_k \geqslant 0, \quad k=1,2,\cdots,n \end{cases} \quad (6\text{-}1)$$

在该最优化模型中,d_{ij} 为犹豫模糊元素之间的距离,在该优化模型中采用犹豫模糊欧氏距离(Xu et al.,2011)。利用层次分析法计算待测度矿山 KS_1,KS_2,$\cdots$,KS_n 指标的权重 W^A,最终计算出各测度指标的组合法权重[式(6-2)]

$$W^C = \alpha W^H + (1-\alpha)W^A \quad (6\text{-}2)$$

式中,α 为加权系数,一般取 $\alpha = 0.5$。

6.2.3 犹豫模糊 TOPSIS

TOPSIS 通过计算待评价方案与理想方案之间的接近程度来确定最佳方案,使用方便灵活,应用比较广泛。在对绿色矿山建设水平测度中,引入犹豫模糊 TOPSIS:基于构建的指标体系邀请相关领域的专家就各指标给出评价值,建立犹豫模糊决策矩阵,计算各指标的权重;确定绿色矿山建设水平测度问题的犹豫模糊正理想解与负理想解,计算每个矿山到正理想解与负理想解的距离,最后计算贴近度并根据贴近度的值进行待测度的绿色矿山 KS_1,KS_2,$\cdots$,KS_n 建设水平排序。具体的步骤有:

1. 构建犹豫模糊决策矩阵

根据构建指标体系中的 6 个一级指标,即矿区环境、资源开发方式、资源综合利用、节能减排、科技创新和企业管理,邀请相关领域的专家给出指标评估值,构建犹豫模糊决策矩阵 $H = (h_{ij})_{n \times m}$;针对犹豫模糊数中元素个数可能不相同的情况,可根据乐观原则或悲观原则,拓展犹豫模糊元素进行标准化处理,使得每个犹豫模糊数中元素个数一致。

2. 计算各测度指标的权重

在绿色矿山建设水平测度中,矿区环境、资源开发方式、资源综合利用、节能减排、创新与数字化矿山、企业管理 6 个指标的重要性是不同的,通过基于犹豫模糊集的方法、层次分析法以及组合法等方法计算各指标的权重 W^H、W^A、W^C。

3. 确定理想解

在犹豫模糊 TOPSIS 中，确定正理想解与负理想解是关键之一。在犹豫模糊环境下，可将 TOPSIS 中确定理想解方法拓展到犹豫正理想解 S^+ 与犹豫负理想解 S^-（Xu et al.，2013）。

$$S^+ = \{[x_j, \max_i\{h_{ij}^{\sigma(q)}\}] \mid j=1,2,\cdots,m\}$$

$$= \{[x_1,\{(h_1^1)^+,(h_1^2)^+,\cdots,(h_1^l)^+\}],[x_2,\{(h_2^1)^+,(h_2^2)^+,\cdots,(h_2^l)^+\}],\cdots,$$

$$[x_m,\{(h_m^1)^+,(h_m^2)^+,\cdots,(h_m^l)^+\}]\} \tag{6-3}$$

$$S^- = \{[x_j, \min_i\{h_{ij}^{\sigma(q)}\}] \mid j=1,2,\cdots,m\}$$

$$= \{[x_1,\{(h_1^1)^-,(h_1^2)^-,\cdots,(h_1^l)^-\}],[x_2,\{(h_2^1)^-,(h_2^2)^-,\cdots,(h_2^l)^-\}],\cdots,$$

$$[x_m,\{(h_m^1)^-,(h_m^2)^-,\cdots,(h_m^l)^-\}]\} \tag{6-4}$$

4. 计算各矿山到犹豫正理想解与犹豫负理想解的加权距离

各待测度矿山到理想解的距离采用 Hamming 距离、Euclidean 距离等在犹豫模糊环境下的拓展得到犹豫模糊 Hamming 距离 $d_i^{\text{HNHD}}(h_i,S^+)$ 与 $d_i^{\text{HNHD}}(h_i,S^-)$、犹豫模糊 Euclidean 距离 $d_i^{\text{HNED}}(h_i,S^+)$ 与 $d_i^{\text{HNED}}(h_i,S^-)$ (Tong et al.，2016)。另外，采用第 2 章提出的犹豫模糊核距离 d^{HFKD} 计算各矿山到犹豫正理想解与犹豫负理想解的加权距离 $d_i^{\text{HFKD}}(h_i,S^+)$ 与 $d_i^{\text{HFKD}}(h_i,S^-)$ [式(6-9)，式(6-10)]。

$$d_i^{\text{HNHD}}(h_i,S^+) = \sum_{j=1}^m \frac{1}{l}\sum_{q=1}^l \mid h_{ij}^{\sigma(q)} - (S_j^+)^{\sigma(q)} \mid \tag{6-5}$$

$$d_i^{\text{HNHD}}(h_i,S^-) = \sum_{j=1}^m \frac{1}{l}\sum_{q=1}^l \mid h_{ij}^{\sigma(q)} - (S_j^-)^{\sigma(q)} \mid \tag{6-6}$$

$$d_i^{\text{HNED}}(h_i,S^+) = \sum_{j=1}^m \frac{1}{l}\sum_{q=1}^l \sqrt{\frac{1}{l}\sum_{q=1}^l \mid\mid h_{ij}^{\sigma(q)} - (S_j^+)^{\sigma(q)} \mid^2} \tag{6-7}$$

$$d_i^{\text{HNED}}(h_i,S^-) = \sum_{j=1}^m \frac{1}{l}\sum_{q=1}^l \sqrt{\frac{1}{l}\sum_{q=1}^l \mid\mid h_{ij}^{\sigma(q)} - (S_j^-)^{\sigma(q)} \mid^2} \tag{6-8}$$

$$d_i^{\text{HFKD}}(h_i,S^+) = \sum_{j=1}^m \frac{1}{l}\sum_{q=1}^l \frac{1}{\sqrt{2}}\sqrt{2 - 2K(h_j,S_j^+)} \tag{6-9}$$

$$d_i^{\text{HFKD}}(h_i, S^-) = \sum_{j=1}^{m} \frac{1}{l} \sum_{q=1}^{l} \frac{1}{\sqrt{2}} \sqrt{2 - 2K(h_j, S_j^-)} \quad (6\text{-}10)$$

5. 计算各绿色矿山建设水平的相对贴近度

各绿色矿山建设水平的相对贴近度的计算公式为

$$C_i = \frac{d_i^-}{d_i^+ + d_i^-}, \quad i = 1, 2, \cdots, n \quad (6\text{-}11)$$

式中,d^+ 分别为 d^+ 分别为 $d_i^{\text{HNHD}}(h_i, S^+)$、$d_i^{\text{HNED}}(h_i, S^+)$ 和 $d_i^{\text{HFKD}}(h_i, S^+)$,$d^-$ 分别为 $d_i^{\text{HNHD}}(h_i, S^-)$、$d_i^{\text{HNED}}(h_i, S^-)$ 和 $d_i^{\text{HFKD}}(h_i, S^-)$。

6. 对各绿色矿山建设水平进行评估

按照 C_i 的值对各绿色矿山建设水平进行排序,C_i 值越小,对应的绿色矿山建设水平越高。

6.3 多层次测度模型——直觉模糊层次分析法

6.3.1 假设及记号

在利用直觉模糊集对绿色矿山建设水平进行测度的过程中,为了描述方便和建模的需要,做如下假设及记号。

1. 绿色矿山建设水平测度对象

绿色矿山建设水平测度对象为矿山,考虑一个包含 n 个待测度矿山的集合 $A = \{\text{KS}_1, \text{KS}_2, \cdots, \text{KS}_n\}$,$\text{KS}_i$ 表示第 i 个待测度的矿山。

2. 绿色矿山测度指标

设绿色矿山建设水平包含 m 个一级指标的指标集 $X = \{x_1, x_2, \cdots, x_m\}$,$x_i$ 为第 i 个一级指标。每一个一级指标下有若干个二级指标,设一级指标下的二级指标集为 $X_i = \{x_{i,1}, x_{i,2}, \cdots, x_{i,n_i}\}$,$j = 1, 2, \cdots, n_i$。$X_i$ 下有 n_i 个二级指标。

3. 直觉模糊判断矩阵

假设用直觉模糊数来表达待测度矿山矿区环境、资源开发方式、资源综合利用、节能减排、科技创新和企业管理 6 个一级指标相对于待测度绿色矿山建设水平的重要性,以及 22 个二级指标相对于其所属的一级指标的相对重要性。

根据已建立的绿色矿山建设水平测度指标层次结构,专家对一级指标、二级指标的重要性进行两两比较,分别建立一级指标直觉模糊判断矩阵 B 和二级指标直觉模糊判断矩阵 $C_i=(c_{ij})_{n_i \times n_i}$, $i=1,2,\cdots,6$。

一级指标直觉模糊判断矩阵:

$$B = \begin{bmatrix} r_{11} & r_{12} & r_{13} & \cdots & r_{1m} \\ r_{21} & r_{22} & r_{23} & \cdots & r_{2m} \\ \vdots & \vdots & \vdots & \cdots & \vdots \\ r_{m1} & r_{m2} & r_{m3} & \cdots & r_{mm} \end{bmatrix}$$

二级指标直觉模糊判断矩阵:

$$C_i = \begin{bmatrix} r_{1,1} & r_{1,2} & r_{1,3} & \cdots & r_{1,n_i} \\ r_{2,1} & r_{2,2} & r_{2,3} & \cdots & r_{2,n_i} \\ \vdots & \vdots & \vdots & \cdots & \vdots \\ r_{n_i,1} & r_{n_i,2} & r_{n_i,3} & \cdots & r_{n_i,n_i} \end{bmatrix}$$

4. 绿色矿山建设水平测度指标权重向量

设一级指标的权重向量为 $W=(r_1,r_2,\cdots,r_m)$,二级指标的权重向量为 $W_{C_i}=(r_{i,1},r_{i,2},\cdots,r_{i,n_i})$, $i=1,2,\cdots,6$。

5. 直觉模糊评价矩阵

根据构建的绿色矿山测度指标体系,由3名评价决策者采用直觉模糊数作为绿色矿山建设水平测度信息从而构建直觉模糊评价矩阵 $Q^i=(r_{ij})_{n \times m}$, $i=1,2,3$。

$$Q^i = \begin{bmatrix} r_{11} & r_{12} & r_{13} & \cdots & r_{1m} \\ r_{21} & r_{22} & r_{23} & \cdots & r_{2m} \\ \vdots & \vdots & \vdots & \cdots & \vdots \\ r_{n1} & r_{n2} & r_{n3} & \cdots & r_{nm} \end{bmatrix}$$

6.3.2 直觉模糊层次分析法

针对绿色矿山建设水平测度的特点,采用直觉模糊集理论与层次分析法结合形成的直觉模糊层次分析法(高红云 等,2011;Xu et al.,2014),以更有效地处理模糊信息,避免层次分析法主观性太强的缺点,使测度结果更合理、更准确,也更符合绿色矿山建设实际。

1. 构建绿色矿山建设水平测度指标

确定多属性决策问题的目标、一级指标、二级指标和待评价对象,构建该问题具有层次结构的指标体系。在本书中,以绿色矿山建设水平测度为目标,构建包含矿区环境、资源开发方式、资源综合利用、节能减排、科技创新和企业管理 6 个一级指标,以及若干个二级指标的多层指标体系。

2. 直觉模糊判断矩阵的构造

在模糊偏好关系中,方案间的偏好度都用 1~9 标度或 0.1~0.9 标度的单一值表示的(表 6-1)。在绿色矿山建设水平测度中,评价者由于专业或工作的局限性,很难对矿山建设的每个方面都很熟悉,或矿山所呈现的资料数据含有一些不完全的信息,评价者可能从正面、反面和犹豫 3 个方面来表达(Xu,2007)。

评价者对绿色矿山建设水平一级指标间或二级指标间的重要性进行两两比较,可根据表 6-1 定义的评价标度(Xu,2007;高红云 等,2011;廖虎昌,2016)给出定性评价语并转化为直觉模糊数,从而构造直觉模糊判断矩阵 R:

$$R=(r_{ij})_{n\times n}=\begin{bmatrix} (\mu_{11},v_{11}) & (\mu_{12},v_{12}) & \cdots & (\mu_{1n},v_{1n}) \\ (\mu_{21},v_{21}) & (\mu_{22},v_{22}) & \cdots & (\mu_{2n},v_{2n}) \\ \vdots & \vdots & \cdots & \vdots \\ (\mu_{n1},v_{n1}) & (\mu_{n2},v_{n2}) & \cdots & (\mu_{nn},v_{nn}) \end{bmatrix}$$

式中,μ_{ij} 表示隶属度,即第 i 个指标优于第 j 个指标的程度;v_{ij} 表示非隶属度,即第 j 个指标优于第 i 个指标的程度;$\pi_{ij}=1-\mu_{ij}-v_{ij}$ 表示犹豫度。

表 6-1 三种标度的对比

评价等级	1~9 标度	0.1~0.9 标度	直觉模糊数
因素 i 对比因素 j 非常重要	9	0.90	(0.90,0.10,0)
因素 i 对比因素 j 很重要	7	0.80	(0.80,0.15,0.05)
因素 i 对比因素 j 重要	5	0.70	(0.70,0.20,0.10)
因素 i 对比因素 j 较重要	3	0.60	(0.60,0.25,0.15)
因素 i 对比因素 j 同等重要	1	0.50	(0.50,0.30,0.20)
因素 i 对比因素 j 较不重要	1/3	0.40	(0.40,0.45,0.15)
因素 i 对比因素 j 不重要	1/5	0.30	(0.30,0.60,0.10)
因素 i 对比因素 j 很不重要	1/7	0.20	(0.20,0.75,0.05)
因素 i 对比因素 j 非常不重要	1/9	0.10	(0.10,0.90,0)

3. 一致性检验

在绿色矿山建设水平直觉模糊层次分析法测度中,评价者不可避免存在一定的主观性,为了使测度的结果更具合理性和符合客观实际情况,需要对直觉模糊偏好关系进行检验,即是否满足一致性。

一致性检验以绿色矿山建设水平一级指标间或二级指标间的直觉模糊判断矩阵 R 为基础,构造直觉模糊一致性判断矩阵 $\bar{R}=(\bar{r}_{ij})_{n\times n}$,再计算一致性检验指标 $I(\bar{R},R)$。

(1) 构造直觉模糊一致性判断矩阵(Xu et al.,2014;廖虎昌,2016):

$$\bar{R}=(\bar{r}_{ij})_{n\times n}=\begin{bmatrix}(\bar{\mu}_{11},\bar{v}_{11}) & (\bar{\mu}_{12},\bar{v}_{12}) & \cdots & (\bar{\mu}_{1n},\bar{v}_{1n}) \\ (\bar{\mu}_{21},\bar{v}_{21}) & (\bar{\mu}_{22},\bar{v}_{22}) & \cdots & (\bar{\mu}_{2n},\bar{v}_{2n}) \\ \vdots & \vdots & \cdots & \vdots \\ (\bar{\mu}_{n1},\bar{v}_{n1}) & (\bar{\mu}_{n2},\bar{v}_{n2}) & \cdots & (\bar{\mu}_{nn},\bar{v}_{nn})\end{bmatrix}$$

直觉模糊一致性判断矩阵中,当 $j>i+1$ 时:

$$\bar{\mu}_{ij}=\frac{\sqrt[j-i-1]{\prod_{t=i+1}^{j-1}\mu_{it}\mu_{tj}}}{\sqrt[j-i-1]{\prod_{t=i+1}^{j-1}\mu_{it}\mu_{tj}}+\sqrt[j-i-1]{\prod_{t=i+1}^{j-1}(1-\mu_{it})(1-\mu_{tj})}} \tag{6-12}$$

$$\bar{v}_{ij}=\frac{\sqrt[j-i-1]{\prod_{t=i+1}^{j-1}v_{it}v_{tj}}}{\sqrt[j-i-1]{\prod_{t=i+1}^{j-1}v_{it}v_{tj}}+\sqrt[j-i-1]{\prod_{t=i+1}^{j-1}(1-v_{it})(1-v_{tj})}} \tag{6-13}$$

当 $j=i+1$ 时,令 $\bar{r}_{ij}=r_{ij}$;当 $j<i+1$ 时,令 $\bar{r}_{ij}=(\bar{v}_{ji},\bar{\mu}_{ji})$。

(2) 确定一致性阈值 τ,计算直觉模糊判断矩阵与直觉模糊一致性判断矩阵的距离 $I(\bar{R},R)$:

$$I(\bar{R},R)=\frac{1}{2(n-1)(n-2)}\sum_{i=1}^{n}\sum_{j=1}^{n}(|\bar{\mu}_{ij}-\mu_{ij}|+|\bar{v}_{ij}-v_{ij}|+|\bar{\pi}_{ij}-\pi_{ij}|) \tag{6-14}$$

若 $I(\bar{R},R)\leqslant\tau$ 则通过一致性检验,若 $I(\bar{R},R)>\tau$ 未通过一致性检验,则应设置参数 $\sigma\in[0,1]$ 进行迭代,通过迭代参数 σ 的调整[式(6-15)、式(6-16)],直到 $\widetilde{R}=(\widetilde{r}_{ij})_{n\times n}=(\widetilde{\mu}_{ij},\widetilde{v}_{ij})$ 通过一致性检验(Xu et al.,2014)。直觉模糊一

致性判断矩阵的调整策略,是有别于层次分析法、模糊层次分析法的一个优势所在,即不通过专家重新打分便可达到一致性检验的标准(顾婧 等,2015)。

$$\widetilde{\mu}_{ij} = \frac{(\mu_{ij})^{1-\sigma}(\bar{\mu}_{ij})^{\sigma}}{(\mu_{ij})^{1-\sigma}(\bar{\mu}_{ij})^{\sigma} + (1-\mu_{ij})^{1-\sigma}(1-\bar{\mu}_{ij})^{\sigma}} \quad (6\text{-}15)$$

$$\widetilde{v}_{ij} = \frac{(v_{ij})^{1-\sigma}(\bar{v}_{ij})^{\sigma}}{(v_{ij})^{1-\sigma}(\bar{v}_{ij})^{\sigma} + (1-v_{ij})^{1-\sigma}(1-\bar{v}_{ij})^{\sigma}} \quad (6\text{-}16)$$

4. 权重的计算

一方面绿色矿山建设水平测度各指标的重要性确定在很大程度上取决于参与评估的专家经验,另一方面部分指标存在着一定的模糊性,因此采用直觉模糊层次分析法确定出可靠和合理的指标权重。

根据绿色矿山建设水平一级指标间或二级指标间的通过一致性检验的直觉模糊一致性判断矩阵,计算各一级指标权重或是各二级指标权重。一级指标相对于目标层或是各个二级指标相对于对应的一级指标的权重可由式(6-17)计算:

$$\omega_i = \left(\frac{\sum_{j=1}^{n} \mu_{ij}}{\sum_{i=1}^{n}\sum_{j=1}^{n}(1-v_{ij})}, 1 - \frac{\sum_{j=1}^{n}(1-\mu_{ij})}{\sum_{i=1}^{n}\sum_{j=1}^{n} v_{ij}} \right) \quad (6\text{-}17)$$

设 n_1 个一级指标权重向量为 w_B,n_2 个二级指标权重向量为 w_c。利用直觉模糊运算法则(Xia et al.,2011)可计算二级指标相对于目标层的权重:

$$w_i = w_{B_j} \otimes w_{c_{ij}} = (\mu_{B_j}\mu_{c_{ij}}, v_{B_j} + v_{c_{ij}} - v_{B_j}v_{c_{ij}}), \quad i = 1,2,\cdots,n_2 \quad (6\text{-}18)$$

则计算二级指标的得分权重 $H(w_i)$ [式(6-19)],再对得分权重进行归一化处理后得到绿色矿山测度各指标的权重(Zhang et al.,2012;廖虎昌,2016)[式(6-20)]。

$$H(w_i) = \frac{1-v_i}{1+\pi_i} \quad (6\text{-}19)$$

$$\sigma_i = \frac{H(w_i)}{\sum_{i=1}^{n} H(w_i)} \quad (6\text{-}20)$$

5. 计算各矿山企业的综合测度值

根据绿色矿山建设水平指标,提取指标值并针对其不同的属性进行相应处理,得到待测度绿色矿山归一化后的指标值 $Z=(z_{ij})_{m\times n}$,结合本小节第 4 部分中确定的一级指标、二级指标的权重,得到各矿山企业的综合测度值:

$$F_i = \oplus (Z_{ij} \otimes W_j), \quad i=1,2,\cdots,m \tag{6-21}$$

6. 测度结果及讨论

各矿山企业的综合测度值 F_i 为一直觉模糊数,利用直觉模糊排序函数 $\rho_1(\alpha)$(Szmidt et al.,2009;廖虎昌,2016)进行绿色矿山建设水平排序,$\rho_1(\alpha)$ 值越小,则各矿山企业的综合测度值 F_i 反映的绿色矿山建设水平则越高。为了符合一般测度值大则表示更优的认识,设排序函数为 $\rho_2(\alpha)$,函数值 $\rho_2(\alpha)$ 越大,则绿色矿山建设水平越高。

$$\rho_1(\alpha) = \frac{(1+\pi_\alpha)(1-\mu_\alpha)}{2} \tag{6-22}$$

$$\rho_2(\alpha) = \frac{2}{(1+\pi_\alpha)(1-\mu_\alpha)} \tag{6-23}$$

6.4 实证研究

6.4.1 研究区及实例企业的选定

1. 研究区概况

(1) 区域地质

攀西地区位于中国的西南部,是四川省矿产资源的富集区,行政区划上包括攀枝花市和凉山彝族自治州。北接雅安市,东北连乐山市、宜宾市,西北与甘孜藏族自治州接壤,东、南、西南则与云南省相连。

攀西地区处于扬子准地台西缘,横跨康滇地轴与上扬子台坳两个二级大地构造单元,属康滇地轴与上扬子台坳过渡部位。南邻华南褶皱带,西北与松潘-甘孜褶皱带接壤,西侧紧邻金沙江-哀牢山缝合带。区内深大断裂充分发育,褶皱特点不明显,以南北向的构造为主导,从西向东依次有金河-箐河深断裂带、磨盘山-昔格达深断裂带、安宁河深断裂带、德干大断裂、则木河大断裂、宁会大断裂、黑水河断裂、小江深断裂带及金阳-巧家大断裂带。这些深大断裂控制了区内地层、岩浆岩的展布(张成江 等,2009;李建忠 等,2013)。

攀西地区为典型的双层地壳结构,其基底具有双型结构:即由新太古代-早元古代结晶基底和中元古代褶皱基底组成。区内地层从中元古代的变质岩到新生代的沉积岩都比较发育,但发育及分布情况不一:出露最老地层为元古界,震旦系发育齐全、分布较广,古生界除石炭系缺失外,其余各系均有分布,中生界以陆相沉积为主,第三系零星分布于新生代断陷盆地中(张成江 等,2009;李建忠 等,2013)。

攀西地区岩浆活动频繁,从前震旦纪到燕山期、喜山期皆有不同类型岩浆活动,其中与铁矿成矿作用最为密切的为澄江期和华力西期(马玉孝 等,2002;王子正 等,2012)。澄江期以大规模的中性、酸性喷发为特征,同时也伴有侵入活动;华力西期岩浆作用规模大、活动时间长、所形成的岩石类型复杂。华力西期的代表岩体有西昌太和、米易白马、会理红格、攀枝花等。

(2) 区域矿产

攀西地区曾发生过多次泛大陆解体、离移、拼接和镶嵌,多期多阶段构造-岩浆-流体活动,以及变质变形作用,地质构造复杂多样,多旋回岩浆活动强烈,为区内矿产资源形成和聚集提供了有利条件。攀西地区是我国西部资源最富集地区之一,具有钒钛资源储量大、稀土资源优、资源开发条件好等特点。

攀西地区钒钛磁铁矿资源分布集中,蕴藏量丰富。攀西地区已探明钒钛磁铁矿区有 14 处,其中包括从南至北依次坐落着的攀枝花矿区、白马矿区、红格矿区和太和矿区 4 个特大型矿区(王昌松 等,2014;严伟平 等,2020)。截至 2015 年,攀西地区钒钛磁铁矿探明储量 146 亿吨,约占全国铁总储量的 15%;伴生钒 1832 万吨,约占全国钒总储量 40%;伴生钛 8.02 亿吨,约占全国钛储量的 90%(严伟平 等,2020)。钒钛磁铁矿不仅是一种重要的铁矿资源,而且含有多种可供利用的有益组分,现已查明在矿石中有铁、钛、钒、铬、钴、镍、铜、锰、钪、镓、硫、硒、碲和铂族元素等元素能综合利用,其中伴生元素 TiO_2 查明资源量 67 563.7 万吨,V_2O_5 1725.5 万吨。它们在矿石中的赋存状态已基本查明。除伴生有上述多种有益组分外,在有些矿区内,如红格、白草等地还共生有与碱性伟晶岩有关的铌、钽、锆稀有矿床,已查明的储量也可供矿山设计和综合开发。

攀西地区除蕴藏量大的钒钛磁铁矿和伴生共生矿外,还有富铁、铜、锡、镍、铅、锌、磷、蓝石棉、金、煤等矿产,其探明的储量在我国都占有一定地位。区内已发现矿产计有55种,已探明储量的有44种,找到矿产地1600多处,其中已证实为大型的37处、中型60处。从整个川滇南北向构造带上看,北段有驰名中外的纤长质优的巨型石棉矿床;南段有我国著名的泸沽富铁矿,盐边冷水箐、会理力马河铜镍矿、会理拉拉铜矿、天宝山、大梁子铅锌矿,以及东川式层状铜矿等有色金属矿产地。

攀西地区及相邻地区面积有7万平方千米,其矿产资源丰富,成矿地质条件相当优越。因此,完全可以说该区是金属矿种比较齐全、储量远景十分可观的名副其实的"聚宝盆"。它不仅是受国内外地质学者关注的构造、岩浆与沉积作用多期交替成矿的典型成矿带,还是四川的重要矿产区,也是我国为数不多的主要矿产区之一。

(3) 绿色矿业发展概况

《四川省矿产资源总体规划(2008—2015年)》首次提出四川绿色矿山建设的要求。《四川省矿产资源总体规划(2016—2020年)》(以下简称《规划》)对建设绿色矿山和发展绿色矿业做了统筹安排。《规划》要求:选择开发秩序良好的资源富集区打造绿色矿业发展示范区,探索构建绿色矿山建设长效机制,推进矿业转型升级和绿色发展。《规划》预期:到2020年,建成得到国家、省、市三级确认并倾斜支持的绿色矿业发展示范区,力争达到2家、10家、50家;建成国家级、省级和市县级绿色矿山力争达到20家、200家和3300家。

2017年,四川省发布《四川省绿色矿山建设工作方案》提出国家级、省级和市县级绿色矿山占生产矿山总数的比例不低于1%、10%和50%,这意味着全省不低于五成的矿山将"披绿"。四川省21个市、自治州根据方案要求,因地制宜制定本地区的绿色矿山规划方案,并优先对当地储量和开采量较大的企业进行指导建设。《攀枝花市矿产资源总体规划(2016—2020年)》提出通过2015—2020年5年时间建设,完成14家省级示范试点绿色矿山建设,使80%以上大中型矿山达到省级以上绿色矿山建设标准。通过建设一批绿色矿业发展示范区,整体推进绿色矿业发展。《凉山彝族自治州矿产资源总体规划(2016—2020年)》提出在原有3家国家级绿色矿山试点单位基础上,推动四川江铜稀土有限责任公司冕宁县牦牛坪稀土矿、重钢西昌矿业有限公司(太和铁矿)、会理市小黑箐乡庙子沟矿业有限责任公司庙子沟铁矿、会理市财通铁钛有限责任公司白草铁矿等绿色矿山建设,申报国家级绿色矿山试点。

截至2019年,原国土资源部共进行了四批次的国家级绿色矿山试点单位的遴选,攀西地区有6家单位入选,包括攀枝花市的攀枝花龙蟒矿产品有限公司红格铁矿、四川安宁铁钛股份有限公司潘家田铁矿和攀钢集团矿业有限公司兰尖-朱家包包铁矿,凉山彝族自治州的会东县鑫联矿业有限责任公司会东县淌塘铜矿、四川凉山矿业股份有限公司四川省拉拉铜矿、四川会理铅锌股份有限公司天宝山铅锌矿;截至2019年,攀西地区入选全国绿色矿山名录的矿山企业有13家,占四川省的31%。进入全国绿色矿山名录的企业在原国家级绿色矿山试点单位的基础上,新增了攀枝花市的攀枝花矿业有限责任公司白马铁矿、攀枝花青杠坪矿业有限公司米易县仰天窝铁矿和四川川煤华荣能源股份有限公司小宝鼎煤矿,凉山彝族自治州的冕宁县牦牛坪稀土矿、会东县铅锌矿、木里县梭罗沟金矿、会理市秀水河铁矿、西昌市太和铁矿。

2017年10月,四川省国土资源厅《关于绿色矿业发展示范区建设有关事项的通知》中明确提出攀枝花、乐山、德阳等市、自治州争创首批国家级绿色矿业发展示范区。经省级推荐、专家评审、实地调研和社会公示,2020年自然资源部共确定50家绿色矿业发展示范区,其中四川有3家,攀西地区占四川总数的2/3,包括四川会理绿色矿业发展示范区、四川攀枝花绿色矿业发展示范区。

2. 实例企业选定

攀西地区入选全国绿色矿山名录的矿山主要涉及铁矿、铜矿、铅锌矿、金矿、煤矿等,其中铁矿7家。为了增加结果的可比性,案例分析选取进入全国绿色矿山名录的5家矿山企业,以及没有进入全国绿色矿山名录的矿山企业5家,构建测度对象集 $A=\{KS_1, KS_2, \cdots, KS_{10}\}$。

6.4.2 绿色矿山建设水平的犹豫模糊集测度

1. 数据及处理

根据绿色矿山建设水平的测度指标体系,邀请了3位专家分别就待测度矿山 $A=\{KS_1, KS_2, \cdots, KS_{10}\}$,依据相关资料给出了矿区环境、资源开发方式、资源综合利用、节能减排、科技创新与企业管理指标的评估值。对于相同的评估值只记一次,最终得到绿色矿山 $KS_1, KS_2, \cdots, KS_{10}$ 建设水平的犹豫模糊决策矩阵 $H=(h_{ij})_{10\times 6}$,如表6-2所示。

表 6-2　犹豫模糊决策矩阵

	X_1	X_2	X_3	X_4	X_5	X_6
KS_1	{0.9,0.85,0.75}	{0.9,0.85}	{0.85,0.8}	{0.8,0.7,0.65}	{0.8,0.75,0.7}	{0.85,0.7,0.55}
KS_2	{0.9,0.7,0.65}	{0.85,0.8,0.7}	{0.9,0.8}	{0.85,0.78,0.75}	{0.9,0.85,0.75}	{0.9,0.85,0.7}
KS_3	{0.85,0.6}	{0.8,0.75}	{0.75,0.7,0.55}	{0.8,0.7}	{0.75,0.7,0.5}	{0.8,0.65,0.6}
KS_4	{0.9,0.7}	{0.9,0.85,0.8}	{0.85,0.8}	{0.85,0.8}	{0.9,0.8,0.7}	{0.9,0.85,0.7}
KS_5	{0.75,0.7,0.6}	{0.75,0.7,0.5}	{0.7,0.5}	{0.75,0.6,0.4}	{0.7,0.5,0.4}	{0.7,0.65,0.4}
KS_6	{0.85,0.8,0.6}	{0.85,0.75,0.7}	{0.9,0.8,0.7}	{0.9,0.8}	{0.85,0.8}	{0.9,0.85,0.7}
KS_7	{0.75,0.7}	{0.8,0.65,0.6}	{0.8,0.7}	{0.75,0.5}	{0.75,0.6,0.5}	{0.75,0.5,0.4}
KS_8	{0.9,0.85,0.8}	{0.9,0.8}	{0.9,0.85,0.8}	{0.9,0.8}	{0.9,0.85,0.7}	{0.9,0.8,0.75}
KS_9	{0.65,0.6,0.4}	{0.7,0.6,0.4}	{0.7,0.6}	{0.75,0.6,0.55}	{0.75,0.6,0.4}	{0.5,0.4}
KS_{10}	{0.9,0.85,0.8}	{0.85,0.8}	{0.9,0.85,0.8}	{0.85,0.8}	{0.9,0.8,0.6}	{0.9,0.85,0.8}

表 6-2 中存在犹豫模糊数中元素个数不相等的情形，大部分犹豫模糊数中有 3 个元素，则小部分犹豫模糊数中的元素只有 2 个，针对此情形可依据某一准则对犹豫模糊矩阵中的犹豫模糊数进行扩充。在现实工作中，评价者可能属于风险规避型评价者，或属于乐观评价者，其做出的决策往往存在差异。针对犹豫模糊数中元素个数不相等的情形，在拓展元素个数较少的犹豫模糊数时，采用乐观准则和悲观准则增加最大元素或最小元素的方法，可分别得到一个悲观准则下的犹豫模糊决策矩阵（表 6-3）和一个乐观准则下的犹豫模糊决策矩阵（表 6-4）。

表 6-3　悲观准则下的犹豫模糊决策矩阵

	X_1	X_2	X_3	X_4	X_5	X_6
KS_1	{0.9,0.85,0.75}	{0.9,0.85,0.85}	{0.85,0.8,0.8}	{0.8,0.7,0.65}	{0.8,0.75,0.7}	{0.85,0.7,0.55}
KS_2	{0.9,0.7,0.65}	{0.85,0.8,0.7}	{0.9,0.8,0.8}	{0.85,0.78,0.75}	{0.9,0.85,0.75}	{0.9,0.85,0.7}
KS_3	{0.85,0.6,0.6}	{0.8,0.75,0.75}	{0.75,0.7,0.55}	{0.8,0.7,0.7}	{0.75,0.7,0.5}	{0.8,0.65,0.6}
KS_4	{0.9,0.7,0.7}	{0.9,0.85,0.8}	{0.85,0.8,0.8}	{0.85,0.8,0.8}	{0.9,0.8,0.7}	{0.9,0.85,0.7}
KS_5	{0.75,0.7,0.6}	{0.75,0.7,0.5}	{0.7,0.5,0.5}	{0.75,0.6,0.4}	{0.7,0.5,0.4}	{0.7,0.65,0.4}
KS_6	{0.85,0.8,0.6}	{0.85,0.75,0.7}	{0.9,0.8,0.7}	{0.9,0.8,0.8}	{0.85,0.8,0.8}	{0.9,0.85,0.7}
KS_7	{0.75,0.7,0.7}	{0.8,0.65,0.6}	{0.8,0.7,0.7}	{0.75,0.5,0.5}	{0.75,0.6,0.5}	{0.75,0.5,0.4}
KS_8	{0.9,0.85,0.8}	{0.9,0.8,0.5}	{0.9,0.85,0.8}	{0.9,0.8,0.8}	{0.9,0.85,0.7}	{0.9,0.8,0.75}
KS_9	{0.65,0.6,0.4}	{0.7,0.6,0.4}	{0.7,0.6,0.6}	{0.75,0.6,0.55}	{0.75,0.6,0.4}	{0.5,0.4,0.4}
KS_{10}	{0.9,0.85,0.8}	{0.85,0.8,0.8}	{0.9,0.85,0.8}	{0.85,0.8,0.8}	{0.9,0.8,0.6}	{0.9,0.85,0.8}

表 6-4　乐观准则下的犹豫模糊决策矩阵

	X_1	X_2	X_3	X_4	X_5	X_6
KS_1	{0.9,0.85,0.75}	{0.9,0.9,0.85}	{0.85,0.85,0.8}	{0.8,0.7,0.65}	{0.8,0.75,0.7}	{0.85,0.7,0.55}
KS_2	{0.9,0.7,0.65}	{0.85,0.8,0.7}	{0.9,0.9,0.8}	{0.85,0.78,0.75}	{0.9,0.85,0.75}	{0.9,0.85,0.7}
KS_3	{0.85,0.85,0.6}	{0.8,0.8,0.75}	{0.75,0.7,0.55}	{0.8,0.8,0.7}	{0.75,0.7,0.5}	{0.8,0.65,0.6}
KS_4	{0.9,0.9,0.7}	{0.9,0.85,0.8}	{0.85,0.85,0.8}	{0.85,0.85,0.8}	{0.9,0.8,0.7}	{0.9,0.85,0.7}
KS_5	{0.75,0.7,0.6}	{0.75,0.7,0.5}	{0.7,0.7,0.5}	{0.75,0.6,0.4}	{0.7,0.5,0.4}	{0.7,0.65,0.4}
KS_6	{0.85,0.8,0.6}	{0.85,0.75,0.7}	{0.9,0.8,0.7}	{0.9,0.9,0.8}	{0.85,0.85,0.8}	{0.9,0.85,0.7}
KS_7	{0.75,0.75,0.7}	{0.8,0.65,0.6}	{0.8,0.8,0.7}	{0.75,0.75,0.5}	{0.75,0.6,0.5}	{0.75,0.5,0.4}
KS_8	{0.9,0.85,0.8}	{0.9,0.9,0.8}	{0.9,0.85,0.8}	{0.9,0.9,0.8}	{0.9,0.85,0.7}	{0.9,0.8,0.75}
KS_9	{0.65,0.6,0.4}	{0.7,0.6,0.4}	{0.7,0.7,0.6}	{0.75,0.7,0.55}	{0.75,0.6,0.4}	{0.5,0.5,0.4}
KS_{10}	{0.9,0.85,0.8}	{0.85,0.85,0.8}	{0.9,0.85,0.8}	{0.85,0.85,0.8}	{0.9,0.8,0.6}	{0.9,0.85,0.8}

2. 指标权重的计算

(1) 基于犹豫模糊集的权重计算结果

绿色矿山建设水平测度指标权重的确定采用组合法。首先利用乐观准则与悲观准则拓展得到的犹豫模糊数据,通过求解最优化模型,计算出绿色矿山建设水平测度指标的权重W^H(表 6-5)。从表 6-5 可以看出基于不同的准则得到的各测度指标权重存在一定的差异,主要体现在资源开发方式 X_2、资源综合利用 X_3、节能减排 X_4 和企业管理 X_6 上。在乐观准则下计算出的资源开发方式 X_2、节能减排 X_4 等指标权重,大于在悲观准则下计算的权重。资源综合利用 X_3 和企业管理 X_6 的情形则相反;从绿色矿山建设水平测度指标权重大小分析,企业管理 X_6 的权重最大,科技创新 X_5 的权重次之。这两个指标的权重均超过了资源开发方式 X_2、资源综合利用 X_3 两个测度指标的权重。一般认为,资源开发方式 X_2、资源综合利用 X_3 两个指标在绿色矿山建设中具有根本性的作用,因此在绿色矿山建设水平评价中应该具有较大的权重。基于这一存在的问题,充分考虑相关领域专家的意见,可利用层次分析法得到各测度指标权重,再利用以上两种权重计算各指标的组合法权重,最终以组合法对绿色矿山建设水平进行测度。

表 6-5　乐观准则与悲观准则下测度指标的权重

拓展方式	X_1	X_2	X_3	X_4	X_5	X_6
乐观准则	0.152 050	0.161 173	0.134 770	0.163 757	0.180 033	0.208 218
悲观准则	0.156 863	0.148 274	0.156 546	0.154 544	0.173 512	0.210 262

(2) 基于层次分析法的绿色矿山建设水平指标权重

通过层次分析法,计算矿区环境、资源开发方式、资源综合利用、节能减排、科技创新和企业管理 6 个一级指标的权重 W^A。首先构造比较标度,并构造目标层对应于准则层的判断矩阵。对于判断矩阵求特征根 $AW=\lambda W$,其最大的特征根 $\lambda_{\max}$ 所对应的特征向量经正规化后作为各因素的排序权重。层次分析法确定的权重:

$$W^A=(w_1,w_2,w_3,w_4,w_5,w_6)$$
$$=(0.0594,0.4598,0.2263,0.1273,0.0886,0.0385)$$

在层次分析法确定的权重中,资源开发方式 X_2、资源综合利用 X_3、节能减排 X_4 3 个指标的权重分别为 0.4598、0.2263 和 0.1273,反映了这些指标在绿色矿山建设水平评价中的重要性。权重最小的 3 个指标分别是矿区环境、科技创新与企业管理。

(3) 基于组合法的绿色矿山建设水平指标权重

根据层次分析法确定的绿色矿山建设水平指标的权重因结合了专家的知识,具有一定的合理性,但也存在主观性比较大的问题;基于犹豫模糊集权值计算方法对原始数据中蕴含的信息进行了充分的挖掘,所确定的各指标权重与层次分析法所确定的权重相比具有很强的客观性,但部分指标权重与已有的认识差距较大,将层次分析法与基于犹豫模糊集方法确定的权重进行耦合从而得到各测度指标的组合法权重(表 6-6)。在计算组合法权重时,不同的拓展方式对犹豫模糊集计算权重结果差别不大(表 6-5),考虑到评价者在对绿色矿山建设水平进行测度时,评价者大多是乐观的,因此利用乐观准则计算的权值与层次分析法计算的权重的组合来确定最终绿色矿山建设水平测度指标的权重。

根据组合法确定的各指标的权重(表 6-6)中,总体上与层次分析法确定的权重结果排名基本一致,排名前 2 名仍然是资源开发方式 X_2、资源综合利用 X_3 两个指标的权重,特别是资源开发方式这一指标的权重达到了 0.3105,比层次分析法确定的权重小,而比犹豫模糊集方法确定的权重则要大;其余的矿区环境、资源综合利用、节能减排、科技创新与企业管理 5 个指标的情况基本类似。

表 6-6　绿色矿山 3 种不同权重情况

拓展方式	X_1	X_2	X_3	X_4	X_5	X_6
犹豫模糊集	0.1521	0.1612	0.1348	0.1638	0.1800	0.2082
层次分析法	0.0594	0.4598	0.2263	0.1273	0.0886	0.0385
组合法权重	0.1058	0.3105	0.1806	0.1456	0.1343	0.1234

3. 绿色矿山建设水平测度结果与分析

犹豫模糊距离测度对绿色矿山测度结果有一定的影响。在计算出绿色矿山建设水平测度指标组合法权重后,分别采用犹豫模糊 Hamming 距离 d^{HNHD}、犹豫模糊 Euclidean 距离 d^{HNED}、犹豫模糊核距离 d^{HFKD} 等不同的距离测度,对所选取的 $KS_1, KS_2, \cdots, KS_{10}$ 矿山进行评价。根据本书中的方法确定出犹豫正理想解与犹豫负理想解,分别计算各待测度矿山到犹豫正理想解的距离 $d_i^{HNHD}(h_i, S^+)$、$d_i^{HNED}(h_i, S^+)$ 和 $d_i^{HFKD}(h_i, S^+)$,以及到犹豫负理想解的距离 $d_i^{HNHD}(h_i, S^-)$、$d_i^{HNED}(h_i, S^-)$ 和 $d_i^{HFKD}(h_i, S^-)$,最后计算各矿山的贴近度,并依据贴近度值的大小对各矿山进行排序,即得到矿山 $KS_1, KS_2, \cdots, KS_{10}$ 建设水平评价结果(表 6-7)。

表 6-7　基于组合法的不同距离贴近度 C(组合法)

矿山	HNHD		HNED		HFKD	
	乐观准则	悲观准则	乐观准则	悲观准则	乐观准则	悲观准则
KS_1	0.830	0.792	0.742	0.710	0.730	0.706
KS_2	0.824	0.802	0.696	0.697	0.673	0.679
KS_3	0.589	0.542	0.546	0.515	0.548	0.522
KS_4	0.894	0.883	0.746	0.733	0.718	0.706
KS_5	0.238	0.178	0.337	0.254	0.360	0.260
KS_6	0.794	0.780	0.672	0.679	0.646	0.660
KS_7	0.424	0.371	0.464	0.436	0.475	0.451
KS_8	0.943	0.939	0.830	0.811	0.793	0.770
KS_9	0.130	0.066	0.226	0.152	0.251	0.184
KS_{10}	0.902	0.881	0.799	0.750	0.789	0.730

(1) 不同拓展方式对测度的影响

采用乐观准则与悲观准则对犹豫模糊数进行拓展,再分别采用犹豫模糊 Hamming 距离 d^{HNHD}、犹豫模糊 Euclidean 距离 d^{HNED}、犹豫模糊核距离 d^{HFKD} 3

种距离对上述10个矿山进行测度。各绿色矿山建设水平测度结果表明：第一，采用犹豫模糊Euclidean距离d^{HNED}测度在乐观准则、悲观准则下，KS_1、KS_2、KS_4、KS_{10}的绿色矿山建设水平排序存在差异（表6-8）。采用犹豫模糊Hamming距离d^{HNHD}、犹豫模糊核距离d^{HFKD}等距离时，各绿色矿山建设水平测试结果则无差异。第二，尽管存在一定的差异，绿色矿山建设水平测度结果总体上还是一致性较好，受不同拓展方式的影响较小，体现在KS_1、KS_2、KS_4、KS_{10}的绿色矿山建设水平在乐观准则与悲观准则下，其排名位次差别均不超过1名。

表6-8　不同距离绿色矿山建设水平测度结果

矿山	HNHD		HNED		HFKD	
	乐观准则	悲观准则	乐观准则	悲观准则	乐观准则	悲观准则
KS_1	4	5	4	4	3	3
KS_2	5	4	5	5	5	5
KS_3	7	7	7	7	7	7
KS_4	3	2	3	3	4	4
KS_5	9	9	9	9	9	9
KS_6	6	6	6	6	6	6
KS_7	8	8	8	8	8	8
KS_8	1	1	1	1	1	1
KS_9	10	10	10	10	10	10
KS_{10}	2	3	2	2	2	2

（2）不同距离对测度的影响

针对绿色矿山建设水平的犹豫模糊决策矩阵，采用犹豫模糊Hamming距离d^{HNHD}、犹豫模糊核距离d^{HFKD}，得到各绿色矿山建设水平排名存在差异，但总体上差异不大，即绿色矿山建设水平测度结果受距离的影响较小。在犹豫模糊Hamming距离下d^{HNHD}，KS_1的排序为4，在犹豫模糊核距离d^{HFKD}下排名上升了1名，KS_4的情形则相反。根据乐观准则拓展犹豫模糊数后采用犹豫模糊Hamming距离d^{HNHD}、犹豫模糊Euclidean距离d^{HNED}、犹豫模糊核距离d^{HFKD}对绿色矿山进行测度的结果（图6-2）排序（从1到10）如下：

HNHD：$KS_8 > KS_{10} > KS_4 > KS_1 > KS_2 > KS_6 > KS_3 > KS_7 > KS_5 > KS_9$

HNED：$KS_8 > KS_{10} > KS_4 > KS_1 > KS_2 > KS_6 > KS_3 > KS_7 > KS_5 > KS_9$

HFKD：$KS_8 > KS_4 > KS_1 > KS_{10} > KS_2 > KS_6 > KS_3 > KS_7 > KS_5 > KS_9$

根据悲观准则拓展犹豫模糊数，分别采用犹豫模糊Hamming距离d^{HNHD}、犹豫模糊 Euclidean 距离 d^{HNED}、犹豫模糊核距离 d^{HFKD} 对绿色矿山建设水平进行测度,根据测度的结果(图 6-3)排序(从 1 到 10)如下:

HNHD：$KS_8 > KS_4 > KS_{10} > KS_2 > KS_1 > KS_6 > KS_3 > KS_7 > KS_5 > KS_9$

HNED：$KS_8 > KS_{10} > KS_4 > KS_1 > KS_2 > KS_6 > KS_3 > KS_7 > KS_5 > KS_9$

HFKD：$KS_8 > KS_4 > KS_1 > KS_4 > KS_2 > KS_6 > KS_3 > KS_7 > KS_5 > KS_9$

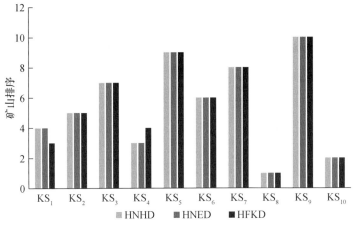

图 6-2　乐观准则下不同距离测度结果

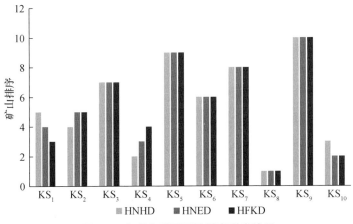

图 6-3　悲观准则下不同距离测度结果

(3) 犹豫模糊距离测度

d^{HFKD} 是基于核方法引入的一个犹豫模糊距离测度,满足 Xu 等(2013)提出的 3 个犹豫模糊距离条件。在实证分析中将犹豫模糊距离 d^{HFKD} 测度用于

矿山 $KS_1, KS_2, \cdots, KS_{10}$ 的绿色矿山建设水平的测度,测度结果与犹豫模糊 Hamming 距离 d^{HNHD}、犹豫模糊 Euclidean 距离 d^{HNED} 经广泛应用并取得良好效果的距离测度的结果一致性较好,即各绿色矿山建设水平基于各距离测度的评价结果排序差异小,间接表明了引入这一距离的有效性。

6.4.3 绿色矿山建设水平的直觉模糊集测度

1. 构建绿色矿山建设水平测度指标

根据 6.1 节中绿色矿山建设影响因素的分析,本书构建了绿色矿山建设水平测度指标体系,该指标体系包括目标层、一级指标与二级指标等多层指标体系,具体一级指标、二级指标如表 6-9。

表 6-9 绿色矿山建设水平测度指标体系

目标层	一级指标	二级指标	测度对象
绿色矿山建设水平测度 A	矿区环境 B_1	矿区绿化和美化 C_{11}	KS_1 KS_2 $\vdots$ KS_n
		现场管理 C_{12}	
		配套设施 C_{13}	
	资源开发方式 B_2	资源开采水平 C_{21}	
		选矿与加工工艺 C_{22}	
		矿山环境恢复与治理 C_{23}	
		环境管理与监测 C_{24}	
	资源综合利用 B_3	共伴生矿产利用 C_{31}	
		固体废弃物处置与利用 C_{32}	
		废水处置与利用 C_{33}	
	节能减排 B_4	节能降耗 C_{41}	
		固体废弃物排放 C_{42}	
		废水排放 C_{43}	
		废气排放 C_{44}	
	科技创新 B_5	技术研发体系建设 C_{51}	
		科技成果 C_{52}	
		先进技术与装备 C_{53}	
		数字化矿山建设 C_{54}	
	企业管理 B_6	企业管理制度 C_{61}	
		绿色矿山管理 C_{62}	
		企业诚信 C_{63}	
		矿地和谐 C_{64}	

第一层是目标层,为绿色矿山建设水平。

第二层是一级指标,共有矿区环境、资源开发方式、资源综合利用、节能减排、科技创新和企业管理6个一级指标。

第三层为二级指标。一级指标矿区环境下二级指标3个,资源开发方式下二级指标4个,资源综合利用下二级指标3个,节能减排下二级指标4个,科技创新下二级指标4个,企业管理下二级指标4个。

2. 构建直觉模糊判断矩阵

选择3名专家对绿色矿山建设水平的6个一级指标B_1、B_2、B_3、B_4、B_5、B_6相对于目标层重要性两两进行比较,分别建立直觉模糊判断矩阵。为简便起见,经过综合各专家意见,最终得到的一级指标重要性的直觉模糊判断矩阵B。

3名专家对一级指标矿区环境下的矿区绿化和美化、现场管理、配套设施3个二级指标的相对重要性进行比较,分别构建直觉模糊判断矩阵,为简便起见,综合3名专家的意见最终形成一个直觉模糊判断矩阵C_1。同理,3名专家对资源开发方式、资源综合利用、节能减排、科技创新、企业管理等一级指标下的各二级指标的相对重要性进行比较,分别给出直觉模糊判断矩阵。综合专家意见,最终构建二级指标相对于一级指标资源开发方式、资源综合利用、节能减排、科技创新、企业管理重要性的直觉模糊判断矩阵C_2、C_3、C_4、C_5、C_6。

$$B = \begin{bmatrix} (0.50,0.50) & (0.20,0.75) & (0.30,0.60) & (0.40,0.45) & (0.40,0.45) & (0.60,0.25) \\ (0.75,0.20) & (0.50,0.50) & (0.60,0.25) & (0.70,0.20) & (0.80,0.15) & (0.80,0.15) \\ (0.60,0.30) & (0.25,0.60) & (0.50,0.50) & (0.60,0.25) & (0.60,0.25) & (0.70,0.20) \\ (0.45,0.40) & (0.20,0.70) & (0.25,0.60) & (0.50,0.50) & (0.60,0.25) & (0.60,0.25) \\ (0.45,0.40) & (0.15,0.80) & (0.25,0.60) & (0.25,0.60) & (0.50,0.50) & (0.60,0.25) \\ (0.25,0.60) & (0.15,0.80) & (0.20,0.70) & (0.25,0.60) & (0.25,0.60) & (0.50,0.50) \end{bmatrix}$$

$$C_1 = \begin{bmatrix} (0.50,0.50) & (0.60,0.25) & (0.80,0.15) \\ (0.25,0.60) & (0.50,0.50) & (0.60,0.25) \\ (0.30,0.60) & (0.25,0.60) & (0.50,0.50) \end{bmatrix}$$

$$C_2 = \begin{bmatrix} (0.50, 0.50) & (0.40, 0.45) & (0.60, 0.25) & (0.70, 0.20) \\ (0.45, 0.40) & (0.50, 0.50) & (0.60, 0.25) & (0.80, 0.15) \\ (0.25, 0.60) & (0.25, 0.60) & (0.50, 0.50) & (0.60, 0.25) \\ (0.20, 0.70) & (0.15, 0.80) & (0.25, 0.60) & (0.50, 0.50) \end{bmatrix}$$

$$C_3 = \begin{bmatrix} (0.50, 0.50) & (0.70, 0.20) & (0.80, 0.15) \\ (0.20, 0.70) & (0.50, 0.50) & (0.60, 0.25) \\ (0.15, 0.80) & (0.25, 0.60) & (0.50, 0.50) \end{bmatrix}$$

$$C_4 = \begin{bmatrix} (0.50, 0.50) & (0.60, 0.25) & (0.70, 0.20) & (0.80, 0.15) \\ (0.25, 0.60) & (0.50, 0.50) & (0.60, 0.25) & (0.70, 0.20) \\ (0.20, 0.70) & (0.25, 0.60) & (0.50, 0.50) & (0.60, 0.25) \\ (0.15, 0.80) & (0.20, 0.70) & (0.25, 0.60) & (0.50, 0.50) \end{bmatrix}$$

$$C_5 = \begin{bmatrix} (0.50, 0.50) & (0.60, 0.25) & (0.40, 0.45) & (0.20, 0.75) \\ (0.25, 0.60) & (0.50, 0.50) & (0.40, 0.45) & (0.30, 0.60) \\ (0.45, 0.40) & (0.45, 0.40) & (0.50, 0.50) & (0.40, 0.45) \\ (0.75, 0.20) & (0.60, 0.30) & (0.45, 0.40) & (0.50, 0.50) \end{bmatrix}$$

$$C_6 = \begin{bmatrix} (0.50, 0.50) & (0.60, 0.25) & (0.70, 0.20) & (0.40, 0.45) \\ (0.25, 0.60) & (0.50, 0.50) & (0.60, 0.25) & (0.40, 0.45) \\ (0.20, 0.70) & (0.25, 0.60) & (0.50, 0.50) & (0.30, 0.60) \\ (0.45, 0.40) & (0.45, 0.40) & (0.60, 0.30) & (0.50, 0.50) \end{bmatrix}$$

3. 直觉模糊矩阵一致性检验

一致性检验以绿色矿山建设水平一级指标间的直觉模糊判断矩阵 B 或二级测度指标间的直觉模糊判断矩阵 C_1、C_2、C_3、C_4、C_5、C_6 为基础,构造直觉模糊一致性判断矩阵 $\bar{B}$、$\bar{C}_1$、$\bar{C}_2$、$\bar{C}_3$、$\bar{C}_4$、$\bar{C}_5$、$\bar{C}_6$,再计算 B、C_1、C_2、C_3、C_4、C_5、C_6 与 $\bar{B}$、$\bar{C}_1$、$\bar{C}_2$、$\bar{C}_3$、$\bar{C}_4$、$\bar{C}_5$、$\bar{C}_6$ 之间的距离(表 6-10),即计算一致性检验指标 $I(\bar{R}, R)$。表 6-10 中直觉模糊判断矩阵与直觉模糊一致性判断矩阵之间的各距离均大于 0.2,表明总体上 B、C_1、C_2、C_3、C_4、C_5、C_6 与 $\bar{B}$、$\bar{C}_1$、$\bar{C}_2$、$\bar{C}_3$、$\bar{C}_4$、$\bar{C}_5$、$\bar{C}_6$ 之间直觉模糊偏好关系较差,不具备可接受的一致性,因此需要采用自动化算法对直觉模糊判断矩阵进行修正。根据式(6-15)和式(6-16),可得到各

合成的直觉模糊矩阵 $\widetilde{B}$、$\widetilde{C}_1$、$\widetilde{C}_2$、$\widetilde{C}_3$、$\widetilde{C}_4$、$\widetilde{C}_5$、$\widetilde{C}_6$。取 $\tau=0.2$，当 $I(\bar{R},R)<\tau$，则通过一致性检验（表 6-10）。

表 6-10 直觉模糊一致性检验结果

指标层级		直觉模糊判断矩阵一致性检验值	
		调整前	调整后
一级指标	B	$I(B,\bar{B})=0.223$	$I(B,\widetilde{B})=0.198$
二级指标	C_1	$I(C_1,\bar{C}_1)=0.366$	$I(C_1,\widetilde{C}_1)=0.196$
	C_2	$I(C_2,\bar{C}_2)=0.252$	$I(C_1,\widetilde{C}_2)=0.199$
	C_3	$I(C_3,\bar{C}_3)=0.245$	$I(C_1,\widetilde{C}_3)=0.199$
	C_4	$I(C_4,\bar{C}_4)=0.220$	$I(C_1,\widetilde{C}_4)=0.199$
	C_5	$I(C_5,\bar{C}_5)=0.398$	$I(C_1,\widetilde{C}_5)=0.195$
	C_6	$I(C_6,\bar{C}_6)=0.280$	$I(C_1,\widetilde{C}_6)=0.197$

$$\widetilde{B}=\begin{bmatrix} (0.50,0.50) & (0.20,0.70) & (0.28,0.47) & (0.38,0.37) & (0.45,0.31) & (0.52,0.25) \\ (0.70,0.20) & (0.50,0.50) & (0.60,0.25) & (0.69,0.12) & (0.75,0.10) & (0.81,0.08) \\ (0.47,0.28) & (0.25,0.60) & (0.50,0.50) & (0.60,0.25) & (0.67,0.12) & (0.69,0.12) \\ (0.37,0.38) & (0.12,0.69) & (0.25,0.60) & (0.50,0.50) & (0.60,0.25) & (0.67,0.12) \\ (0.31,0.45) & (0.10,0.75) & (0.12,0.67) & (0.25,0.60) & (0.50,0.50) & (0.60,0.25) \\ (0.25,0.52) & (0.08,0.81) & (0.12,0.69) & (0.12,0.67) & (0.25,0.60) & (0.50,0.50) \end{bmatrix}$$

$$\widetilde{C}_6=\begin{bmatrix} (0.50,0.50) & (0.60,0.25) & (0.70,0.15) & (0.44,0.36) \\ (0.25,0.60) & (0.50,0.50) & (0.60,0.25) & (0.40,0.40) \\ (0.15,0.70) & (0.25,0.60) & (0.50,0.50) & (0.30,0.60) \\ (0.36,0.44) & (0.40,0.40) & (0.60,0.30) & (0.50,0.50) \end{bmatrix}$$

$$\widetilde{C}_1=\begin{bmatrix} (0.50,0.50) & (0.60,0.25) & (0.80,0.15) \\ (0.25,0.60) & (0.50,0.50) & (0.60,0.25) \\ (0.29,0.60) & (0.25,0.60) & (0.50,0.50) \end{bmatrix}$$

$$\widetilde{C}_2=\begin{bmatrix} (0.50,0.50) & (0.40,0.45) & (0.54,0.23) & (0.71,0.14) \\ (0.45,0.40) & (0.50,0.50) & (0.60,0.25) & (0.74,0.12) \\ (0.23,0.54) & (0.25,0.60) & (0.50,0.50) & (0.60,0.25) \\ (0.14,0.71) & (0.12,0.74) & (0.25,0.60) & (0.50,0.50) \end{bmatrix}$$

$$\widetilde{C}_3 = \begin{bmatrix} (0.50, 0.50) & (0.70, 0.20) & (0.79, 0.11) \\ (0.20, 0.70) & (0.50, 0.50) & (0.60, 0.25) \\ (0.11, 0.79) & (0.25, 0.60) & (0.50, 0.50) \end{bmatrix}$$

$$\widetilde{C}_4 = \begin{bmatrix} (0.50, 0.50) & (0.60, 0.25) & (0.69, 0.12) & (0.78, 0.09) \\ (0.25, 0.60) & (0.50, 0.50) & (0.60, 0.25) & (0.69, 0.12) \\ (0.12, 0.69) & (0.25, 0.60) & (0.50, 0.50) & (0.60, 0.25) \\ (0.09, 0.78) & (0.12, 0.69) & (0.25, 0.60) & (0.50, 0.50) \end{bmatrix}$$

$$\widetilde{C}_5 = \begin{bmatrix} (0.50, 0.50) & (0.60, 0.25) & (0.43, 0.38) & (0.23, 0.66) \\ (0.25, 0.60) & (0.50, 0.50) & (0.40, 0.45) & (0.30, 0.55) \\ (0.38, 0.43) & (0.45, 0.40) & (0.50, 0.50) & (0.40, 0.45) \\ (0.66, 0.23) & (0.55, 0.30) & (0.45, 0.40) & (0.50, 0.50) \end{bmatrix}$$

$$\widetilde{C}_6 = \begin{bmatrix} (0.50, 0.50) & (0.60, 0.25) & (0.70, 0.15) & (0.44, 0.36) \\ (0.25, 0.60) & (0.50, 0.50) & (0.60, 0.25) & (0.40, 0.40) \\ (0.15, 0.70) & (0.25, 0.60) & (0.50, 0.50) & (0.30, 0.60) \\ (0.36, 0.44) & (0.40, 0.40) & (0.60, 0.30) & (0.50, 0.50) \end{bmatrix}$$

4. 指标权重的计算

根据构建的绿色矿山测度指标体系(表 6-1)和 3 名专家给出的直觉模糊矩阵,得到了通过一致性检验的合成的直觉模糊矩阵 $\widetilde{B}$、$\widetilde{C}_1$、$\widetilde{C}_2$、$\widetilde{C}_3$、$\widetilde{C}_4$、$\widetilde{C}_5$、$\widetilde{C}_6$。由 $\widetilde{B}$ 出发计算一级指标矿区环境、资源开发方式、资源综合利用、节能减排、科技创新和企业管理的权重(表 6-11);由 $\widetilde{C}_1$ 计算出一级指标矿区环境下的二级指标矿区绿化和美化、现场管理与配套设施的绝对权重,同理,计算出其余一级指标下的每个二级指标的绝对权重;再根据一级指标和二级指标的绝对权重,计算出 22 个二级指标的相对权重(表 6-11)。

表 6-11 指标权重

一级指标		二级指标	
矿区环境 B_1	(0.112 731 93 0.239 688 15)	矿区绿化和美化 C_{11}	(0.337 506 24 0.328 002 07)
		现场管理 C_{12}	(0.267 408 38 0.417 558 52)
		配套设施 C_{13}	(0.177 807 93 0.532 031 33)

(续表)

一级指标		二级指标	
资源开发方式 B_2	(0.195 681 15 0.127 384 37)	资源开采水平 C_{21}	(0.239 546 12 0.263 333 46)
		选矿与加工工艺 C_{22}	(0.255 481 52 0.243 008 57)
		矿山环境恢复与治理 C_{23}	(0.176 041 47 0.344 330 80)
		环境管理与监测 C_{24}	(0.112 964 70 0.424 782 39)
资源综合利用 B_3	(0.154 075 86 0.183 713 18)	共伴生矿产利用 C_{31}	(0.410 398 11 0.243 312 85)
		固体废弃物处置与利用 C_{32}	(0.268 100 51 0.409 532 74)
		废水处置与利用 C_{33}	(0.177 581 83 0.515 268 92)
节能减排 B_4	(0.121 316 0.228 066 29)	节能降耗 C_{41}	(0.287 986 91 0.201 777 67)
		固体废弃物排放 C_{42}	(0.228 402 76 0.277 416 53)
		废水排放 C_{43}	(0.164 129 54 0.359 007 91)
		废气排放 C_{44}	(0.107 226 00 0.431 243 88)
科技创新 B_5	(0.091 014 97 0.269 090 43)	技术研发体系建设 C_{51}	(0.197 693 57 0.315 530 47)
		科技成果 C_{52}	(0.163 185 47 0.358 762 87)
		先进技术与装备 C_{53}	(0.194 516 16 0.319 511 19)
		数字化矿山建设 C_{54}	(0.242 804 87 0.259 014 19)
企业管理 B_6	(0.063 794 77 0.305 943 47)	企业管理制度 C_{61}	(0.249 812 75 0.250 237 86)
		绿色矿山管理 C_{62}	(0.195 089 68 0.319 750 65)
		企业诚信 C_{63}	(0.134 386 55 0.396 859 71)
		矿地和谐 C_{64}	(0.207 948 42 0.303 416 64)

5. 绿色矿山的专家评价矩阵构建

根据构建的绿色矿山建设水平测度指标体系和领域专家、学者的经验,由 3 名评价决策者通过各种资料对矿山 $KS_1, KS_2, \cdots, KS_{10}$ 符合 22 个二级指标的程度进行判断,采用直觉模糊数作为绿色矿山建设水平评价信息(附表 1 至附表 3)。假设 3 名评价者等权,可得到由平均值构成最终的直觉模糊评价矩阵(附表 4)。

6. 绿色矿山建设水平测度

根据直觉模糊信息集结方法,由计算出的相对权重(表 6-11)和决策者给出的直觉模糊评价矩阵(附表 4),通过相应的集结算子得到了各个矿山的直觉模糊评价结果,并运用得分函数[式(6-23)]得到了 10 个待测度矿山 $KS_1, KS_2, \cdots, KS_{10}$ 的绿色矿山建设水平测度最终结果(表 6-12)。通过相应的集结算子对权重信息和测度信息进行综合,最后运用得分函数得到待测度的绿色矿山建设水平的测度值,即得分值 $\rho_8(\alpha) > \rho_{10}(\alpha) > \rho_4(\alpha) > \rho_1(\alpha) > \rho_2(\alpha) > \rho_6(\alpha) >$

$\rho_3(\alpha) > \rho_7(\alpha) > \rho_5(\alpha) > \rho_9(\alpha)$。

7. 测度结果分析与讨论

(1) 根据得分值可知矿山 $KS_1, KS_2, \cdots, KS_{10}$ 的绿色矿山建设水平排序(从 1 到 10),即: KS_8 绿色矿山建设水平 > KS_{10} 绿色矿山建设水平 > KS_4 绿色矿山建设水平 > KS_1 绿色矿山建设水平 > KS_2 绿色矿山建设水平 > KS_6 绿色矿山建设水平 > KS_3 绿色矿山建设水平 > KS_7 绿色矿山建设水平 > KS_5 绿色矿山建设水平 > KS_9 绿色矿山建设水平。由此可以判断出在全部的被测度矿山中,KS_8 绿色矿山建设水平最高,KS_{10} 次之,而 KS_9 矿山最低。

(2) 表 6-12 是直觉模糊层次分析法与乐观准则下不同距离测度的犹豫模糊测度结果。由表 6-12 可知,在合理确定各测度指标的前提下,直觉模糊层次分析法对矿山 $KS_1, KS_2, \cdots, KS_{10}$,测度结果与乐观准则下犹豫模糊 Hamming 距离 d^{HNHD}、犹豫模糊 Euclidean 距离 d^{HNED}、犹豫模糊核距离 d^{HFKD} 等测度结果相差较小(图 6-4),除了 KS_1 与 KS_4 两个矿山外,其余矿山的排序均无差别。

表 6-12 不同距离绿色矿山发展水平测度结果

矿 山	直觉模糊层次分析法		HNHD	HNED	HFKD
	得分 $\rho(\alpha)$	排 名			
KS_1	1.9502	4	4	4	3
KS_2	1.8841	5	5	5	5
KS_3	1.8262	7	7	7	7
KS_4	2.0279	3	3	3	4
KS_5	1.7150	9	9	9	9
KS_6	1.8661	6	6	6	6
KS_7	1.7930	8	8	8	8
KS_8	2.1442	1	1	1	1
KS_9	1.6503	10	10	10	10
KS_{10}	2.0754	2	2	2	2

(3) 从测度过程看,基于犹豫模糊 TOPSIS 的测度方法构建的是单层的指标体系,而直觉模糊层次分析法构建的是多层的测度指标体系。一方面,前者指标体系相对简单,计算量小,操作相对方便,直觉模糊层次分析法过程较为复杂,计算量大;另一方面,直觉模糊法从多层指标体系出发,考虑的因素更为具体、明确,从过程上保证了结果的可信度。

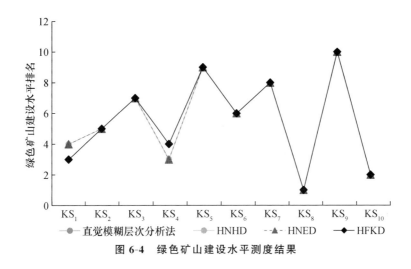

图 6-4 绿色矿山建设水平测度结果

6.4.4 绿色矿山建设水平提升路径

1. 绿色矿山建设水平提升的关键因素分析

通过对绿色矿山建设水平的定性与定量评价分析,本书得到了影响绿色矿业发展水平的 5 个因素,即资源、环境、技术、人力、政策机制,5 个因素从不同的方面对绿色矿业发展水平的提升产生影响。

(1) 资源

资源是最重要与最基础的因素之一。在矿产资源勘查与矿产资源开发利用中要立足矿产资源禀赋特征,在采矿、选矿、烧结、冶炼产业链条工艺中,把握资源走向,提高矿产资源的开采回采率和选矿回收率以及共伴生矿的综合利用率,并且在全过程中要减少能源的消耗。

(2) 环境

矿产资源的勘查开发对生态环境造成了扰动:在矿产资源勘查阶段,钻孔、探槽等手段对地表植被、土壤等造成了破坏;在开发阶段,露天开采剥离表层岩土,破坏了矿区植被,堆放也占用了土地,还产生废气、废水等废弃物。井下开采除产生类似的环境问题,还可能产生开采区地下水破坏、塌陷等矿山地质环境问题。

(3) 技术

开展绿色矿山建设不仅是矿区的复绿,还包含了资源的开发利用、节能减排等多个方面。在矿产资源开发利用中要通过技术进步,提高矿产资源开采回采率、回收率和综合利用率;淘汰落后装备,减少能源的使用,减少"三废"的排放,都离不开矿山企业科技创新与进步。企业应通过产、学、研、用等提高企业的创新能力和资源开发利用水平。

(4) 人才

人才是绿色矿业发展的重要因素,矿产资源基础性保障作用需要依靠具有专业水平的人才来发挥,航空物探、遥感、定向钻探等绿色勘查技术和高效适用、模块化等绿色勘查设备的研发设计,绿色矿山企业的规模化生产和先进技术的引进、研发都对人才有着极大的需求。

(5) 政策机制

目前绿色矿业发展的政策多具有宏观指导意义,但相对缺乏微观具体的扶持政策。自然资源部等部委出台了相关的政策,各地自然资源管理部门对绿色矿业发展配套政策也十分重视,但由于各种原因,目前在推进绿色矿山与绿色矿业示范区建设中仍存在工矿废弃地复垦利用政策激励不足、资源开发产业支持力度不够、企业建设融资等问题,亟需具体的配套政策来解决。

2. 绿色矿山建设水平提升路径分析

开采企业作为矿山开发主导者和受益人,无疑对绿色矿山建设承担责任,要对环境破坏与环境污染承担法律和经济责任。

(1) 提高对建设绿色矿山、发展绿色矿业的认识

一是加强学习与宣传。针对企业特别是小型矿山,对绿色矿山建设认识不足的问题,企业或企业负责人自身要加强学习。成立领导小组加强对企业绿色矿山建设工作的组织领导,成立工作小组加强落实绿色矿山建设。领导小组按照各级自然资源管理部门绿色矿山建设工作要求,审批绿色矿山建设实施方案,定期听取工作小组建设工作进展,协调解决建设过程中出现的重大问题。工作小组要组织制定绿色矿山建设实施方案,明确建设工作要求;按照部门职能,对照绿色矿山验收标准,开展自评摸底;针对自评摸底发现的问题,提出具体的整改措施和时间安排;组织绿色矿山创建的自验收。工作小组要定期向领导小组汇报进展情况。持续改进绿色矿山验收标准细化工作,使其具有可操作

性和实施性。

二是变被动为主动。企业要改变基于职责、迫于监管与社会舆论等压力而被动开展绿色矿山建设的局面,应根据各级自然资源管理部门的相关政策、文件和标准,结合企业实际情况并充分考虑区域自然资源环境,制定和实施绿色发展方案,明确绿色矿山建设的目标、内容、指标和相应措施。

(2) 积极实施矿产资源企业内部循环

发展绿色矿业、建设绿色矿山不仅是落实生态文明的举措,还是企业提高效益的有效手段和途径。矿山企业要积极实施矿产资源企业内部循环,一是可以使矿业企业内部资源利用最大化、环境污染最小化,如露天开采企业可以废水进行净化处理后,用于选矿生产,加强水循环,做到废水零排放;二是通过实施矿产资源企业内部循环,可以进一步延长产业链,构建矿业群体资源及利用、产业群体横向耦合生态工业型网络模式。矿山企业应加强开采后的废石利用,通过引进技术和设备,生产建筑材料,不但可以减少土地占用,还可以增加企业效益,实现企业生态效益和经济效益最大化。

(3) 加强技术创新,提高资源利用效率

科技创新是绿色矿山建设的基本条件和关键所在,从矿产资源调查、勘查,到矿产资源开采和利用,再到节能减排,都离不开科技创新。矿山企业要改变传统矿业的发展模式,不能仅仅通过加大开采资源量来实现企业规模的增加,还应通过科技创新来提高不可再生的矿产资源利用效率。企业完善创新体系,通过产、学、研、用等途径,推进矿产资源开采和综合利用、节能减排、"三废"利用等环节的科技创新和技术进步,提高企业装备水平,改进工艺,实现社会效益、生态效益和企业效益的最大化。

矿山企业可以成立科技委员会,由企业科技科牵头负责相关业务日常和科学技术推广运用以及科技攻关工作,构造一支结构合理、专业能力强、具有团队协作精神的技术研发队伍。为了进一步加强和规范矿山企业科技项目管理,应规范科技项目的管理操作程序;加快重大技术创新项目的实施,保证重大创新项目的质量和效果;提高科技项目管理水平,制定科研项目管理实施意见,明确科技管理机构;对科研项目的立项、开题与管理,对外技术协作研究项目的管理,项目经费的管理等进行细化,建立完善的科技管理制度。

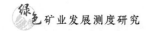

(4) 加大矿山地质环境恢复治理的资金投入

对在建和已经开展生产的矿山企业,要加大矿山地质环境恢复治理的资金投入。对于新建的矿山企业,在开发利用方案中应该提出绿色矿山建设内容,包括矿山布局、矿山绿化、矿产资源开发利用、节能减排、科技创新等,并在建设过程中严格实施,以确保新建的矿山达到绿色矿山标准。

已经开展生产的矿山企业,要投入资金、人员对已造成的矿区植被、土壤污染、水污染以及土地占用等矿山地质环境问题进行治理;要加强和科研院所的合作,对已有的落后装备有计划地进行淘汰,开展新技术、新工艺的开发与应用,提高矿产资源开发效率与水平,减少能源消耗。

附 录

附表 1 绿色矿山建设水平直觉模糊评价矩阵（专家一）

绿色矿山指标直觉模糊评价矩阵

指标层	KS_1	KS_2	KS_3	KS_4	KS_5	KS_6	KS_7	KS_8	KS_9	KS_{10}
矿区绿化和美化 C_{11}	(0.70,0.25)	(0.70,0.25)	(0.70,0.20)	(0.90,0.10)	(0.60,0.30)	(0.75,0.20)	(0.65,0.30)	(0.90,0.10)	(0.60,0.25)	(0.85,0.10)
现场管理 C_{12}	(0.80,0.15)	(0.70,0.25)	(0.65,0.25)	(0.80,0.15)	(0.55,0.40)	(0.70,0.20)	(0.60,0.30)	(0.85,0.10)	(0.60,0.25)	(0.85,0.10)
配套设施 C_{13}	(0.80,0.15)	(0.70,0.25)	(0.70,0.20)	(0.85,0.10)	(0.60,0.35)	(0.75,0.20)	(0.65,0.30)	(0.90,0.10)	(0.70,0.20)	(0.90,0.10)
资源开采水平 C_{21}	(0.75,0.20)	(0.70,0.25)	(0.70,0.20)	(0.80,0.15)	(0.65,0.30)	(0.70,0.20)	(0.65,0.30)	(0.90,0.10)	(0.60,0.25)	(0.85,0.10)
选矿与加工工艺 C_{22}	(0.70,0.25)	(0.70,0.25)	(0.65,0.30)	(0.80,0.10)	(0.65,0.35)	(0.70,0.20)	(0.65,0.30)	(0.85,0.10)	(0.65,0.20)	(0.80,0.10)
矿山环境恢复与治理 C_{23}	(0.70,0.25)	(0.60,0.25)	(0.60,0.30)	(0.80,0.15)	(0.55,0.35)	(0.55,0.35)	(0.60,0.30)	(0.90,0.10)	(0.50,0.35)	(0.85,0.10)
环境管理与监测 C_{24}	(0.65,0.25)	(0.65,0.25)	(0.70,0.20)	(0.75,0.20)	(0.55,0.40)	(0.55,0.35)	(0.60,0.30)	(0.85,0.10)	(0.50,0.40)	(0.80,0.15)
共伴生矿产利用 C_{31}	(0.70,0.15)	(0.80,0.15)	(0.70,0.20)	(0.80,0.10)	(0.75,0.20)	(0.70,0.20)	(0.75,0.20)	(0.85,0.10)	(0.70,0.20)	(0.85,0.10)
固体废弃物处置与利用 C_{32}	(0.90,0.10)	(0.70,0.20)	(0.70,0.20)	(0.90,0.05)	(0.65,0.20)	(0.75,0.20)	(0.70,0.20)	(0.90,0.10)	(0.60,0.25)	(0.90,0.10)
废水处置与利用 C_{33}	(0.70,0.20)	(0.70,0.20)	(0.75,0.20)	(0.80,0.15)	(0.75,0.20)	(0.70,0.20)	(0.75,0.20)	(0.90,0.10)	(0.70,0.20)	(0.85,0.10)
节能降耗 C_{41}	(0.75,0.15)	(0.70,0.20)	(0.65,0.25)	(0.80,0.10)	(0.65,0.20)	(0.70,0.20)	(0.70,0.20)	(0.85,0.10)	(0.50,0.35)	(0.85,0.10)
固体废弃物排放 C_{42}	(0.80,0.15)	(0.80,0.15)	(0.70,0.30)	(0.85,0.10)	(0.85,0.10)	(0.75,0.20)	(0.85,0.10)	(0.90,0.10)	(0.60,0.25)	(0.90,0.10)
废水排放 C_{43}	(0.85,0.10)	(0.80,0.10)	(0.80,0.15)	(0.85,0.10)	(0.60,0.30)	(0.65,0.20)	(0.70,0.10)	(0.90,0.10)	(0.75,0.25)	(0.90,0.10)
废气排放 C_{44}	(0.60,0.25)	(0.65,0.25)	(0.60,0.35)	(0.75,0.20)	(0.60,0.35)	(0.65,0.30)	(0.70,0.25)	(0.85,0.10)	(0.50,0.25)	(0.80,0.15)

(续表)

绿色矿山指标直觉模糊评价矩阵

指标层	KS_1	KS_2	KS_3	KS_4	KS_5	KS_6	KS_7	KS_8	KS_9	KS_{10}
技术研发体系建设 C_{51}	(0.75,0.20)	(0.70,0.20)	(0.60,0.30)	(0.85,0.10)	(0.65,0.30)	(0.65,0.30)	(0.65,0.30)	(0.90,0.10)	(0.50,0.25)	(0.90,0.10)
科技成果 C_{52}	(0.75,0.15)	(0.70,0.20)	(0.65,0.30)	(0.80,0.10)	(0.60,0.30)	(0.70,0.20)	(0.65,0.30)	(0.90,0.10)	(0.50,0.30)	(0.85,0.10)
先进技术与装备 C_{53}	(0.70,0.25)	(0.70,0.20)	(0.65,0.25)	(0.85,0.10)	(0.65,0.30)	(0.65,0.25)	(0.70,0.20)	(0.85,0.10)	(0.60,0.25)	(0.85,0.10)
数字化矿山建设 C_{54}	(0.70,0.25)	(0.65,0.30)	(0.65,0.30)	(0.80,0.15)	(0.60,0.35)	(0.70,0.20)	(0.65,0.30)	(0.85,0.10)	(0.50,0.35)	(0.80,0.15)
企业管理制度 C_{61}	(0.75,0.20)	(0.70,0.20)	(0.70,0.15)	(0.85,0.10)	(0.65,0.30)	(0.80,0.15)	(0.75,0.15)	(0.90,0.10)	(0.60,0.30)	(0.85,0.10)
绿色矿山管理 C_{62}	(0.75,0.35)	(0.70,0.25)	(0.65,0.25)	(0.80,0.15)	(0.60,0.30)	(0.70,0.25)	(0.65,0.25)	(0.85,0.10)	(0.50,0.35)	(0.80,0.15)
企业诚信 C_{63}	(0.90,0.10)	(0.85,0.10)	(0.85,0.10)	(0.90,0.10)	(0.80,0.10)	(0.85,0.10)	(0.85,0.10)	(0.90,0.10)	(0.70,0.20)	(0.90,0.10)
矿地和谐 C_{64}	(0.75,0.15)	(0.75,0.15)	(0.75,0.20)	(0.85,0.15)	(0.70,0.20)	(0.80,0.10)	(0.75,0.20)	(0.90,0.10)	(0.60,0.35)	(0.80,0.15)

附录

附表 2 绿色矿山建设水平直觉模糊评价矩阵（专家二）

指标层	绿色矿山指标直觉模糊评价矩阵									
	KS_1	KS_2	KS_3	KS_4	KS_5	KS_6	KS_7	KS_8	KS_9	KS_{10}
矿区绿化和美化 C_{11}	(0.85,0.10)	(0.75,0.20)	(0.70,0.20)	(0.90,0.05)	(0.65,0.30)	(0.75,0.20)	(0.70,0.20)	(0.90,0.05)	(0.70,0.25)	(0.85,0.10)
现场管理 C_{12}	(0.80,0.15)	(0.75,0.20)	(0.65,0.25)	(0.85,0.10)	(0.50,0.40)	(0.70,0.20)	(0.65,0.25)	(0.90,0.10)	(0.50,0.35)	(0.85,0.10)
配套设施 C_{13}	(0.80,0.15)	(0.70,0.15)	(0.65,0.25)	(0.85,0.15)	(0.70,0.25)	(0.70,0.20)	(0.70,0.25)	(0.90,0.10)	(0.65,0.30)	(0.90,0.10)
资源开采水平 C_{21}	(0.80,0.10)	(0.80,0.10)	(0.70,0.25)	(0.80,0.15)	(0.65,0.30)	(0.70,0.25)	(0.70,0.20)	(0.90,0.10)	(0.70,0.20)	(0.85,0.10)
选矿与加工工艺 C_{22}	(0.70,0.25)	(0.70,0.20)	(0.70,0.20)	(0.80,0.15)	(0.65,0.30)	(0.70,0.25)	(0.60,0.30)	(0.90,0.05)	(0.65,0.20)	(0.85,0.10)
矿山环境修复与治理 C_{23}	(0.70,0.20)	(0.65,0.30)	(0.65,0.30)	(0.75,0.20)	(0.55,0.40)	(0.70,0.25)	(0.60,0.30)	(0.85,0.10)	(0.60,0.30)	(0.80,0.15)
环境管理与监测 C_{24}	(0.70,0.25)	(0.65,0.25)	(0.60,0.30)	(0.80,0.20)	(0.45,0.45)	(0.65,0.25)	(0.55,0.35)	(0.85,0.10)	(0.40,0.45)	(0.80,0.10)
共伴生矿产开发利用 C_{31}	(0.80,0.15)	(0.75,0.15)	(0.70,0.20)	(0.85,0.10)	(0.60,0.30)	(0.75,0.15)	(0.65,0.25)	(0.90,0.05)	(0.50,0.40)	(0.85,0.10)
固体废弃物处置与利用 C_{32}	(0.85,0.10)	(0.80,0.10)	(0.75,0.15)	(0.90,0.05)	(0.60,0.30)	(0.75,0.20)	(0.75,0.20)	(0.90,0.05)	(0.70,0.30)	(0.90,0.10)
废水处置与利用 C_{33}	(0.85,0.10)	(0.80,0.15)	(0.65,0.30)	(0.80,0.15)	(0.75,0.20)	(0.70,0.20)	(0.65,0.30)	(0.90,0.10)	(0.45,0.50)	(0.85,0.10)
节能降耗 C_{41}	(0.80,0.15)	(0.80,0.15)	(0.75,0.20)	(0.80,0.15)	(0.60,0.30)	(0.75,0.20)	(0.70,0.30)	(0.90,0.05)	(0.70,0.20)	(0.85,0.10)
固体废弃物排放 C_{42}	(0.80,0.15)	(0.70,0.20)	(0.65,0.30)	(0.90,0.05)	(0.65,0.30)	(0.75,0.20)	(0.80,0.15)	(0.85,0.10)	(0.75,0.20)	(0.90,0.10)
废水排放 C_{43}	(0.85,0.10)	(0.80,0.10)	(0.75,0.20)	(0.80,0.20)	(0.80,0.15)	(0.80,0.15)	(0.65,0.25)	(0.90,0.05)	(0.50,0.35)	(0.85,0.10)
废气排放 C_{44}	(0.80,0.10)	(0.80,0.15)	(0.65,0.25)	(0.85,0.10)	(0.55,0.35)	(0.75,0.20)	(0.70,0.25)	(0.90,0.10)	(0.60,0.35)	(0.85,0.10)
技术研发体系建设 C_{51}	(0.80,0.10)	(0.70,0.20)	(0.75,0.20)	(0.80,0.15)	(0.60,0.30)	(0.70,0.20)	(0.65,0.30)	(0.90,0.05)	(0.50,0.40)	(0.85,0.10)
科技成果 C_{52}	(0.80,0.15)	(0.70,0.25)	(0.70,0.20)	(0.80,0.20)	(0.55,0.40)	(0.70,0.15)	(0.65,0.30)	(0.85,0.10)	(0.50,0.35)	(0.80,0.15)
先进技术与装备 C_{53}	(0.75,0.15)	(0.75,0.20)	(0.65,0.25)	(0.80,0.15)	(0.60,0.25)	(0.70,0.20)	(0.60,0.35)	(0.85,0.10)	(0.70,0.35)	(0.80,0.15)
数字化矿山建设 C_{54}	(0.75,0.20)	(0.70,0.30)	(0.70,0.30)	(0.80,0.15)	(0.50,0.40)	(0.75,0.20)	(0.70,0.20)	(0.90,0.10)	(0.40,0.55)	(0.85,0.15)
企业管理制度 C_{61}	(0.80,0.10)	(0.75,0.20)	(0.70,0.20)	(0.80,0.15)	(0.55,0.30)	(0.75,0.20)	(0.65,0.30)	(0.85,0.10)	(0.50,0.35)	(0.85,0.10)
绿色矿山管理 C_{62}	(0.90,0.05)	(0.80,0.10)	(0.75,0.20)	(0.90,0.10)	(0.70,0.20)	(0.80,0.20)	(0.75,0.20)	(0.90,0.10)	(0.70,0.20)	(0.90,0.10)
企业诚信 C_{63}	(0.80,0.10)	(0.70,0.10)	(0.70,0.25)	(0.80,0.10)	(0.55,0.40)	(0.75,0.20)	(0.75,0.20)	(0.90,0.10)	(0.50,0.45)	(0.85,0.10)
矿地和谐 C_{64}	(0.80,0.15)	(0.70,0.25)	(0.70,0.20)	(0.85,0.10)	(0.55,0.40)	(0.80,0.15)	(0.75,0.20)	(0.90,0.10)	(0.50,0.45)	(0.85,0.10)

附表3 绿色矿山建设水平直觉模糊评价矩阵（专家三）

指标层	KS_1	KS_2	KS_3	KS_4	KS_5	KS_6	KS_7	KS_8	KS_9	KS_{10}
矿区绿化和美化 C_{11}	(0.85,0.10)	(0.80,0.10)	(0.70,0.20)	(0.85,0.10)	(0.65,0.30)	(0.80,0.10)	(0.70,0.20)	(0.90,0.10)	(0.60,0.35)	(0.85,0.10)
现场管理 C_{12}	(0.80,0.15)	(0.80,0.15)	(0.75,0.20)	(0.80,0.10)	(0.45,0.45)	(0.75,0.15)	(0.65,0.30)	(0.90,0.05)	(0.40,0.45)	(0.85,0.10)
配套设施 C_{13}	(0.80,0.10)	(0.80,0.10)	(0.75,0.20)	(0.80,0.15)	(0.70,0.25)	(0.75,0.20)	(0.75,0.20)	(0.90,0.05)	(0.65,0.30)	(0.85,0.10)
资源开采水平 C_{21}	(0.75,0.15)	(0.75,0.20)	(0.70,0.25)	(0.85,0.10)	(0.65,0.25)	(0.75,0.20)	(0.70,0.25)	(0.90,0.05)	(0.65,0.25)	(0.85,0.15)
选矿与加工工艺 C_{22}	(0.75,0.20)	(0.75,0.20)	(0.75,0.20)	(0.80,0.15)	(0.65,0.30)	(0.75,0.20)	(0.75,0.20)	(0.90,0.05)	(0.60,0.30)	(0.80,0.15)
矿山环境恢复与治理 C_{23}	(0.70,0.20)	(0.70,0.30)	(0.65,0.25)	(0.75,0.20)	(0.50,0.45)	(0.75,0.20)	(0.75,0.20)	(0.85,0.10)	(0.40,0.50)	(0.80,0.10)
环境管理与监测 C_{24}	(0.75,0.15)	(0.70,0.20)	(0.70,0.25)	(0.80,0.15)	(0.40,0.50)	(0.70,0.20)	(0.60,0.30)	(0.85,0.10)	(0.30,0.55)	(0.85,0.10)
共伴生矿产利用 C_{31}	(0.75,0.15)	(0.70,0.15)	(0.70,0.20)	(0.80,0.15)	(0.60,0.35)	(0.70,0.25)	(0.65,0.25)	(0.90,0.05)	(0.60,0.35)	(0.85,0.10)
固体废弃物处置与利用 C_{32}	(0.85,0.10)	(0.80,0.10)	(0.75,0.20)	(0.85,0.10)	(0.55,0.40)	(0.80,0.10)	(0.75,0.20)	(0.90,0.10)	(0.60,0.35)	(0.85,0.10)
节能降耗 C_{33}	(0.75,0.15)	(0.85,0.10)	(0.80,0.15)	(0.90,0.05)	(0.75,0.20)	(0.70,0.30)	(0.60,0.30)	(0.85,0.10)	(0.70,0.20)	(0.85,0.10)
废水处置与利用 C_{41}	(0.80,0.15)	(0.70,0.25)	(0.65,0.30)	(0.75,0.15)	(0.55,0.40)	(0.70,0.20)	(0.60,0.30)	(0.85,0.10)	(0.45,0.50)	(0.80,0.15)
固体废弃物排放 C_{42}	(0.80,0.10)	(0.75,0.20)	(0.75,0.20)	(0.80,0.15)	(0.65,0.30)	(0.75,0.20)	(0.65,0.30)	(0.90,0.10)	(0.60,0.35)	(0.80,0.10)
废水排放 C_{43}	(0.85,0.10)	(0.85,0.10)	(0.80,0.15)	(0.90,0.05)	(0.80,0.15)	(0.80,0.10)	(0.80,0.15)	(0.85,0.10)	(0.80,0.15)	(0.85,0.10)
废气排放 C_{44}	(0.75,0.20)	(0.70,0.20)	(0.65,0.30)	(0.80,0.15)	(0.50,0.40)	(0.70,0.20)	(0.60,0.30)	(0.85,0.10)	(0.40,0.45)	(0.80,0.10)
技术研发体系建设 C_{51}	(0.75,0.20)	(0.75,0.20)	(0.70,0.20)	(0.80,0.15)	(0.60,0.35)	(0.70,0.25)	(0.60,0.35)	(0.90,0.05)	(0.50,0.45)	(0.85,0.10)
科技成果 C_{52}	(0.70,0.25)	(0.70,0.25)	(0.65,0.30)	(0.80,0.20)	(0.50,0.45)	(0.65,0.30)	(0.60,0.35)	(0.85,0.10)	(0.45,0.45)	(0.80,0.15)
先进技术与装备 C_{53}	(0.75,0.15)	(0.75,0.20)	(0.70,0.25)	(0.75,0.20)	(0.55,0.35)	(0.70,0.25)	(0.60,0.25)	(0.90,0.10)	(0.50,0.35)	(0.85,0.10)
数字化矿山建设 C_{54}	(0.70,0.20)	(0.70,0.20)	(0.65,0.25)	(0.80,0.20)	(0.55,0.40)	(0.65,0.30)	(0.65,0.25)	(0.85,0.10)	(0.45,0.45)	(0.80,0.10)
企业管理制度 C_{61}	(0.80,0.10)	(0.75,0.20)	(0.70,0.20)	(0.75,0.20)	(0.70,0.20)	(0.75,0.20)	(0.70,0.20)	(0.90,0.10)	(0.65,0.35)	(0.85,0.10)
企业诚信 C_{62}	(0.70,0.25)	(0.65,0.25)	(0.65,0.30)	(0.75,0.15)	(0.50,0.45)	(0.75,0.20)	(0.60,0.30)	(0.85,0.10)	(0.40,0.55)	(0.85,0.10)
绿色矿山管理 C_{63}	(0.90,0.10)	(0.90,0.10)	(0.70,0.20)	(0.90,0.10)	(0.70,0.20)	(0.70,0.00)	(0.70,0.20)	(0.90,0.10)	(0.70,0.20)	(0.80,0.15)
矿地和谐 C_{64}	(0.80,0.15)	(0.70,0.10)	(0.70,0.20)	(0.80,0.25)	(0.55,0.40)	(0.70,0.20)	(0.65,0.30)	(0.90,0.10)	(0.50,0.45)	(0.85,0.10)

附 录

附表 4 绿色矿山建设水平综合直觉模糊评价矩阵与评价结果

绿色矿山指标直觉模糊评价矩阵

指标层	KS_1	KS_2	KS_3	KS_4	KS_5	KS_6	KS_7	KS_8	KS_9	KS_{10}
矿区绿化和美化 C_{11}	[0.80,0.15]	[0.75,0.18]	[0.70,0.20]	[0.88,0.08]	[0.63,0.30]	[0.77,0.17]	[0.68,0.23]	[0.90,0.08]	[0.63,0.28]	[0.85,0.10]
现场管理 C_{12}	[0.80,0.15]	[0.75,0.20]	[0.68,0.23]	[0.82,0.12]	[0.50,0.42]	[0.72,0.18]	[0.63,0.28]	[0.88,0.08]	[0.50,0.35]	[0.85,0.10]
配套设施 C_{13}	[0.80,0.13]	[0.73,0.17]	[0.70,0.22]	[0.83,0.12]	[0.67,0.28]	[0.73,0.20]	[0.70,0.23]	[0.90,0.10]	[0.67,0.27]	[0.88,0.10]
资源开采水平 C_{21}	[0.77,0.15]	[0.75,0.15]	[0.70,0.23]	[0.82,0.15]	[0.65,0.28]	[0.72,0.22]	[0.68,0.22]	[0.90,0.08]	[0.65,0.23]	[0.85,0.12]
选矿与加工工艺 C_{22}	[0.72,0.23]	[0.72,0.22]	[0.63,0.30]	[0.80,0.13]	[0.65,0.30]	[0.72,0.20]	[0.70,0.23]	[0.88,0.08]	[0.63,0.23]	[0.82,0.12]
矿山环境修复与治理 C_{23}	[0.70,0.22]	[0.67,0.28]	[0.63,0.30]	[0.77,0.18]	[0.53,0.40]	[0.65,0.27]	[0.60,0.33]	[0.87,0.10]	[0.50,0.38]	[0.82,0.12]
环境管理与监测 C_{24}	[0.70,0.22]	[0.63,0.28]	[0.62,0.28]	[0.78,0.18]	[0.47,0.45]	[0.63,0.27]	[0.58,0.32]	[0.85,0.10]	[0.40,0.47]	[0.82,0.12]
共伴生矿产利用 C_{31}	[0.75,0.15]	[0.70,0.22]	[0.70,0.20]	[0.80,0.13]	[0.65,0.28]	[0.72,0.22]	[0.68,0.23]	[0.88,0.08]	[0.60,0.32]	[0.85,0.10]
固体废弃物处置与利用 C_{32}	[0.87,0.10]	[0.80,0.15]	[0.73,0.18]	[0.83,0.12]	[0.60,0.30]	[0.73,0.18]	[0.65,0.25]	[0.90,0.08]	[0.53,0.38]	[0.88,0.10]
废水处置与利用 C_{33}	[0.80,0.15]	[0.78,0.17]	[0.77,0.17]	[0.90,0.05]	[0.75,0.20]	[0.77,0.17]	[0.75,0.20]	[0.90,0.10]	[0.70,0.20]	[0.87,0.10]
节能降耗 C_{41}	[0.77,0.18]	[0.77,0.17]	[0.65,0.28]	[0.78,0.15]	[0.60,0.32]	[0.70,0.23]	[0.65,0.23]	[0.87,0.10]	[0.47,0.45]	[0.83,0.12]
固体废弃物排放 C_{42}	[0.80,0.15]	[0.77,0.18]	[0.72,0.23]	[0.82,0.13]	[0.65,0.30]	[0.73,0.20]	[0.68,0.27]	[0.88,0.10]	[0.63,0.27]	[0.85,0.12]
废水排放 C_{43}	[0.85,0.10]	[0.82,0.12]	[0.80,0.15]	[0.88,0.07]	[0.82,0.13]	[0.78,0.15]	[0.82,0.13]	[0.90,0.08]	[0.77,0.20]	[0.88,0.10]
废气排放 C_{44}	[0.72,0.23]	[0.68,0.23]	[0.63,0.30]	[0.78,0.17]	[0.55,0.37]	[0.68,0.17]	[0.65,0.27]	[0.85,0.10]	[0.47,0.35]	[0.82,0.12]
技术研发体系建设 C_{51}	[0.77,0.17]	[0.75,0.17]	[0.68,0.22]	[0.83,0.10]	[0.62,0.33]	[0.70,0.22]	[0.70,0.28]	[0.90,0.08]	[0.53,0.35]	[0.87,0.10]
科技成果 C_{52}	[0.77,0.17]	[0.72,0.20]	[0.67,0.28]	[0.80,0.13]	[0.55,0.38]	[0.70,0.22]	[0.63,0.32]	[0.90,0.08]	[0.48,0.38]	[0.85,0.10]
先进技术与装备 C_{53}	[0.72,0.22]	[0.68,0.28]	[0.65,0.27]	[0.82,0.13]	[0.60,0.33]	[0.67,0.23]	[0.65,0.28]	[0.87,0.10]	[0.53,0.32]	[0.82,0.10]
数字化矿山建设 C_{54}	[0.73,0.20]	[0.68,0.23]	[0.67,0.27]	[0.80,0.15]	[0.55,0.40]	[0.70,0.23]	[0.63,0.30]	[0.87,0.10]	[0.48,0.38]	[0.82,0.13]
企业管理制度 C_{61}	[0.78,0.13]	[0.75,0.18]	[0.70,0.18]	[0.78,0.15]	[0.68,0.23]	[0.77,0.18]	[0.72,0.18]	[0.90,0.10]	[0.65,0.28]	[0.85,0.12]
绿色矿山管理 C_{62}	[0.75,0.23]	[0.70,0.25]	[0.67,0.28]	[0.78,0.15]	[0.55,0.38]	[0.72,0.17]	[0.67,0.17]	[0.85,0.10]	[0.43,0.48]	[0.82,0.13]
企业诚信 C_{63}	[0.90,0.10]	[0.85,0.10]	[0.77,0.17]	[0.90,0.10]	[0.73,0.17]	[0.78,0.17]	[0.77,0.17]	[0.90,0.10]	[0.70,0.20]	[0.88,0.10]
矿地和谐 C_{64}	[0.78,0.15]	[0.75,0.20]	[0.77,0.20]	[0.83,0.17]	[0.60,0.33]	[0.72,0.13]	[0.77,0.23]	[0.90,0.10]	[0.53,0.42]	[0.83,0.12]
最终得分	1.9502	1.8841	1.8262	2.0279	1.7150	1.8661	1.7930	2.1442	1.6503	2.0754

187

参考文献

白延涛,谭学良.成渝城市群农业绿色生产率及空间效应研究[J].价格理论与实践,2021(10):164—167+196.

车磊,白永平,周亮,等.中国绿色发展效率的空间特征及溢出分析[J].地理科学,2018,38(11):1788—1798.

陈静.长江经济带资源型城市绿色矿业与经济高质量发展关系研究[D].中国地质大学(北京),2021.

陈丽新,郭冬艳,孙映祥.绿色矿业发展示范区建设的关键问题研究[J].中国国土资源经济,2021,34(5):15—18.

陈亮,王来贵,王建国.露天煤矿绿色开采的实现路径——基于企业环境成本控制视角的研究[J].辽宁工程技术大学学报(社会科学版),2016,18(6):840—845.

陈俏薇,易永锡,邹湘妮.基于熵值法的城市绿色经济发展水平评价——以京津冀为例[J].经济研究导刊,2021(22):142—146.

陈万胜,王建文,白宏伟.基于灰色变权聚类模型的煤矿绿色矿山评价研究[J].煤炭经济研究,2021,41(8):38—43.

陈晓峰.核方法在分类、回归与聚类方面的研究及应用[D].江南大学,2009.

陈瑶.中国区域工业绿色发展效率评估——基于R&D投入视角[J].经济问题,2018(12):77—83.

陈毓,杨志勇,佟德君,等.基于卡车运输效率的露天矿山生产效率的主要影响因素分析[J].煤矿安全,2012,43(7):207—209.

崔和瑞,王浩然,赵巧芝.中国工业绿色全要素生产率动态演变特征及驱动因素研究[J].统计与决策,2021,37(3):117—120.

崔兆杰,芮文芳.新型LUB漩涡流量计[J].油气田地面工程,2001(4):41—53.

丁辉,何帅.露天矿数字化矿山管理生产效率提高研究与应用[J].露天采矿技术,2018,33(1):66—69.

董煜,侯华丽,孙映祥.绿色矿山名录管理研究[J].经济师,2020(9):17—19.

段林.优化矿山凿岩系统,提高穿孔生产效率[J].矿山机械,2007(6):151—152.

房旭东.京津冀城市群绿色发展效率时空演变、驱动机制与路径选择研究[D].山西师范大学,2020.

冯安生,吕振福,武秋杰,等.矿业固体废弃物大数据研究[J].矿产保护与利用,2018(2):40—43+51.

付强,韩冰,侯韩芳,等.基于DEA方法的绿色矿山标准效果评估[J].标准科学,2017(8):43—46.

付伟,罗明灿,陈建成.农业绿色发展演变过程及目标实现路径研究[J].生态经济,2021,37(7):97—103.

傅琳琳,毛晓红,毛小报,等.乡村振兴背景下浙江省绿色农业发展评价研究——基于农业资源综合利用的视角[J].中国农业资源与区划,2020,41(12):23—34.

高红云,王超,哈明虎.直觉模糊层次分析法[J].河北工程大学学报(自然科学版),2011,28(4):101—105.

高惠璇,应用多元统计分析[M].北京:北京大学出版社,2005.

高苇.环境规制下我国绿色矿业发展研究[D].中国地质大学,2018.

顾婧,任珮嘉,徐泽水.基于直觉模糊层次分析的创业投资引导基金绩效评价方法研究[J].中国管理科学,2015,23(9):124—131.

郭爱君,张娜.市场化改革影响绿色发展效率的理论机理与实证检验[J].中国人口·资源与环境,2020(8):118—127.

郭冬艳,孙映祥,陈丽新.关于编制绿色矿业发展示范区建设方案的思考[J].中国矿业,2020,29(7):57—60.

郭付友,陈才,刘志刚.城市绿色发展效率的空间分异及影响因素——基于山东省17地市面板数据[J].世界地理研究,2020,29(5):1040—1048.

韩晶.中国区域绿色创新效率研究[J].财经问题研究,2012(11):130—137.

郝补国.浅谈如何加强煤矿采剥设备管理提高生产效率[J].山东煤炭科技,2017(8):178—179+183.

郝清民,赵国杰,孙利红.我国煤炭上市公司经济效益数据包络分析[J].中国地质大学学报(社会科学版),2003(2):38—40.

郝志东.调度管理在煤矿生产运营中的作用[J].露天采矿技术,2019,34(3):109—112.

何剑,王欣爱.区域协同视角下长江经济带产业绿色发展研究[J].科技进步与对策,2017,34(11):41—46.

何帅.露天矿GPS生产调度系统实时监控方法研究[J].露天采矿技术,2016,31(4):73—75.

侯华丽,郭冬艳,吴尚昆.中国矿产资源产出率历史变化及预测[J].中国国土资源经济,2018,31(4):10—15.

黄丹,吴鹏,董凯程,等.缓倾斜互层矿体房柱法采场结构参数及稳定性研究[J].中国矿业,2014,23(S2):205—208.

黄敦平,王昱斐,孙晶晶.安徽农业绿色发展水平综合评价[J].内蒙古农业大学学报(社会科学版),2019,21(4):7—13.

黄洁,侯华丽,陈丽新,等.我国绿色矿业发展指数研究[J].中国矿业,2020,29(7):52—56.

黄洁,侯华丽.我国绿色矿业发展指数体系构建[J].中国矿业,2018,27(12):1—5.

黄敬军,倪嘉曾,宋云飞,等.绿色矿山建设考评指标体系的探讨[J].金属矿山,2009(11):147—150.

黄磊,吴传清.长江经济带工业绿色创新发展效率及其协同效应[J].重庆大学学报(社会科学版),2019,25(3):1—13.

姜焕琴.地质调查转型升级走向纵深[N].中国矿业报,2019-10-16(001).

姜杰.矿业生态化开发的哲学研究及模式探索[D].中共中央党校,2012.

靖培星,卢明银,巩维才,等.基于区间直觉模糊熵和变权理论的井工煤矿绿色矿山评价[J].中国矿业,2016,25(12):59—63+75.

柯俊,刘平旭.基于综合自动化平台的数字化矿山运营管理[J].世界有色金属,2018(24):9—11.

赖小莹.绿色矿山建设评价指标与方法研究[J].资源节约与环保,2013(8):26.

郎进平.智能化监控系统在矿山企业安全生产中的应用与研究[J].电工技术,2019(16):144—146.

李吉军.探究矿山机电管理在生产中的重要性[J].世界有色金属,2021(18):40—41.

李建忠,胡琴霞,余金元,等.四川省攀西裂谷成矿带成矿地质特征及找矿方向[J].中国矿业,2013,22(5):69—72.

李健,孙康宁.基于系统动力学的京津冀工业绿色发展路径研究[J].软科学,2018,32(11):113—119.

李立.大小兴安岭生态功能区发展绿色矿业经济战略研究[J].特区经济,2009(11):230—232.

李琳,楚紫穗.我国区域产业绿色发展指数评价及动态比较[J].经济问题探索,

2015(1):68—75.

李玲,张俊荣,汤铃,等.我国能源强度变动的影响因素分析——基于 SDA 分解技术[J].中国管理科学,2017,25(9):125—132.

李明阳.我国绿色矿业发展分析[J].西部皮革,2020,42(14):56.

李奇明,杨树旺.基于问卷调查的煤矿绿色矿山评价[J].中国矿业,2021,30(1):71—75.

李瑞峰,任仰辉,聂立功,等.关于煤炭生产效率与去产能的思考[J].煤炭工程,2017,49(3):1—3.

李晓西,潘建成.中国绿色发展指数的编制——《2010 中国绿色发展指数年度报告——省际比较》内容简述[J].经济研究参考,2011(2):36—64.

李新安,李慧.中国制造业绿色发展的时空格局演变及路径研究[J].区域经济评论,2021(4):64—73.

李学华.基于核与软计算方法的模式分析[D].电子科技大学,2009.

李政.基于 DEA 模型的煤矿安全投入产出研究[J].河南科技,2014(7):254—255.

李紫韵,杨力.基于数据包络分析的煤矿安全管理效率评价[J].华北科技学院学报,2021,18(4):93—100.

栗欣如,姜文来,冯欣.我国水利绿色发展水平测算分析[J].中国农业资源与区划,2021,42(1):7—17.

梁灵鹏.绿色矿山建设综合评价研究[J].世界有色金属,2019(1):172—174.

廖虎昌.复杂模糊多属性决策理论与方法[M].北京:科学出版社,2016.

廖筠,黄灵霞.引入绿色增长潜力的绿色发展指数构建与区域差异研究[J].南京财经大学学报,2018(2):25—33.

刘建兴.绿色矿山的概念内涵及其系统构成研究[J].中国矿业,2014,23(2):51—54.

刘建兴,陈晃,王建法.金属矿山绿色开采综合评价方法及其应用研究[J].有色金属(矿山部分),2018,70(1):86—89.

刘小弟,朱建军,张世涛,等.考虑属性权重优化的犹豫模糊多属性决策方法[J].控制与决策,2016,31(2):297—302.

刘亦晴,陈宬.演化博弈视角下矿业生态文明建设利益协调研究[J].中国矿业,2020,29(11):61—71.

刘月平.我国矿产勘查资本市场发展路径[D].中国地质大学(北京),2017.

刘粤湘.中国矿业竞争力的单因素实证分析[J].中国矿业,2002(5):4—7.

罗德江,吴尚昆,郭科.基于组合权-灰色关联分析法的矿产资源开发利用综合评价[J].

金属矿山,2015(2):20—25.

罗德江,吴昊,何苏,等.基于犹豫模糊 TOPSIS 的绿色矿山多属性评价方法[J].矿产综合利用,2021(4):41—49.

马骋,伊娜,张福良.绿色勘查行业标准编制有关问题探讨[J].中国国土资源经济,2020,33(2):34—38.

马珩,金尧娇.环境规制、工业集聚与长江经济带工业绿色发展:基于调节效应和门槛效应的分析[J].科技管理研究,2022,42(6):201—210.

马金山.煤矿安全管理效率过程控制的挣值分析法[J].煤矿安全,2018,49(7):241—244.

马金山.煤矿安全管理效率及其制约因素研究[D].中国矿业大学,2015.

马玉孝,张成江,纪相田,等.攀西古裂谷构造—岩浆作用模式[J].矿物岩石,2002,22(1):21—24.

牟少敏,田盛丰,尹传环.基于协同聚类的多核学习[J].北京交通大学学报,2008(2):10—13.

宁杰.全球供应链重构下的我国矿业对外直接投资转型[D].中国地质大学(北京),2020.

潘长良,彭秀平.关于生态矿业的思考[J].湘潭大学自然科学学报,2004(1):132—135.

潘冬阳.我国绿色矿业的评价思路探讨[J].资源与产业,2012,14(6):106—109.

彭英柯,张文.我国煤炭企业上市公司经营绩效分析[J].经济数学,2010,27(1):73—80.

乔繁盛,栗欣.矿用土地改革势在必行[J].中国矿业,2010,19(8):9—11.

譙明容.促进我国煤矿企业人力资源管理效率提升的方法[J].环球市场信息导报,2015(15):89—90.

饶田田,吕涛.基于 DEA 的大型煤炭企业经营效率评价与分析[J].中国矿业,2009,18(8):27—30.

任国强,崔婉婷,马自笑.居民收入获得感的行业差距分析[J].统计与决策,2021,37(10):61—64.

任思达,夏会会,李玫洁.中国省域矿业碳排放的时空演化研究——基于 2005—2015 年面板数据[J].中国国土资源经济,2019,32(11):41—49.

任思达.中国矿业经济绿色发展研究[D].中国地质大学,2019.

任一鑫,刘丽莹.煤炭企业经营效率及耦合协调分析[J].煤炭技术,2019,38(12):178—181.

沈亚洲.浅谈如何加强煤矿采掘设备管理提高生产效率[J].科技创业家,2013(8):108.

石斌.我国绿色矿业经济发展的前景与对策分析[J].煤炭加工与综合利用,2021(8):89—91.

史安娜,黄华清.长江经济带产业绿色发展水平及影响[J].水利经济,2022,40(1):1—5+85.

司春彦.我国绿色矿山投资效率评价[D].中国地质大学(北京),2017.

宋晓明.基于DEA的我国煤炭企业上市公司经营效率分析[J].山西经济管理干部学院学报,2006(4):51—54.

宋学峰,温斌.绿色矿山建设水平定量化评价研究[J].中国矿业,2014,23(4):54—56+61.

宋子岭.实施绿色开采 促进露天煤矿可持续发展[J].中国煤炭,2020,46(3):40—46.

宋子岭,祁文辉,范军富,等.大型露天煤矿绿色开采评价体系研究[J].安全与环境学报,2017,17(3):1177—1182.

苏利阳,郑红霞,王毅.中国省际工业绿色发展评估[J].中国人口·资源与环境,2013,23(8):116—122.

苏英顺.S矿山公司生产效率提升对策研究[D].河北工业大学,2020.

粟文辉,梁伟,李向阳,等.基于DEA模型的铀矿山安全管理效率评价研究[J].湖南科技学院学报,2015,36(5):86—90.

孙即祥.齐鲁石化橡胶厂大力提高职工安全防护意识[J].安全、健康和环境,2002(9):37.

孙效玉,姚常明,高登来,等.数字矿山建设是解决露天煤矿信息化应用深层次问题的有效途径[J].科技导报,2004(6):45—47.

孙映祥,柳晓娟,吴尚昆,等.国家级绿色矿山试点单位与全国绿色矿山名录对比研究[J].中国矿业,2020,29(7):61—64.

田可,赵印斯,张路.环境规制对绿色矿业高质量发展影响及对策研究[J].节能,2021,40(6):45—46.

田泽,魏翔宇,丁绪辉.中国区域产业绿色发展指数评价及影响因素分析[J].生态经济,2018,34(11):103—108.

汪宏宇.对外贸易对成渝地区双城经济圈绿色全要素生产率的影响研究[D].重庆工商大学,2021.

汪文生,邹杰龙.基于DEA的煤炭企业绿色矿山建设效率评价与优化[J].中国煤炭,2013,39(1):119—121.

王斌.我国绿色矿山评价研究[D].中国地质大学(北京),2014.

王昌松,姚文俊,陆小华.钛铁矿资源综合利用概述[J].无机盐工业,2014(1):4—7.

王飞.绿色矿业经济发展模式研究[D].中国地质大学,2012.

王国法,任世华,庞义辉,等.我国智能绿色矿业发展战略研究[J].煤炭经济研究,2021,41(12):4—10.

王欢,马冰,贾凌霄,等.碳中和目标下关键矿产在清洁能源转型中的作用、供需分析及其建议[J].中国地质,2021,48(6):1720—1733.

王杰民.绿色矿山建设评价指标与方法探讨[J].资源信息与工程,2018,33(6):45—46.

王婧,杜广杰.中国城市绿色发展效率的空间分异及驱动因素[J].经济与管理研究,2020,41(12):11—27.

王珺,石彬彬.基于物联网技术的矿山智能监控系统[J].世界有色金属,2019(2):17+19.

王磊,王浩佳,顾进恒,等.煤矿绿色矿山建设马田系统评价体系及分析[J].矿山机械,2014,42(5):1—4.

王林秀,李志兰,余慕溪.基于集成创新的大型煤炭企业集团资源系统开发研究[J].资源开发与市场,2016,32(6):646—651+678.

王林秀,王丽娜,宫明杰.煤炭绿色开采技术扩散影响因素及机理分析[C]//全国矿山建设学术会议,2013.

王明旭,许梦国,王平,等.基于新型木桶理论的绿色矿山建设水平评价[J].中国矿业,2013,22(12):68—72.

王裴岩,蔡东风.一种基于核距离的核函数度量方法[J].计算机科学,2014,41(2):72—75.

王倩,杨桐.基于DEA方法煤炭企业经营绩效评价[J].经济与管理,2013,27(2):93—96.

王蕊,牟少敏,曹学成,等.核机器学习方法及其在生物信息学中的应用[J].山东农业大学学报(自然科学版),2012,43(3):407—412.

王文轲.基于有限理性的煤矿安全投资演化博弈研究[J].中国安全生产科学技术,2013,9(11):65—71.

王文轲.煤炭绿色安全开采项目动态管理与政府资助研究[J].中国安全生产科学技术,2014,10(1):75—80.

王向前,夏咏秋,李慧宗,等.中国矿业能源生态效率差异及动态演进[J].技术经济,2020,39(9):110—118.

王晓磊,傅哲宜,贾纯瑶,等.基于DEA的内蒙古煤炭企业投资效率实证研究[J].中国矿业,2019,28(6):23—28.

王宇.莱州湾南岸滨海卤水矿绿色矿山建设综合评价研究[D].青岛大学,2021.

王子正,范文玉,高建华,等.攀西铁矿成矿带地质矿产特征及找矿方向[J].沉积与特提斯地质,2012,32(1):97—105.

魏和清,李颖.我国绿色发展指数的空间分布及地区差异探析——基于探索性空间数据分析法[J].当代财经,2018(10):3—13.

魏琦,张斌,金书秦.中国农业绿色发展指数构建及区域比较研究[J].农业经济问题,2018(11):11—20.

温伟,廖传茂,汪国华.第三轮矿产资源总体规划中关于绿色矿业发展的思考与探讨——以景德镇市为例[C]//江西地学新进展2021——江西省地质学会第十一次会员代表大会暨江西省地质学会2021年学术年会论文集,2021:218—224.

文莉军.海口磷矿绿色矿山建设示范与综合评价1[D].重庆大学,2014.

吴慧香,梁美健.煤矿安全投资效率评价的DEA模型构建[J].会计之友,2012(16):34—36.

吴洁,张云,韩露露.长三角城市群绿色发展效率评价研究[J].上海经济研究,2020(11):46—55.

吴立新,方兆宝.矿山测绘的未来发展[J].矿山测量,2003(3):39—43+70.

吴立新,殷作如,邓智毅,等.论21世纪的矿山——数字矿山[J].煤炭学报,2000(4):337—342.

吴旭晓.区域绿色经济效率演化及其影响因素研究[J].商业研究,2014(9):27—33.

伍伟,尹琼,任卓隽,等.国内外绿色矿业发展历程及策略[J].现代矿业,2021,37(2):1—4.

夏天,成诚,庞奇志.基于长短时记忆网络的深基坑变形安全风险预警[J/OL].地球科学:1—8(2021-12-28)[2023-06-10].http://kns.cnki.net/kcms/detail/42.1874.P.20211228.1117.016.html

肖义.成渝城市群产业绿色发展竞争力测度及时空演变分析[D].成都理工大学,2019.

熊德益.矿山机电设备管理中存在的问题及对策研究[J].中国新技术新产品,2018(1):146—147.

徐泽水,赵华.犹豫模糊集理论及应用[M].北京:科学出版社,2018.

许加强.基于熵理论的绿色煤炭矿山综合评价研究[D].中国地质大学(北京),2017.

许加强,于光,何大义.绿色矿山的多专家综合评价方法探讨——以新汶矿业集团华丰矿山为例[J].资源与产业,2016,18(1):61—68.

许建,张金锁,张伟,李天苑.政策工具视角的中国煤炭资源安全绿色高效开发政策量化研究[J].中国煤炭,2017,43(8):23—28.

薛藩秀.我国绿色矿山建设评价及实证[D].中国地质大学(北京),2016.

闫志刚,刘玉朋,王雪丽.绿色矿山建设评价指标与方法研究[J].中国煤炭,2012,38(2):116—120.

严慧.大屯矿区绿色矿山建设评价及对策研究[D].中国矿业大学,2015.

严伟平,曾小波.攀西地区钒钛磁铁矿资源开发利用水平评估方法研究[J].矿产综合利用,2020,6:79—82+36.

杨永伟.中国企业海外矿业投资效率评价研究[D].中国地质大学(北京),2017.

杨占锋,张云.成渝地区双城经济圈绿色发展效率空间网络结构[J].内江师范学院学报,2021,36(12):76—82+107.

杨振兵,邵帅,杨莉莉.中国绿色工业变革的最优路径选择——基于技术进步要素偏向视角的经验考察[J].经济学动态,2016(1):76—89.

姚海燕.煤炭企业绿色开采驱动机制研究[J].煤炭工程,2020,52(4):181—184.

姚海燕,张金锁,闫晓霞.环境认知与环境情感对于绿色开采的影响[J].西安科技大学学报,2020,40(3):549—556.

姚宁.基于三支决策的煤矿绿色矿山评价[J].内蒙古煤炭经济,2021(6):29—30.

易欣,程莉.互联网技术普及对长江经济带农业绿色发展的影响研究[J].湖北经济学院学报,2022,20(3):104—112.

尹广勋.中国矿业上市公司非效率投资的影响因素研究[D].中国地质大学(北京),2018.

尹子擘,孙习卿,邢茂源.绿色金融发展对绿色全要素生产率的影响研究[J].统计与决策,2021,37(3):139—144.

于雪莲,汪学刚,刘本永.基于核方法的雷达目标一维距离像识别[J].计算机研究与发展,2007(11):1927—1931.

余晓东,雷英杰,宋亚飞,等.基于核距离的直觉模糊c均值聚类算法[J].电子学报,2016,44(10):2530—2534.

余韵,陈甲斌.中国矿业行业指数编制方法研究[J].中国国土资源经济,2017,30(2):41—47.

岳立,薛丹.黄河流域沿线城市绿色发展效率时空演变及其影响因素[J].资源科学,2020,42(12):2274—2284.

曾守桢.基本直觉模糊信息的多指标综合评价理论、方法与应用[M].北京:科学出版社,2017.

张佰利,李维永.优化矿山工艺设备 提高矿山生产效率[C]//山东省金属学会.鲁冀晋琼粤川六省金属学会第十四届矿山学术交流会论文集,2007:164—165.

张成江,刘家铎,刘显凡,等.攀西地区金属成矿系统[J].成都理工大学学报(自然科学版),2009,36(4):387—394.

张乐,曹静.中国农业全要素生产率增长:配置效率变化的引入——基于随机前沿生产函数法的实证分析[J].中国农村经济,2013(3):4—15.

张丽萍.绿色矿业经济发展路径研究[J].企业改革与管理,2022(3):165—167.

张仁杰,董会忠.基于省级尺度的中国工业生态效率的时空演变及影响因素[J].经济地理,2020,40(7):124—132+173.

张伟,张金锁,刘杰.基于演化博弈的煤炭资源绿色开采监管策略研究[J].西安科技大学学报,2016,36(3):349—355.

张文辉,李瑞军,李杏茹,等.铝土矿企业生产效率与绿色矿山建设指标体系耦合协调度分析——以中铝广西分公司为例[J].现代矿业,2019,35(1):206—210.

张文龙.基于 AHP-熵权法的绿色矿山建设综合评价[D].辽宁科技大学,2018.

张文龙,路增祥.绿色矿山建设综合评价体系构建原则与思路[J].中国矿业,2017,26(S1):134—137.

张新虎,刘建宏,黄万堂,等.绿色勘查理念:认知、探索与实践[J].甘肃地质,2017,26(1):1—7.

张雪雪.设备管理 APP 软件及二维码在煤矿机电设备管理中的应用[J].石化技术,2020,27(7):267—268.

张宇.计算机网络技术在矿山生产与管理中的应用[J].网络安全技术与应用,2018(9):121+114.

赵德新,陈世乾.GPS 调度管理系统应用[J].露天采矿技术,2014(11):63—65+68.

赵峰,张军英.一种 KPCA 的快速算法[J].控制与决策,2007(9):1044—1048+1057.

赵会杰,于法稳.基于熵值法的粮食主产区农业绿色发展水平评价[J].改革,2019(11):136—146.

赵腊平.矿业指数,观察中国矿业发展的晴雨表[N].中国矿业报,2017-04-08(001).

赵鹏程.建筑工程项目施工安全的重要性及安全措施[J].中国新技术新产品,2015(23):190.

赵维英.矿山机电设备管理中存在的问题及解决对策[J].中国高新技术企业,2016

(09):153—154.

赵鑫.煤矿基本建设工程投资管理综合研究[D].中国矿业大学(北京),2015.

郑伟,张宏,刘啸奔,等.断层作用下管道应变计算有限元模型对比研究[J].石油机械,2015,43(12):109—113.

周弘,卢敏欣.中国中部地区绿色金融发展效率研究[J].河北科技大学学报(社会科学版),2020(3):11—18.

周佳宁,秦富仓,刘佳,等.多维视域下中国城乡融合水平测度、时空演变与影响机制[J].中国人口·资源与环境,2019,29(9):166—176.

周进生,韩沐野,金学强.绿色矿业发展示范区建设的经验与建议——以宁东能源化工基地为例[J].中国国土资源经济,2019,32(1):54—58.

朱齐超,李亚娟,申建波,等.我国农业全产业链绿色发展路径与对策研究[J].中国工程科学,2022,24(1):73—82.

朱志芸.赣州稀土绿色矿山建设评价及实证研究[D].河北地质大学,2021.

Acosta M, Coronado D, Romero C. Linking public support, R&D, innovation and productivity: New evidence from the Spanish food industry[J]. Food Policy, 2015, 57:50-61.

Alaíz C, Suykens J. Modified Frank-Wolfe algorithm for enhanced sparsity in support vector machine classifiers [J]. Neurocomputing, 2018, 320: 47-59.

Alcantud J R, Torra V. Decomposition theorems and extension principles for hesitant fuzzy sets[J]. Information Fusion, 2018, 41:48-56.

Atanassov K, Gargov G. Interval-valued intuitionistic fuzzy sets[J]. Fuzzy Sets and Systems, 1989, 31:343-349.

Atanassov K T. Interval valued intuitionistic fuzzy sets[J]. Intuitionistic Fuzzy Sets: Theory and Applications, 1999:139-177.

Atanassov K T. Intuitionistic fuzzy sets [J]. Fuzzy Sets and Systems, 1986, 20(1):87-96.

Awan U, Sroufe R, Kraslawski A. Creativity enables sustainable development: Supplier engagement as a boundary condition for the positive effect on green innovation[J]. Journal of Cleaner Production, 2019, 226:172-185.

Banker R D. Estimating most productive scale size using data envelopment analysis[J]. European Journal of Operational Research, 1984, 17(1):35-44.

Baumann J, Kritikos A S. The link between R&D, innovation and productivity: Are micro firms different? [J]. Research Policy, 2016, 45(6):1263-1274.

Borch K. Emerging technologies in favour of sustainable agriculture [J]. Futures, 2007, 39(9): 1045-66.

Bustince H, Barrenechea E, Pagola M, et al. Interval-valued fuzzy sets constructed from matrices: Application to edge detection[J]. Fuzzy Sets and Systems, 2009, 160(13): 1819-1840.

Burges C J C. A tutorial on Support Vector Machine for pattern recognition[J]. Data Mining and Knowledge discovery, 1998, 2(2):14-17.

Cabernard L, Pfister S. A highly resolved MRIO database for analyzing environmental footprints and green economy progress[J]. Science of the Total Environment, 2020, 755(1): 142587.

Campbell C, Bennett K P. A linear programming approach to novelty detection[M]// Advances in Neural Information Processing Systems. Cambridge, MA: MIT Press, 2001: 395-401.

Carda-Broch S, Gil-Agusti M T, Rambla-Alegre M, et al. Determination of trazodone in urine and pharmaceuticals using micellar liquid chromatography with fluorescence detection[J]. Journal of Chromatography A, 2007, 1156(1-2): 254-258.

Chauhan R, Singh T, Tiwari A, et al. Hybrid entropy—TOPSIS approach for energy performance prioritization in a rectangular channel employing impinging air jets[J]. Energy, 2017, 134:360-368.

Chen C, Han J, Fan P. Measuring the level of industrial green development and exploring its influencing factors: empirical evidence from China's 30 provinces[J]. Sustainability, 2016, 8(2): 153.

Chen J H, Jiskani I M, Chen J L, et al. Evaluation and future framework of green mine construction in China based on the DPSIR model[J]. Sustainable Environment Research, 2020, 30:13.

Chen J, Jiskani I M, Lin A, et al. A hybrid decision model and case study for comprehensive evaluation of green mine construction level [J]. Environment, Development and Sustainability, 2022, 25(4): 3823-3842.

Cheng J H, Lei S, Bian Z, et al. Geographic distribution of heavy metals and identification of their sources in soils near large, open-pit coal mines using positive matrix factorization[J]. Journal of Hazardous Materials, 2020, 387: 121666.

Cheng J H, Zhu L, Fu W, et al. Investigations of amino trimethylene phosphonic acid as a green and efficient depressant for the flotation separation of apatite from calcite[J]. Minerals Engineering,2022,181:107552.

Chen W,Yenneti K,Wei Y D,et al. Polycentricity in the Yangtze River Delta urban agglomeration (YRDUA):More cohesion or more disparities？[J]. Sustainability,2019, 11(11):3106.

Chen X,Qiao W. Reform,application and challenges of utilizing big data in coal mine safety management research[C]. IOP Conference Series:Earth and Environmental Science, 2021:671.

Chung Y,Färe R,Grosskopf S. Productivity and undesirable outputs:A directional distance function approach[J]. Journal of Environmental Management,1997,51(3): 229-240.

Coelli T. A multi-stage methodology for the solution of orientated DEA models[J]. Operations Research Letters,1998,23(3):143-149.

Cortes C,Vapnik V. Support vector networks[J]. Machine Learning,1995,20(3): 273-297.

Costa Campi M T,Brown N,Quevedo J. R&D drivers and obstacles to innovation in the energy industry[J]. Energy Economics,2014,46:20-30.

Cruz L B. Diferencias sexuales en el lenguaje[J]. Taula:quaderns de pensament,1999: 31-32.

Deschrijver G. A representation of t-norms in interval-valued L-fuzzy set theory[J]. Fuzzy Sets and Systems,2008,159(13):1597-1618.

Dubois D,Prade H. Systems of linear fuzzy constraints[J]. Fuzzy Sets and Systems, 1980,3(1):37-48.

Feng C,Wang M,Liu G-C,et al. Green development performance and its influencing factors:A global perspective[J]. Journal of Cleaner Production,2017,144:323-333.

Fu J,Geng Y. Public participation,regulatory compliance and green development in China based on provincial panel data[J]. Journal of Cleaner Production,2019,230(C): 1344-1353.

Girolami M. Mercerkernel based clustering in feature space[J]. IEEE Trans on Neural Networks,2002,13(3):780-784.

Gong M,Liang Y,Shi J,et al. Fuzzy C-means clustering with local information and kernel metric for image segmentation[J]. IEEE Transactions on Image Processing,2013,

22(2):573-584.

Halkos G, Moll J, Todorov V. Economies' inclusive and green industrial performance: An evidence based proposed index[J]. Journal of Cleaner Production, 2020, 279(2):123516.

Haykin S. Chapter 4—Neural Networks: A Guided Tour[M]//Sinha N K, Gupta M M. Soft Computing and Intelligent Systems. San Diego: Academic Press, 2000: 71-80.

Hong Z, Wang H, Yu Y. Green product pricing with non-green product reference[J]. Transportation Research Part E: Logistics and Transportation Review, 2018, 115:1-15.

Huang J. Discussion on the evaluation index system for green mine construction[J]. Metal Mine, 2009.

Huang J J, Ni J Z, Zhao Y Z, et al. Study on green mine construction standard and its check and evaluation index[J]. China Mining Magazine, 2010.

Joachim I, Uche G, Shahril M. Modelling the effects of green building incentives and green building skills on supply factors affecting green commercial property investment[J]. Renewable and Sustainable Energy Reviews, 2018, 90: 814-823.

Kagiso S, Wolkersdorfer C, Kang N, et al. Automated measurement systems in mine water management and mine workings—A review of potential methods[J]. Water Resources and Industry, 2020, 24: 100136.

Kaklauskas A, Zavadskas E K, Radzeviciene A, et al. Quality of city life multiple criteria analysis[J]. Cities, 2018, 72:82-93.

Lei K, Zhou S. Per capita resource consumption and resource carrying capacity: A comparison of the sustainability of 17 mainstream countries[J]. Energy Policy, 2012, 42: 603-612.

Liao H, Xu Z. Subtraction and division operations over hesitant fuzzy sets[J]. Journal of Intelligent & Fuzzy Systems: Applications in Engineering and Technology, 2014, 27(1): 65-72.

Li A, Zhang A, Huang H, et al. Measuring unified efficiency of fossil fuel power plants across provinces in China: An analysis based on non-radial directional distance functions[J]. Energy, 2018, 152:549-561.

Li J, Lin B, et al. Ecological total-factor energy efficiency of China's heavy and light industries: Which performs better?[J]. Renewable & Sustainable Energy Reviews, 2017(5):83-94.

Li L, Fei L, Li C B. Customer satisfaction evaluation method for customized product development using entropy weight and analytic hierarchy process[J]. Computers & Industrial Engineering,2014,77: 80-87.

Li W, Xi Y, Liu S, et al. An improved evaluation framework for industrial green development: Considering the underlying conditions[J]. Ecological Indicators,2020,112:106044.

Liu R W, Cheng W, Yu Y, et al. Human factors analysis of major coal mine accidents in China based on the HFACS-CM model and AHP method[J]. International journal of industrial ergonomics, 2018, 68: 270-279.

Liu S, Xie Z, Qin Y, et al. Analysis of spatial-temporal differences and influence factors of environmental efficiency in Henan Province based on SFA and DEA model[J]. Journal of Henan University(Natural Science),2018,48(2):138-150.

Liu W, Zhang J, Jin M,et al. Key indices of the remanufacturing industry in China using a combined method of grey incidence analysis and grey clustering[J]. Journal of Cleaner Production,2017,168: 1348-1357.

Lu R, Wang X, Hao Y, el al. Multiparty evolutionary game model in coal mine safety management and its application[J]. Complexity,2018,2018:1-10.

Luo D J, Huang J, Wu H, et al. Measuring green development index and coupling coordination of mining industry: An empirical analysis based on panel data in China[J]. Journal of Cleaner Production, 2023,401:136764.

Marin G. Do eco-innovations harm productivity growth through crowding out? Results of an extended CDM model for Italy[J]. Research Policy,2014,43(2): 301-317.

Munisamy S, Arabi B. Eco-efficiency change in power plants: Using a slacks-based measure for the meta-frontier Malmquist-Luenberger productivity index [J]. Journal of Cleaner Production, 2015, 105:218-232.

Nikhil R, Kaushik P. What and when can we gain from the kernel versions of C-Means algorithm? [J]. IEEE Transactions Fuzzy Systems,2014,22(2):363-379.

Onuoha I J, Aliagha G U, Rahman M S A. Modelling the effects of green building incentives and green building skills on supply factors affecting green commercial property investment[J]. Renewable and Sustainable Energy Reviews, 2018, 90: 814-823.

Piciarelli C, Micheloni C,Foresti G L. Kernel-based clustering[J]. Electronics Letters, 2013, 49(2):113-U7.

Qi R, Liu T, Jia Q, et al. Simulating the sustainable effect of green mining construction policies on coal mining industry of China[J]. Journal of Cleaner Production, 2019, 226: 392-406.

Rajesh S, Jain S, Sharma P. Inherent vulnerability assessment of rural house-holds based on socio-economic indicators using categorical principal component analysis: A case study of Kimsar region, Uttarakhand[J]. Ecological Indicators, 2018, 85: 93-104.

Ren X, Sun T. Research on the evaluation of China's regional industrial green transformation development ability[C]// 3rd Annual 2017 International Conference on Management Science and Engineering (MSE 2017), 2017.

Richardson K, Carling P A. The hydraulics of a straight bedrock channel: Insights from solute dispersion studies[J]. Geomorphology, 2006, 82(1-2): 98-125.

Rolf F, Grosskopf S, Norris M, et al. Productivity growth, technical progress, and efficiency change in industrialized countries[J]. American Economic Review, 1994, 84(1): 66-83.

Sebeom P, Yosoon C. Bluetooth beacon-based mine production management application to support Ore Haulage Operations in underground mines[J]. Sustainability, 2021, 13(4): 2281.

Shang D L, Yin G, Li X, et al. Analysis for green mine (phosphate) performance of China: An evaluation index system[J]. Resources Policy, 2015, 46: 71-84.

Shipra R, Suresh J, Prateek S. Inherent vulnerability assessment of rural households based on socio-economic indicators using categorical principal component analysis: A case study of Kimsar region, Uttarakhand[J]. Ecological Indicators Integrating Monitoring Assessment & Management, 2018, 85: 93-104.

Song Z, Fan J, Qi W, et al. Study on the surface coal mine green mining technology and appraising index system[J]. Journal of China Coal Society, 2016, 41(S2): 350-358.

Staniškis J K. Rio+20: Towards the green economy and better governance[J]. Environmental Research Engineering & Management, 2012, 59(1): 3-4.

Sun H, Edziah B K, Sun C, et al. Institutional quality, green innovation and energy efficiency[J]. Energy Policy, 2019, 135: 1-14.

Sun L, Miao C, Yang L. Ecological-economic efficiency evaluation of green technology innovation in strategic emerging industries based on entropy weighted TOPSIS method[J]. Ecological Indicators, 2017, 73: 554-558.

Suykens J K, Vandewalle J. Training multilayer perception classifiers based on a modified support vector method[J]. IEEE Transactions on Neural Networks: A Publication of the IEEE Neural Networks Council, 1999, 10(4): 907-911.

Szmidt E, Kacprzyk J. Distances between intuitionistic fuzzy sets[J]. Fuzzy Sets and Systems, 2000, 114(3): 505-518.

Tao X, Wang P, Zhu B. Provincial green economic efficiency of China: A non-separable input-output SBM approach[J]. Applied Energy, 2016, 171: 58-66.

Taylor J S, Nello C. Kernel Methods for Pattern Analysis[M]. Cambridge: Cambridge University Press, 2004.

Tobin M C. The Raman spectra of calf thymus and of salmon testes deoxyribonucleic acid[J]. Spectrochimica Acta Part A: Molecular Spectroscopy, 1969, 25(12): 1855-1864.

Tone K. A slacks-based measure of efficiency in data envelopment analysis[J]. European Journal of Operational Research, 2001, 130: 498-509.

Tong L, Xie Y, Yu H. The temporal-spatial dynamics of feature maps during monocular deprivation revealed by chronic imaging and self-organization model simulation[J]. Neuroscience, 2016, 339: 571-586.

Torra V, Narukawa Y. On hesitant fuzzy sets and decision[C]. Jeju Island, Korea: The 18th IEEE International Conference on Fuzzy Systems, 2009.

Torra V. Hesitant fuzzy sets[J]. International Journal of Intelligent Systems, 2010, 25: 529-539.

Vapnik V N. The Nature of Statistical Learning Theory [M]. New York: Springer-Verlag, 1995.

Vladimir V, Esther L, Yann L C. Measuring the VC-dimension of a learning machine [J]. Neural Computation, 1994, 6(5): 851-876.

Vladimir V, Rauf I. Reinforced SVM method and memorization mechanisms[J]. Pattern Recognition, 2021, 119: 108018.

Wang E, Alp N, Shi J, et al. Multi-criteria building energy performance benchmarking through variable clustering based compromise TOPSIS with objective entropy weighting[J]. Energy, 2017, 125: 197-210.

Wang H, Li Z. Safety management of coal mining process[J]. IOP Conference Series: Earth and Environmental Science, 2020, 598(1): 012005.

Wang M-X, Zhao H-H, Cui J-X, et al. Evaluating green development level of nine cities within the Pearl River Delta, China[J]. Journal of Cleaner Production, 2018, 174: 315-323.

Wang W, Liu X. Intuitionistic fuzzy information aggregation using Einstein operations [J]. Institute of Electrical and Electronics Engineers Transactions on Fuzzy Systems, 2012,

20(5):923-938.

Wu J, Li M, Zhu Q, et al. Energy and environmental efficiency measurement of China's industrial sectors: A DEA model with non-homogeneous inputs and outputs[J]. Energy Economics, 2019, 78(FEB.):468-480.

Wu S, Li D, Wang X, et al. Examining component-based city health by implementing a fuzzy evaluation approach[J]. Ecological Indicators, 2018, 93(OCT.):791-803.

Xia M, Xu Z, Chen N. Induced aggregation under confidence levels[J]. International Journal of Uncertainty, Fuzziness and Knowledge-Based Systems, 2011a, 19(2):201-227.

Xia M, Xu Z. Hesitant fuzzy information aggregation in decision making[J]. International Journal of Approximate Reasoning, 2011b, 52(3):395-407.

Xiang D, Tang T, Hu C, et al. A kernel clustering algorithm with fuzzy factor: application to SAR image segmentation[J]. Geoscience and Remote Sensing Letters, 2014, 11(7):1290-1294.

Xiao Z, Jiang Q, Willette-Brown J, et al. The pivotal role of IKKα in the development of spontaneous lung squamous cell carcinomas[J]. Cancer Cell, 2013, 23(4): 527-540.

Xu Z, Liao H. Intuitionistic fuzzy analytic hierarchy process[J]. Institute of Electrical and Electronics Engineers Transactions on Fuzzy Systems, 2014, 22(4):749-761.

Xu Z, Xia M. Distance and similarity measures for hesitant fuzzy sets[J]. Information Sciences, 2011b, 181(11):2128-2138.

Xu, Z, Xia M M. On distance and correlation measures of hesitant fuzzy information [J]. International Journal of Intelligent Systems, 2011a, 26(5):410-425.

Xu Z, Zhang X. Hesitant fuzzy multi-attribute decision making based on TOPSIS with incomplete weight information[J]. Knowledge-Based Systems, 2013, 52(6):53-64.

Yager R. An introduction to fuzzy set theory [M]//Karwowski W, Mital A. Advances in Human Factors/Ergonomics. Elsevier, 1986: 29-39.

Yan B, Guan J, Shesterkin V, et al. Variations of dissolved iron in the Amur River during an extreme flood event in 2013[J]. Chinese Geographical Science, 2016, 26(5): 679-686.

Yang L, Hu X. Analysis on regional difference and convergence of the efficiency of China's green economy based on DEA[J]. Economist, 2010(2):46-54.

Yeh C. A problem-based selection of multi-attribute decision-making methods[J]. International Transactions in Operational Research, 2002, 9(2):169-181.

Zadeh L. Fuzzy sets [J]. Information and Control, 1965, 8(3): 338-353.

Zeng J, Lin N, Cheng J, et al. Evaluation of the sensible heat storage air source heat pump for residential heating in central-south China[J]. Energy Procedia, 2016, 88: 703-708.

Zhang C, Bin L U, Sun L. A fuzzy comprehensive evaluation approach of tourist experience—Based on the questionnaire survey in Yichang[J]. Tourism Tribune, 2007(4):58-61.

Zhang J, Kuenzer C. Thermal surface characteristics of coal fires 1 results of in-situ measurements[J]. Journal of Applied Geophysics, 2007, 63(3-4): 117-134.

Zhang M, Li Z, Huang B, et al. Generation and evolution of the green city idea and the comparative analysis of its connotation and features[J]. Ecological Economy. 2016, 5: 205-210.

Zhang N, Choi Y. A comparative study of dynamic changes in CO_2 emission performance of fossil fuel power plants in China and Korea [J]. Energy Policy,2013a,62:324-332.

Zhang N,Choi Y. Total-factor carbon emission performance of fossil fuel power plants in China: A metafrontier non-radial Malmquist index analysis[J]. Energy Economics, 2013b,40:549-559.

Zhang Q, Yan M, Liu C, et al. The intrinsic logic of formation and development of economic thought on socialism with Chinese Characteristics for a New Era[J]. Journal of Shanghai University of Finance and Economics, 2018,20(1):4-16.

Zhang X M, Xu Z S. A new method for ranking intuitionistic fuzzy values and its application in multi-attribute decision making[J]. Fuzzy Optimization and Decision Making, 2012,12:135-146.

Zhao P, Zeng L, Lu H, et al. Green economic efficiency and its influencing factors in China from 2008 to 2017: Based on the super-SBM model with undesirable outputs and spatial Dubin model[J]. Science of the Total Environment,2020,741:140026.

Zhou C,Shi C,Wang S, et al. Estimation of eco-efficiency and its influencing factors in Guangdong province based on Super-SBM and panel regression models[J]. Ecological Indicators,2018,86(MAR.):67-80.

Zhou Y,Zhou W,Lu X, et al. Evaluation index system of green surface mining in China [J]. Mining Engineering,2020,72(10):72.

Zhu X,Chen Y,Feng C. Green total factor productivity of China's mining and quarrying industry: A global data envelopment analysis[J]. Resources Policy,2018,57:1-9.